제임스 던은 비록 현재 은퇴한 교수지만, 아직도 신약 연구에서 빼놓을 수 없는 비중 있는 영국 신약학자다. 그는 이미 바울 신학 분야에서 칭의론과 관련해 전통적 관점을 새롭게 보완하는 "바울에 관한 새 관점"(the New Perspective on Paul)이라는 용어를 최초로 만들어낸 학자일 뿐만 아니라, "구전 전승"(oral tradition) 개념을 토대로 역사적 예수 연구와 복음서 연구에서도 새로운 통찰력을 제공하는 공헌을 해왔다. 신약학 연구에서 그의 견해에 동의하든지 비판적이든지 간에, 던의 주장은 항상 참고해야 할 목소리다. 그의 견해는 그를 비판하는 이들마저 고개를 끄덕이게 만드는 탄탄한 논리와 해석적 일관성을 갖기 때문이다. 이 책은 예수와 바울을 연구해야 할 이들에게 역사적 예수 연구에서 바울 신학까지를 아우르는 제임스 던의 견해를 단시간에 파악하는 데 더없이 훌륭한 입문서가 될 것이다.

김경식 | 웨스트민스터신학대학원대학교 신약학 교수

제임스 던 교수는 영국이 낳은 금세기의 최고 신약학자 중 한 분이다. 그의 박학다식한 배경은 신약성서 중 어떤 주제를 대하든지 어김없이 빛을 발한다. 이 책 역시 예외가 아니다. 예수와 바울 사이의 연속성과 불연속성은 신약학의 대학자들이라면 한 번쯤 다루는 진중한 주제인데, 던 교수는 철저하게 학구적이면서도 동시에 매우 복음주의적인 방식으로 이 주제를 훌륭하게 풀어내고 있다. 이 책을 통해 우리는 기독교의 시작인 예수 그리스도와 그가 택하신 사도 바울로 이어지는 기독교 복음의 역사 및 발전에 대한 탁월한 이해를 얻게 될 것이므로 신약성서를 진지하게 읽고자 하는 모든 이들의 필독을 적극적으로 추천하는 바다. 개인적으로 그가 내 모교인 글라스고우 대학 출신이라는 점은 그의 책을 읽을 때마다 스코틀랜드에 대한 야릇한 향수를 일깨워준다.

김경진 | 백석대학교 기독교전문대학원장

본서의 저자 제임스 던은 한 분야만을 세심하게 아는 전문가 시대로 들어선 우리 시대에 신약학계에서 몇 명 남지 않은 대가의 반열에 있는 학자다. 또 던은 어려운 신약학 문제를 쉽게 풀어주는 신약학의 "제1타" 교사다. 그의 글을 읽으면 배배 꼬인 문제가 쉽게 풀린다. 나는 본서를 신약학도들과 목회자들에게 필독서로 적극 추천한다. 첫째, 본

서는 던이 그동안 여러 책과 논문을 통해 말한 그의 신약학 이해의 결정판이요 정수다. 둘째, 본서는 원래 강연으로 했던 내용을 책으로 엮은 것이기 때문에 이 책을 읽는 독자는 마치 청자가 된 것처럼 글이 쉽게 들린다. 셋째, 본서는 번역서인지를 잊어버릴 정도로 원문을 우리말로 자연스럽게 잘 번역한 책이다.

김동수 | 평택대학교 신약학 교수, 한국신약학회 전 회장

제임스 던은 역사적 예수로부터 2세기 기독교 역사에 이르는 기독교 태동기에 관한 연구로 신약학의 발전에 많은 영향을 미쳤다. 던이 발표한 연구들은 면밀한 분석과 폭넓은 지식 그리고 깊은 통찰을 두루 갖춘 역작들이며 신약 및 초기 기독교 역사를 공부하는 이들에게 필독서로 인정받는다. 본서는 여러 대학과 연구소에서 진행한 강연들을 편집한 것으로 복음서와 바울 서신에 관한 주요 주제들을 알기 쉽게 정리하여 일반 독자도 쉽게 이해할 수 있도록 안내하는 훌륭한 입문서다. 번역은 본서의 내용을 정확하게 전달하는 데 그치지 않고 강연이라는 문학적 특징을 잘 살려냈다. 독자들은 본서를 읽으며 마치 던의 강연장에 앉아 있는 듯한 감흥을 느낄 것이다. 일독을 권하고 싶은 몇 안 되는 역작이다.

서중석 | 연세대학교 명예교수

바울에 대한 새 관점주의자인 제임스 던은 먼저 역사적 예수의 특징적 모습을 기원후 1세기의 그리스-로마 배경보다는 유대적 배경과 구전 문화에서 탐구한다. 기원후 1세기의 구전 문화를 염두에 두면서 저자는 예수에 관한 구전 전승이 역사적 예수를 소개하는 사복음서에 끼친 영향을 논증한다. 마지막으로 저자는 바울을 예수 그리스도의 제자라고 보면서, 그와 예수 사이의 사상적 연속성을 밝히기를 시도한다. 역사적 예수, 구전, 사복음서, 그리고 바울 사이의 다양성과 연속성에 대해 탐구하기를 원하는 독자라면 제임스 던과 비평적 대화를 시도해보기 바란다.

송영목 | 고신대학교 신약학 교수

"복음서와 예수" 그리고 "예수와 바울" 사이의 궤적을 명료하게 분석한 본서에는 되새김질할 내용이 차고 넘친다. 신약성서의 핵심 주제를 꼼꼼하게 탐색한 제임스 던의 견식(見識)은 연구자들의 지평을 활짝 열어주는 최상의 지침이다. 던이 강조하는 예수와 바울의 신학적 연속성은 초기 그리스도인들의 신앙고백과 신약 본문의 풍후한 광맥을 관통하는 중핵임에 틀림없다. 세계적인 신약학자의 학문적 요체(要諦)를 담은 본서의 내용을 꼼꼼하게 숙지하여 자양분으로 삼는다면, 복음서와 예수를 넘어 바울 사상을 엮은 매트릭스를 간파하는 독서의 흥미를 누릴 수 있다. 결국 설교자와 성서 연구자를 포함한 모든 독자는 저자가 전송하는 성서학의 음파(音波)에 겸허히 주파수를 맞춰야 할 것이다.

윤철원 | 서울신학대학교 신학대학원 신약학 교수

『예수, 바울, 복음』은 신약학계의 살아 있는 전설인 제임스 던 교수의 방대한 저작들을 압축한 연구 요약서인 동시에 신약학의 중요한 이슈들을 간략하게 정리한 신약학 개론서이기도 하다. 던 교수의 신약학은 역사비평 방법을 통해 성경에 회의적인 사람들이 신앙을 가지게 하고 성경을 믿는 자들이 생각하게끔 도전하는 역할을 해왔다. 깊이가 있지만 쉽게 읽히는 개론서인 이 책은 신약성서에 진지한 일반인이나 신약학을 연구하는 학자라면 누구나 필독해야 할 중요한 책이므로 강력하게 추천한다.

이상일 | 총신대학교 신약학 교수

신약학의 대가인 제임스 던 교수의 『예수, 바울, 복음』이 우리말로 출간되는 것을 기쁘게 생각한다. 이 책은 복음서의 성격, 예수와 바울의 상관성, 그리고 바울과 그의 가르침에 대해 간결하면서도 깊은 통찰을 제공한다. 이 주제를 처음 접하는 사람이나 전문가 모두에게 도움이 되는 귀한 책이다. 영국에서 공부할 때 옥스퍼드 시니어 세미나에서 던 교수의 "복음서의 orality에 대한 논문" 발표를 듣고 흥미롭게 생각했는데, 그 내용도 이 책에 포함된 것을 보고 무척 반가웠다. 좋은 책을 한국 독자들이 읽을 수 있도록 수고한 이상목 교수의 노고에도 찬사를 보낸다.

이풍인 | 총신대학교 신학대학원 신약학 교수, 개포동교회 담임목사

한국 독자들에게 이미 잘 알려진 제임스 던은 이 책에서 예수와 바울에 관한 중요 쟁점을 요약해서 제시한다. 저자는 복음서에 묘사된 예수를 역사적 인물로 묘사하며, 예수와 바울의 연속성을 유대인이라는 정체성 속에서 이해할 수 있도록 논증한다. "역사적 예수와 신앙의 그리스도", "예수와 바울"이라는 신약성서의 묵직한 주제와 기독교의 기원에 대해 관심이 있는 사람들에게 학문적 논쟁을 쉽게 이해하는 출발점으로 이 책을 적극 추천한다.

조석민 | 에스라성경대학원대학교 신약학 교수

치열한 학문 연구로 방대한 업적을 남기고 그로 인해 중후한 평가를 받는 학자들의 학문은 그 자체로 하나의 거대한 "세계"인데 그 세계를 탐문하기 위해서는 지도가 필요하다. 신약성서 학자인 제임스 던도 그런 부류의 한 사람으로서 이 책은 그동안 그가 산출한 광활한 연구 세계로 들어가기 위한 입문서로서의 지도라고 할 수 있다. 신약성서의 핵심 인물인 예수와 바울을 유대교의 태반에서 조명하고, 그 둘 사이 연속성의 문제를 검증하며, 이 해석의 주축을 가동한 이 책은 그동안 저자가 남긴 연구 결과를 명료하게 압축해 보여준다. 그 저자의 세계 풍경에서 내가 가장 주목하는 것은 "변화하는 정체성" 개념이다. 요컨대, 예수와 바울이 구축한 기독교의 정체성은 구원의 "복음"이라는 대명제 아래 유대교와 함께 유대교를 넘어, 또 이방인과 함께 이방인을 넘어, 하나님의 무한을 향해 열린 역동적인 정체성이었다는 것이다. 오늘날 "기독교의 정체성" 운운하면서 점점 더 그 반경을 협소하게 만들어가는 21세기 기독교의 현주소에 1세기의 그들이 새삼 어떻게 도전하고 있는지 이 책은 명징하게 그 돌파구를 안내한다.

차정식 | 한일장신대학교 신학과 교수, 한국신약학회 회장

유행을 타지 않는 신약학계 이슈 중 하나는 "예수와 바울의 상관성"이다. 역사적 탐구가 필연적이기에, 관심 갖는 자는 누구든지, "예수를 증언한 복음서"와 "바울이 증언한 서신서"(그리고 자기이해)와의 얽히고설킨 이해관계를 먼저 자리매김해야 한다. 더불어 역사적 관심의 물줄기는 "유대교와 기독교의 상관성"이라는 신학적 근원지까지 거슬러 올라가지 않을 수 없다. 제임스 던은 자신의 기념비적 연구 프로젝트인 『생성기의 기

독교』(*Christianity in the Making*) 삼부작 시리즈 중 첫 두 작품 『예수와 기독교의 기원』(*Jesus Remembered*, 2003) 및 『초기 교회의 기원』(*Beginning from Jerusalem*, 2008)을 끝낸 직후, 2009년에 행한 아홉 편의 강연을 『예수, 바울, 복음』으로 선보였다. 앞선 두 권의 촘촘하고 긴 논증을 이 한 권 안에 대범한 필체로 쉽게 풀어놓은 셈이다. 구전 전승에 힘입은 예수 증언으로서 복음서의 역사적 가치, 유대교 맥락에서 파악한 바울의 자기이해 및 이방인 선교 현장에서 적용한 자기 사명. 결국 바울은 다른 환경 속에서 하나님 나라의 동일한 복음을 신실하게 증언한 예수의 사도요 제자다. 제임스 던이 쏟아낸 많은 책 중 가장 먼저 손에 잡아야 할 작품이다. 던을 더 잘 이해하고 신약학의 핵심 주제를 업데이트하는 데 이처럼 손안에 들어오는 책은 많지 않기 때문이다.

허주 | 아세아연합신학대학교 신약학 교수

『예수, 바울, 복음』은 기독교의 기원에 대한 던의 획기적인 저술들의 머릿돌이자 개론이다. 만일 "던을 읽으려고 하는데 어떤 책부터 시작해야 할까요?"라고 묻는 누군가의 손에 내가 단 한 권의 책을 주어야 한다면 바로 이 책이다.

스캇 맥나이트(Scot McKnight) | 노던 침례신학교(Northern Baptist Theological Seminary)

제임스 던은 명쾌하고 통찰력 있는 이 책에서 초기 예수 운동의 기원에 대해 간결하지만 파노라마 같은 관점을 제시한다. 이 책은 제임스 던이 이 분야에서 왜 그렇게 오랫동안 대가로 인정받는지를 여실히 보여줄 것이다.

브루스 W. 롱네커(Bruce W. Longenecker) | 베일러 대학교(Baylor University)

예수, 바울, 그리고 복음서에 대한 개론 및 그들의 상호 관계를 알고자 하는 독자라면 이 책보다 더 좋은 책을 찾을 수는 없을 것이다. 이 책은 최고 학자이자 교수인 제임스 던이 일생 동안 수고한 연구의 열매다. 명쾌하고 간결하며 창의적이고 믿을 만한 걸작이다.

마이클 J. 고먼(Michael J. Gorman) | 세인트메리 신학대학원대학교(St. Mary's Seminary and University)

Jesus, Paul, and the Gospels

James D. G. Dunn

JESUS, PAUL,
AND
THE GOSPELS

예수,
바울,

복음

예수의 선포로부터
바울의 복음까지

제임스 D. G. 던 지음 I 이상목 옮김

새물결플러스

친애하는 친구요 동료이자 탁월한 학자인
그레이엄 스탠턴(Graham Stanton)을 기리며

저자 서문 14

개인적 소개 19

역자 서문 29

약어 34

제1부 복음서는 무엇인가? 39

　제1장　사실 아니면 허구? 복음서는 얼마나 신뢰할 만한가? 40

　제2장　예수와 복음서 사이 72

　제3장　새로운 장르의 탄생: 마가복음과 공관복음서 108

　제4장　매우 다른 판본! 역사적 예수에 대한 자료로서의 요한복음 152

제2부 예수로부터 바울까지 191

　제5장　예수의 선포로부터 바울의 복음까지 192

제3부 2천 년 전의 바울 231

　제6장　바울은 자신이 누구라고 생각했는가? 232

　제7장　사도 아니면 배교자? 256

　제8장　복음-모든 믿는 자들을 위하여 284

　제9장　교회-바울의 삼위일체적 교회론 314

참고문헌 342

저자 서문

2009년 4월과 5월에 약 삼 주간 나는 몇 개의 개별 강의와 또 다른 연속 강연들을 맡는 특권을 누렸다. 이는 부분적으로 2008-9년을 바울이 태어난 지 2천 년이 되는 해로 경축하려는 교황 베네딕투스 16세의 결정에 따른 결과였다. 내 생각에 이 경축은 사실 몇 년 늦은 것이었다. 왜냐하면 나는 우리가 지금 알고 있는 것과 비슷하게 바울이 기원전에서 기원후로 넘어가는 시기에 태어났을 가능성이 더 높다고 생각하기 때문이다. 그럼에도 바울의 탄생 2천 주년이 가톨릭 신자들 사이에서 일으킨 바울에 대한 관심은 전적으로 환영받았다. 나는 가톨릭(과 다른) 모임에서 바울에 대해 강연해달라는 요청을 여러 번 받았다. 이 초청들은 무척이나 매력적인 기회였고 강연 초청을 모두 거절할 수도 없었던 터라 나는 몇 번의 초청을 기꺼이 수락했다. 새로운 강연 일정으로 일의 속도를 높여야 했지만 어떻게 내가 그런 기회를 거절할 수 있었겠는가? 가톨릭 형제자매들이 바울을 재발견하기 원한다는 사실은 개신교 신자인 나에게도 무척 설레는 일이었다. 어쩌면 이것은 어느 노년의 가톨릭 신자가 내 말을 고쳐주었듯이 "바울을 **재**발견하는 것이 아니라 **발견**하는 일이었다.

　　첫 강연은 성 바울에 관한 국제 세미나(International Seminar on Saint Paul)에서 행한 연속 강연이었다. 이 세미나는 성 바울 학회(Societa Sao Paolo)에서 조직한 것으로서 알바노 호숫가의 아리차(Ariccia)에 위치한

학회 본부에서 열렸다. 이 초대를 수락하는 일은 어렵지 않았는데, 성 바울 학회가 친절하게도 나와 내 아내를 초대하여 내 강연 전후로 며칠을 로마에서 보낼 수 있도록 해주었기 때문이다. 우리는 특히 월터 로드리게스(Walter Rodriguez) 형제에게 깊이 감사한다. 그는 우리를 위해 특별한 로마 여행을 비롯하여 방문 일정 전체를 준비해주었다. 초대받은 세미나에서 내가 해야 할 일은 바울 신학의 중요 주제들에 관해 강연하는 것이었다. 하지만 나는 이미 바울 신학에 대해 상세히 저술했기 때문에 이번 세미나는 왜 바울이 기독교에서 그토록 중요한 인물로 남아 있는지, 그는 누구였는지, 그가 지키려 한 것은 무엇이었는지에 초점을 맞추고, 또한 그가 그것을 위해 살고 죽은 복음과 그가 세우고 자신의 서신들을 통해 가르치고 권고하려 했던 교회들을 중점으로 강연하는 것이 좀 더 적절할 것이라고 생각했다. 이 강연이 본서의 6-9장을 구성한다.

또 다른 초청은 바르셀로나에 있는 카탈로니아 신학부(Theological Faculty of Catalonia)에서 열린 "예수와 바울"에 관한 국제 심포지엄이었다. 나는 이 심포지엄에서 한 번의 강의만 참여했지만, 이것이 내 오랜 친구인 아르만드 푸이그(Armand Puig)에게 긍정적으로 응답하고 바르셀로나를 다시 방문할 수 있는 기회를 내게 제공해주었다. 이번에는 조부모의 일 때문에 아내가 영국에 남아 있어야 해서 나 홀로 떠난 여행이라 아쉬웠지만 말이다. 이 강연은 본서의 5장 내용이다.

나는 이스라엘에서 바르셀로나까지 비행했는데, 이스라엘에서는 탄투르 에큐메니칼 신학연구소(Tantur Ecumenical Institute for Theological Studies)에서 "바울과 그의 환경: 지역, 종교 및 문화"라는 주제로 열린 또 다른 학회에 참여했다. 그곳에서 내 강연은 "역사적 바울을 찾아서"라는 주제였는데, 앞서 언급했던 강연들과 중복되는 내용이 많아서

이 책에 포함시키지는 않았다. 그러나 나는 이 지면을 통해 마이클 맥개리(Michael McGarry) 신부와 그의 참모들에게 학회를 조직하고 학회의 흥미로운 프로그램을 준비해준 데 대해 감사의 마음을 전한다.

탄투르 연구소의 학회 이전에 나는 브엘세바에 있는 벤구리온 대학교(Ben Gurion University)의 다이히만(Deichmann) 강좌에서 강의했는데, 이 강의는 헬레니즘과 로마 시대의 초기 유대교와 기독교 문학 연구를 목적으로 하는 다이히만 프로그램을 위해 롤랜드 다인스(Roland Deines) 박사의 초청으로 이루어졌다. 강의 주제는 다인스 박사의 요청에 따라 바울이 아닌 복음서로 정해졌다. 한 가지 염려되는 것은 신약 문서들과 기독교의 다양한 기원에 관심을 가진 히브리어권 학생들이 히브리어로 공부할 수 있는 교재가 너무 적다는 점이었다. 그래서 나는 신약성서와 초기 기독교를 이해하기 위해 기본적이며 중요한 주제들에 관한 강의가 다이히만 프로그램에 꼭 필요하다고 생각했다. 또한 기독교 복음서의 역사적 가치에 대한 관심이 있는 상황에서 예수와 복음서의 간극을 메우는 것뿐만 아니라 복음서가 어떻게 새로운 문학 장르를 형성했고 요한복음이 다른 복음서들과 어떻게 들어맞는지를 설명하는 것이 중요하다고 판단했다. 다이히만 강좌에 초대하여 강의할 수 있도록 배려해준 다이히만 박사, 다인스 박사, 그리고 벤구리온 대학교의 다른 구성원들인 지피 탈시르(Zipi Talshir) 교수와 카나 웨만(Cana Werman) 박사에게 감사한다. 그들이 베풀어준 기억에 남을 환대에도 깊은 감사를 표한다. 뛰어난 여행 안내자 역할을 추가로 훌륭하게 수행해준 다인스 박사에게는 다시 한번 감사드린다.

삼 주의 시간이 지나면서 나는 열 개의 강연 중 아홉 개로 일관성 있고 잠재적으로 흥미로운 (심지어 유용한) 소책자를 구성할 수 있을 것

예수, 바울, 복음

이라는 점을 깨닫게 되었다. 각각의 강연에서 강연의 번역본이나 동시 통역이 필요했기 때문에 나는 강의할 내용을 모두 미리 작성해야 했다. 그래서 아홉 개의 강연을 출판 가능한 형태로 만드는 데는 추가로 많은 노력이 필요하지 않았다. 이 책의 목차에 맞게 강연들을 배치하는 것으로 충분했다. 브엘세바에서 복음서를 주제로 강의했던 네 개의 강연으로 책을 시작하는 것이 가장 좋을 것 같았는데(1-4장), 이는 특히 아마도 바울이 "복음"이라는 용어에 결정적인 기독교적 특징을 부여했을 것이기 때문이었다. 바르셀로나에서의 강연(5장)은 예수로부터 바울까지 이르는 다리를 깔끔하게 연결해준다. 그다음에 바울에 대해 강의했던 아리차 강연은 바울에 관한 마무리를 제공하고(6-9장), 바울이 기독교의 첫 세대에게 그랬던 것처럼 2천 년이 지난 오늘날의 기독교에도 여전히 제기하는 도전을 이 책의 독자에게 남겨줄 수 있을 것이다.

추가 논의를 통해 나는 처음에 강연했던 내용을 일부 수정했다. 이는 아홉 개의 강연 중 다섯 개가 거의 그리스도인으로 구성된 청중에게 전달된 반면 나머지 네 개의 강연은 압도적으로 유대교가 우세한 배경에서 이루어졌기 때문이다. 기독교와 유대교 배경에서 모두 출판하기 위해 아홉 개의 강연을 하나로 묶으면서 바울에 관한 강연들의 결론을 약간씩 수정할 필요가 있었다. 그렇게 하는 것은 쉬운 일이었는데, 바울의 유대교적 정체성이 바울에 관한 강연들의 주요 주제 중 하나였기 때문이다. 두세 개의 강연 내용이 약간 중첩되기도 하지만 모든 것을 감안할 때 강연 내용을 축약하여 다소 축소된 장(章)으로 보이게 하는 것보다는 처음 전달된 그대로 두는 것이 최선인 것 같았다.

출판을 위해 강연들을 준비하는 과정에서 나는 또 다른 문제에 부딪혔는데, 그것은 각주와 참고문헌에 대한 상호 참조의 범위에 관한 문제였다. 애초에 나는 각각의 주제에 대한 문헌 고찰을 제공하려고 하지 않았다. 만약 문헌 정보를 제공한다면 새로운 절(節)이 각 강연에 추가되고 아마도 완전히 새로운 장(章)이 필요했을 것이다. 실제로 나는 내 견해와 다른 의견들에 관한 자세한 논의가 필요 없는 범위에서 할 수 있는 한 참고문헌을 표시했다. 하지만 그 이상을 하는 것은, 내가 판단하기에, 강연들과 이 책의 특징을 바꾸는 일이 될 것이다. 내가 전작들— 『바울 신학』(CH북스 역간, *The Theology of Paul the Apostle*, Eerdmans, 1998), 『생성기의 기독교』(*Christianity in the Making*) 시리즈의 제1권 『예수와 기독교의 기원』(새물결플러스 역간, *Jesus Remembered*, Eerdmans, 2003)과 제2권 『초기 교회의 기원』(새물결플러스 근간, *Beginning from Jerusalem*, Eerdmans, 2009)—에서 이미 다른 연구들과 깊이 소통했다는 점이 위안이 되었다. 추가적인 참고문헌을 원하는 독자들은 이 책들을 통해 구체적인 사항이나 쟁점을 계속 연구하시기를 정중히 요청한다.

이 책의 독자 중 많은 이들이 나에 대해 잘 알지 못할 것이기에, 다인스 박사의 제안에 따라 "개인적 소개"를 서문 다음에 첨부했다.

이 강연들이 예수와 바울 및 복음서에 대해, 그리고 그들의 상호 관계에 대해 깊은 이해를 제공하게 되기를 바란다. 또한 기독교의 자기 이해 및 유대인과 그리스도인 간의 상호 이해와 존중의 성장을 위해 예수와 바울 및 복음서의 지속적인 중요성에 대해서도 좀 더 풍성한 이해를 제공하게 되기를 소망하며 기도한다.

제임스 D. G. 던
2009년 8월

개인적 소개

신약성서와 기독교의 기원에 관한 내 관심은 십대 시절로 거슬러 올라 간다. 그즈음 나는 매일 아침 성서를 읽고 기도하는 "경건의 시간"(quiet time)이라는 영적 훈련으로 하루를 시작했다. 이미 그때 예수의 삶과 가 르침, 그의 죽음과 (그리스도인들이 믿고 있는) 그의 부활이 나를 매료시켜 내 관심과 호기심을 사로잡았다. 기독교의 기원에 관한 이야기(사도행전) 는 흥미롭고 고무적이었으며, 사도 바울의 신학적 통찰력은 쟁점과 문 제들에 관한 내 인식이 자라나도록 나를 자극하고 시험했다. 나는 구약 성서의 역사 문헌들에 대해서도 그에 못지않은 관심이 있었다.

글라스고우 대학교와 그다음에 케임브리지 대학교에서 수학하면 서 나는 더욱더 성서에 매료되었다. 내 첫 학위는 경제학과 통계학 석사 였다(당시에는 신학/목회학은 부전공으로만 공부할 수 있었다). 이 석사 학위는 나를 금융과 시장의 세상과 연결해주었다. 나는 여전히 이 분야에 관심 을 가지고 있다. 하지만 실제로 내 흥미를 끌었던 것은 두 번째 학위인 목회학 학사(Bachelor of Divinity) 과정의 성서학 과목들이었는데, 나는 이 과목들을 잘하는 것 같았다(내가 학교에서 라틴어와 그리스어를 공부했던 것이 도움이 되었다). 이 시기에 나는 신학적으로 무척 보수적이었는데, 장 칼 뱅과 같은 신학의 거장들과 씨름하고 성서에 대한 역사적 연구의 도전 에 직면하기 시작했다.

케임브리지 대학교에서 위대한 신약학자인 모울(C. F. D. Moule) 교수의 지도 아래 연구할 수 있었던 기회는 나와 내 아내 메타(Meta)에게 완전히 새로운 창을 열어주었다. 그곳에서 처음으로 신약성서 문서들의 특성과 진지하게 씨름했고 이 문서의 증거가 나를 인도하는 곳으로 따라가는 법을 배웠다. 나는 역사비평의 과업을 진지하게 받아들였다. 역사비평이 종종 일부 사람들에게 주는 부정적인 의미(역사적 회의론)에서가 아니라 긍정적인 의미에서 말이다. 이는 무슨 일이 실제로 일어났고, 다양한 신약 본문이 그것을 처음 읽거나 들은 사람들에게 어떤 의미로 받아들여졌으며, 초기 그리스도인들이 실제로 무엇을 믿었는지에 대해 더 나은 지식을 추구한다는 점에서 긍정적이라는 의미다. 역사비평 작업은 하나의 해방—어떤 질문에 대해 내가 발견한 것들이 내가 물려받은 전통과 적절하게 조화되는지를 확인해야 한다는 것으로부터의 해방—경험이었다. 이는 진리를 그 자체로 추구하는 자유, 다시 말해 신약 본문들이 내 견해를 형성하도록 만들고 그 반대로 하지 않는 자유다.

나는 늘 영적인 갱신이나 부흥에 관심을 가졌다. 1964년 초에 캘리포니아의 성공회 신자들 사이에서 일어났던 생소한 일들에 관한 소식은 나로 하여금 전통적인 교회들에서 "새로운 오순절 운동"(성령 세례, 방언)이 부흥의 새로운 물결인가를 궁금하게 여기도록 만들었다. 이는 케임브리지 대학교에서 내 학위 논문의 주제를 제시해주었다. 즉 오순절 운동이 주장하는 성령 세례가 어떻게 신약의 가르침과 일치하는가? 이 질문으로 나는 삼사 년 동안 흥미진진하게 연구할 수 있었다. 내 첫 번째 책 『성령 세례』(*Baptism in the Holy Spirit*, SCM, 1970)는 내 박사 논문을 수정한 것이다.

글라스고우 교구와 에든버러 대학교의 외국인 학생들을 담당하는 교목으로 일한 지 삼 년 후에 나는 노팅엄 대학교의 전임강사로 임용되어 그곳에서 십이 년 동안 머물렀다(1970-1982). 학과장이었던 리니(A. R. C. Leaney)는 친절하게도 학위 과정의 신약학 분야를 위한 새로운 강의 계획서를 만들도록 나를 격려해주었다. 그래서 나는 2년 과정의 새로운 과목 "기독교의 기원들"(Beginnings of Christianity)을 시작했다. 이 과목은 내가 그 후 삼십 년 동안 다른 이름으로 가르친 주된 프로그램의 핵심이 되었고, 내가 현재 집필하고 있는 삼부작 『생성기의 기독교』의 뼈대를 제공한다.

전임강사로 일하기 시작한 처음 몇 년은 주로 새로운 강의들과 세미나 자료 준비를 위한 시간이었다. 그러나 나는 첫 연구 휴가 동안 남겨놓았던 과제를 다시 시작할 수 있었는데, 바로 신약성서에서 영적이고 은사와 관련되는 경험을 고찰한 『예수와 성령』(Jesus and the Spirit, SCM, 1975)이다. 이 연구는 내게 두 가지 확신을 강화시켜주었는데, 첫째로 생명력 있는 종교 경험에 대한 인식은 어떻게 기독교가 번성하게 되었는가를 이해하는 중요한 길이라는 점과, 둘째로 누군가의 종교 경험은 그 사람이 신약의 고대 문헌들과 비판적인 상호 작용을 하는 데 있어 중요한 부분이 된다는 것이다.

이것은 "기독교의 기원들"이라는 더 큰 프로젝트에서 첫 번째로 파생된 연구 주제로 이어졌다. 나는 발터 바우어(Walter Bauer)의 『초기 기독교의 정통과 이단』(Orthodoxy and Heresy in Earliest Christianity, SCM, 1971)에 흥미를 갖게 되었는데, 이 책의 논지는 다음과 같다. 즉 지중해 지역의 몇몇 중요 지역에서 존재했던 기독교의 초기 형태들은 후대의 관점이 강요하는 것보다 훨씬 더 혼합적이고 기능상으로 더욱 다양했으며, "정통"은 승리한 분파이며 "이단"은 패배한 분파라는 주장이다. 나는 바우어가 집중한 2세기에서 출발하여 1세기로 거슬러 올라가면서 문제를 추적하기로 결정했다. 1세기 기독교는 얼마나 다양했는가? 또는 얼마나 통일되었는가? 이는 실제로 신약성서가 어떠했는가에 대한 질문이다. 이 연구의 결과는 내가 신약에 대한 좀 더 어려운 개론서『신약성서의 통일성과 다양성』(*Unity and Diversity in the New Testament*, SCM, 1977, ²1990, ³2006)을 통해 제시한 것으로, 이 책은 대개의 개론서들이 제시하는 **누구, 어디** 그리고 **왜**라는 질문을 이미 넘어선 독자들을 위한 개론이다. 이 책의 연구 결과는 많은 독자들에게 꽤나 도전적이었는데 다음과 같다. 즉 신약성서는 통일성뿐만 아니라 다양성도 정경화했다. 통일성의 요소는 예수 그리스도다. 누군가가 더욱 정교한 "통일성"으로 이동할 때마다, "다양성"은 저자, 환경, 장르가 바뀌면서 즉시 분명해지고 빠르게 강화되었다.

1970년대 후반에 (예수의) 성육신이라는 기독교 개념에 관한 첨예한 논쟁은 내게 다음의 연구 주제를 제공해주었다. 곧 성육신 교리의 기원에 관한 탐구인『생성기의 기독론』(*Christology in the Making*, SCM, 1980, ²1989)이었다. 여기서 한 가지가 분명해졌는데, 즉 책임 있는 주석은 두 가지 중요 요소에 대한 인식을 유지해야 한다는 점이다. 첫째로 개념성(conceptuality)—특히 하나님이 어떻게 그의 창조세계 및 그의 백성과 소통하는지에 관한—은 결코 정적이었던 적이 없으며 늘 역동적이었다는 것이다. 이 개념성은 초창기의 언어가 옛 사용자들이 고려해보지 않았던 질문들을 제기하고, 같은 언어가 후대 독자들에게 새로운 의미를 발전시키면서 역동적이 된다. 둘째로 주석가는 저자가 그 자신이 살았던 시간의 지평 안에 머물도록 해야 한다. 주석가의 본문은 더 많은 것을 의미하게 될 수 있지만, 그 "더 많은" 의미를 원저자의 것으로 돌려서는 안 된다. 이 점에서 주석과 해석학 사이의 긴장은 매우 불편한 것이 될 수 있다.

1980년대 초반에(나는 1982년에 노팅엄에서 더럼으로 자리를 옮겼다) 두 가지 맥락이 내 계속된 연구에서 주된 자리를 차지했다. 하나는 유대교와 기독교의 대화라는 맥락에서 한편으로 초기 기독교와 다른 한편으로 후기 제2성전기 유대교 및 초기 랍비 유대교 사이의 관계였다. "기독교의 기원들"에 관한 내 초기 작업은 이 관계가 불가피했다는 점을 명확히 했다. 한 세기 반 일찍 바우어(F. C. Baur)가 제기한 쟁점은 여전히 남아 있었다. 즉 어떻게 기독교는 제2성전기 유대교라는 모체로부터 발생했는가? 또한 홀로코스트가 지니는 함의들에 대한 신약학계의 지체된 반응은 이 쟁점을 더욱 적절한 것으로 만들었다. 다양한 논문을 제외하면 이 주제에 대한 내 주요 저작은 『기독교와 유대교의 갈림길들』(*The Partings of the Ways between Christianity and Judaism*, SCM, 1991, [2]2006; Partings가 복수라는 점에 주목하라)이다. 불행하게도 일부 비평가들은 이 제목의 나머지 부분에 거의 주의를 기울이지 않았는데, 그것은 『그리고 기독교의 특징을 위한 그들의 중요성』(*and Their Significance for the Character of Christianity*) 이다. 나는 유대교를 위한 『갈림길들』의 의의를 나보다 더 자격이 있는 다른 이들에게 맡긴다. 비록 제2성전기 유대교로부터의 기독교 발생에 대해 관심을 가진 유대교 학자들, 특히 다니엘 보야린(Daniel Boyarin, 가장 주목할 만하며 가장 최근에 쓴 그의 저작은 『경계선들: 유대-기독교의 분리』[*Border Lines: The Partition of Judaeo-Christianity*, Philadelphia, 2004]다)과의 소통이 양쪽 모두에게 자극이 되겠지만 말이다.

또 다른 맥락은 바울에게 매료된 내 관심이 더욱 깊어지는 것이었다. 이 관심은 두 권으로 구성된 내 WBC 성경주석 『로마서』(솔로몬 역간, *Romans*, Word, 1988)에서 절정에 이르렀다. 이 주석서는 과연 내가 완성할 수 있을까를 때때로 의심하던 과제였다. 하지만 바울에 관한 내 관심은 특히 갈라디아서(Black, 1993)와 골로새서에 관한 주석(Eerdmans, 1996)에서 계속되다가 『바울 신학』(*Theology of Paul the Apostle*, Eerdmans, 1998; Clark, 1998)에서 새로운 절정에 다다랐다. 나는 『바울 신학』에서 바울이 로마에 편지를 보낸 시점의 바울 신학의 윤곽을 가능한 한 완전하게 제시하려고 노력했다. 익히 알려진 대로 바울은 가르치기 위해 그에게 위임된 복음에 대한 자신의 이해를 로마서에 정리해놓았다.

그러나 바울에 관한 내 연구의 주된 주제는 "바울에 관한 새 관점"으로 알려지게 되었다. 이 주제는 유럽에서 개신교 종교개혁의 신학적 유산 안에서 잘 훈련받은 많은 사람들에게 놀랍도록 논쟁적인 주제였다. 그것은 내가 더럼으로 자리를 옮긴 직후 맨체스터에서 동일한 제목으로 강의한 강연에서부터 시작되었다. 이 "새 관점" 주제를 자극한 것은 샌더스(E. P. Sanders)의 연구였다. 그는 제2성전기 유대교가 기독교 학자들이 묘사해왔던 것처럼 전혀 율법주의적이지 않았으며 유대교의 종교 경향은 "언약적 율법주의"(covenantal nomism)로 더 잘 특징지어진다고 논증했다(*Paul and Palestinian Judaism*, SCM, 1977, 『바울과 팔레스타인 유대교』, 알맹e 역간). 샌더스의 연구는 율법과 복음 사이에 존재하는 루터주의적인 날카로운 대립을 약화시켰다. 또한 바울이 믿음과 "율법의 행위"의 대조를 통해 의미했던 것이 선한 일—이를 통해 사람이 하나님께 받아들여지는—이었다는 가정의 토대를 무너뜨렸다. 그러나 내게 있어 문제는 바울이 "언약적 율법주의"를 어떻게 다루었으며 "율법의 행위"를 통해 무엇을 의미했는가를 보여주는 데 샌더스가 실패했다는 사실이다. 나는 바울이 언급한 유대주의가 사실상 샌더스가 묘사한 종류의 유대주의라는 점을 보여줌으로써 유대교에 대한 샌더스의 새 관점을

예수, 바울, 복음

완전하게 하려고 노력했다. 내가 발견한 단서들은 첫째로 자신이 비유대인/이방인들을 향한 사도라는 바울의 반복되는 주장과, 둘째로 바울이 메시아 예수에 대한 복음은 비유대인들을 위한 것이며 믿음으로 받아야 한다는 확신을 변론할 때 "이신칭의"에 대한 바울의 가르침이 가장 분명하게 표현되었다는 명확한 증거다. 내가 보기에 가장 명백한 추론은 다음과 같다. 이신칭의에 대한 주장은 아브라함의 유산에 참여하기 위해 이방인들이 이스라엘에 참여해야 한다는, 다시 말해 개종해야 한다는 주장에 대한 반대였다. 여기서 "믿음"과 "율법의 행위"의 대조는 우선 이방인 신자들이 율법의 짐, 즉 토라가 부과한 모든 것을 짊어져야 한다는 요구를 바울이 거부하는 데까지 이른다. 이 문제에 대한 바울의 첫 번째 진술이 분명히 보여주는 것처럼 그가 생각하기에 이방인들에게 (믿음 이외에) "율법의 행위"를 요구하는 것은 "그들에게 유대인처럼 살도록 강요하는 것"(갈 2:14-16)이었다.

앞서 언급한 대로 바울에게 있어 유대인과 이방인 사이의 장벽 철폐가 지니는 수평적인 차원(엡 2:14-16)이 하나님과 개인 사이에 맺어진 평화가 지니는 수직적 차원과 마찬가지로 그의 복음에 필수적이라는 사실을 보여주려는 이런 시도는 몇몇 개혁주의 그룹에서는 잘 받아들여지지 않았다. 나는 이런 문제와 다른 관심사들을 『바울에 관한 새 관점』(에클레시아북스 역간, *The New Perspective of Paul*, Mohr Siebeck, 2005; Eerdmans, ²2008)에서 다루려고 노력했다. 그러나 바울 당시의 유대교와 바울의 관계에 대해 숙고하는 것과, 할례, 안식일, 정결법과 같은 인종적 정체성의 표지들을 약화시킴으로써 새로운 공동체를 만들려는 바울의 노력이 그의 동료 유대인들 사이에서 성공할 수 있었는지에 대해 숙고하는 것은 동일하게 중요하다. 이와 같은 내 연구의 두 가지 맥락은 서로 얽혀 있다. 특히 바울이 자신의 동료 유대인들에게 제기했던 도전은 여전히 남아 있다. 즉 어떻게 아브라함의 축복이 개종자가 되어야 한다는 요구 없이 그것을 원하는 모든 민족에게 주어질 수 있는가? 바울이 특별히 그리스도인들에게 제기한 도전도 아직 유효하다. 만일 기독교가 아브라함의 축복으로 정의되고 특징지어지지 않는다면, 기독교는 무엇인가?

가장 최근 연구에서 나는 "기독교의 기원들", 좀 더 정확히 말하면 『생성기의 기독교』라는 내 프로젝트로 되돌아갔다. 제1권은 내가 더럼 대학교에서 일찍 은퇴하던 해에 출판된 『예수와 기독교의 기원』이었다. 나는 이 책을 준비하면서 예수에 대한 초기 전승이 이십 년에서 사십 년 동안 구전 형태로 회자되었다는 점을 인식하고 이에 점점 더 흥미를 느끼게 되었다. 이와 대조적으로 기독교 복음서를 이루는 자료의 전승사에 관한 대부분의 탐구는 거의 전적으로 복음서들의 문학적 상호 의존에 집중했다. 이런 연구는 예수로부터 기록된 복음서에 이르는 발전이 문서화된 자료의 복사와 편집이라는 문학적 의미 안에서 이해될 수 있을 뿐만 아니라 그렇게 이해되어야 한다는 추론을 강화한다. 물론 신약의 첫 세 권인 (공관)복음서가 상당히 유사하거나 거의 동일한 자료를 공유하고 있음을 보여준다는 점은 사실이다. 이에 대한 논리적인 결론은 그런 정도의 유사성은 문학적인 상호 의존으로 가장 잘 설명된다는 것이다. 그러나 공관복음서가 공유하고 있는 자료의 절반 이상은 매우 상이하다. 이런 상이성은 문학적인 상호 의존으로 잘 설명되지 **않는다**. 『예수와 기독교의 기원』과 더 간결한 『예수님에 관한 새 관점』(CLC 역간, *New Perspective on Jesus*, Baker, 2005)에서 나는 **구두** 전승 과정이 공유되지만 상이한 자료들을 더 잘 설명해준다는 점을 입증하려고 노력했다. 이어지는 결론은 다음의 사실을 포함한다. 우선 복음서 간의 상이점들은

예수, 바울, 복음

"실수"나 "모순"이 아니라, 단순히 동일한 전승의 여러 구전이 만들어 낸 다양한 형태로 간주되어야 한다. 또한 예수 전승의 살아 있는 특징은 특정한 형식의 어구들에 너무 묶이거나 제한되지 말라고 우리에게 경고한다.

제2권 『초기 교회의 기원』은 기원후 30년부터 로마에 저항하는 첫 번째 유대 항쟁의 실패와 70년의 예루살렘 성전의 멸망까지의 이야기를 다룬다. 이 책은 예루살렘에 있었던 나사렛 종파의 기원, 헬라파의 확장, 바울의 회심과 베드로의 선교에 대한 묘사로 시작한다. 사도행전과 바울 서신이 모두 보여주는 것처럼 주된 관심은 바울에게 집중되어야 한다. 이것은 내가 이제 다음의 사항들에 초점을 맞춤으로써 바울에 대한 내 연구를 완성할 수 있도록 해준다. 곧 바울의 자기이해, 그의 선교 전략과 사역의 현실성, 그의 교회 설립과 교회에 대한 목회적 대응, 그리고 예루살렘의 가난한 신자들을 위해 교회로부터 거둔 모금을 통해 예루살렘 교회와의 단절을 막으려는 그의 노력이다. 『초기 교회의 기원』은 베드로, 야고보, 바울이라는 세 명의 제1세대 기독교 지도자들의 죽음을 서술하고 베드로전서, 야고보서, 에베소서에 기록된 것으로서 그들의 역할이 지닌 중요성을 평가함으로써 끝맺는다. 만약 신약 서신에서 바울이 현저히 우세하다면, 우리는 베드로와 야고보가 담당했던 역할의 중요성을 무시하거나 과소평가하지 말아야 한다.

다음 단계는, 하나님께서 허락하신다면, 제2권의 내용 이후 백 년의 이야기를 담은 제3권이다. 그동안 나는 『신약신학 개론』(*New Testament Theology: An Introduction*, Abingdon, 2009)을 성서신학 문고(Library of Biblical Theology)의 일부로 완성했다. 이 개론서는 특히 신약신학은 성서신학으로서만 수행될 수 있다고 주장한다. 신약신학은 유대교와 기독교 사이에서 계속 진행되는 대화의 일부로 간주되어야 한다. 이후의 논의가 이 책에서 계속 이어질 것이다. 그러니 계속 읽어보시라!

제임스 D. G. 던

2009년 8월

역자 서문

제임스 D. G. 던(James D. G. Dunn)은 신약성서의 다양한 주제를 새로운 전망을 가지고 깊이 있게 연구하여 학문적인 논의를 위한 통찰과 도전을 제공한 학자로 높이 평가된다. 그는 『바울에 관한 새 관점』(New Perspective on Paul)을 통해 이후의 신약학계를 샌더스(E. P. Sanders) 및 라이트(N. T. Wright)와 함께 선도했다. 바울에 관한 던의 연구는 신약학의 학문적 발전에 중요한 영향을 끼쳤다. 가령 1988년에 출판된 던의 주석 『로마서』는 아직까지 로마서 연구에 필수적인 중요 자료로 평가되고 있으며, 그 외의 바울 서신 관련 주석들도 바울 연구의 필독서로 간주된다. 던이 오랫동안 천착한 바울 연구는 바울 신학을 풍부한 자료 및 깊이 있는 논의와 함께 종합적이며 체계적으로 보여주는 『바울 신학』(The Theology of Paul the Apostle)으로 집대성되었다. 그러나 던의 연구에서 그의 관심은 바울 서신에 국한되지 않는다. 그는 역사적 예수, 기독론, 유대교와 기독교의 관계, 초기 기독교의 역사 등에 관한 폭넓은 관심을 가지고 중요한 연구 업적들을 발표했다. 던은 최근에 초기 기독교의 형성과 발전을 조망하는 연구를 진행하고 있다. 『생성기의 기독교』(Christianity in the Making)는 3권까지 출간되었는데. 제1권 『예수와 기독교의 기원』(Jesus Remembered, 2003)과 제2권 『초기 교회의 기원』(Beginning From Jerusalem, 2009)은 여러 해 전에 출간되었다. 기원후 70년 예루살렘의 멸망 이후 약 백 년간의 기독교 발전을 다룬 제3권 『유대인도 그리스인도 아니다』(*Neither Jew Nor Greek*)도 2015년에 출판되었다. 이로써 던의 연구는 예수로부터 시작하여 2세기까지 초기 기독교의 형성과 발전을 이해하는 데 크게 기여할 것이다.

『예수, 바울, 복음』은 제임스 던이 주된 관심사로 연구했던 예수와 바울에 관한 중요 쟁점을 간략하면서도 충실하게 다룬다. 던이 "저자 서문"에서 설명했듯이, 이 책은 던의 아홉 개의 강연을 묶은 것이다. 1장부터 4장까지의 강연들은 던이 예루살렘의 벤구리온 대학교에서 유대인 청중을 대상으로 행한 것으로, 예수와 신약 복음서에 관한 던의 생각을 요약해서 보여준다. 저자는 네 가지의 가정을 가지고 예수와 복음서에 대한 연구에 임한다고 설명한다. 곧 예수는 역사적으로 실존했고, 유대인이었으며, 영향력을 행사한 인물이었고, 그가 주로 활동한 갈릴리는 구전 사회였다는 가정이다. 던은 복음서의 기록을 통해 예수의 특징적인 면—특유한 면이 아닌—을 추적하여 역사적 예수의 모습을 이해한다. 던은 예수에 관한 구전 전승이 복음서 기록의 등장과 함께 사라지지 않았으며 상당 기간 지속되었다고 주장한다. 그에 따르면 이 구전 전승은 공관복음서 사이의 "동일하면서도 상이한" 단락들을 이해하는 데 기여한다. 공관복음서의 상호 관계를 설명하는 기존의 "문학적 상호 의존" 모델이 명쾌하게 설명하지 못하는 공관복음서 간의 관계는 구전 전승의 특성에 주목할 때 설명될 수 있다. 또한 던은 복음서라는 새로운 장르를 도입한 인물이 마가이며, 이후 신약 복음서들이 마가의 형식("확장된 도입부를 지닌 수난 기사")을 따르고 있다고 설명한다. 이런 점에서 요한복음은, 공관복음서와의 상이점들에도 불구하고, 마가로부터 시작된 초기 기독교의 복음서 전통을 계승하고 있다. 또한 요한이 전하는 예수는 공관복음서 전승에 그 뿌리를 내리고 있다. 물론 요한복음은 이런 연속성에도 불구하고 공관복음서와는 매우 다른 독특성을 보여주는데, 던은 이런 독특성이 공관복음서 전승을 변하게 하고 발전시킨 요한의 활동이 낳은 결과라고 설명한다.

던은 바울에 관한 본격적인 논의로 나아가기 전에 예수와 바울의 연속성을 먼저 설명한다(5장). 이 연속성의 핵심에는 예수와 바울이 모두 지니고 있는 유대인으로서의 정체성(Jewishness)이 자리한다. 예수의 메시지가 지닌 특성들은 바울의 메시지에서 확장되어 다시 등장한다. 던은 예수와 바울 모두가 하나님의 은혜를 개방적인 것으로 이해했으며 자신의 메시지에서 종말론적인 긴장을 유지했음을 지적한다. 던의 이해에 따르면 죄인들을 향한 예수의 개방성은 이방인들을 향한 바울의 개방성으로 이어졌고, 예수가 견지한 하나님 나라의 현존과 미래의 도래라는 종말론적인 긴장은 바울이 말하는 성령의 활동을 통해 드러나는 "이미 그러나 아직"의 종말론적 긴장으로 이어진다.

바울에 대한 던의 논의는 바울의 사도직 문제로 시작한다. 자신이 사도라고 바울이 주장한 것은 그가 부활한 그리스도를 만나 이방인을 향한 선교의 사명을 받았기 때문이다. 이 사명에 따라 바울은 새로운 정체성을 확립한다. 그는 "그리스도 안에" 있다는 의식으로 자신을 새롭게 바라보았고 이전에 지녔던 유대인의 정체성을 새롭게 정의한다. 바울의 변화하는 정체성은 바울과 유대교의 단절을 의미하지 않는다. 바울은 사도라는 자신의 책무를 유대교의 유산 안에서 수행했다. 던의 설명에 따르면, 바울이 많은 반대에도 불구하고 자신을 이방인을 향한 사도로 주장했던 것은 복음에 대한 그의 이해에서 기인한다. 바울은 이방인들을 향한 자신의 선교가 하나님께서 이스라엘에 부여한 책무의 성취라고 이해했다. 복음은 모든 믿는 자에게 주어진 것이며, 율법의 행위

없이 이방인들에게 개방되었다. 예수의 개방성은 바울에게서 새로운 차원으로 드러난다. 바울이 전하는 복음을 받아들인 교회는 이런 개방성이 발현하는 장소, 곧 화해의 장소가 되어야 한다. 던은 교회를 삼위일체적으로 설명하면서 교회는 하나님의 회중이라는 구약의 전통 속에 있고, 그리스도의 몸으로서 연합해야 하며, 성령의 교제를 통해 모든 신자가 살아 움직이는 카리스마적인 공동체가 되어야 함을 지적한다. 이런 던의 주장이 오늘날의 기독교에 제시하는 함의는 분명 가볍지 않다.

이 책에 담긴 던의 관심은 초기 기독교를 연속성의 관점에서 설명하는 것이다. 초기 기독교는 구약 전통과 이어졌으며, 그 다양성에도 불구하고 내적인 연속성을 갖는다. 이 연속성이 신약 복음서들의 관계와 예수와 바울의 관계를 이해하는 저자의 시각이다. 던은 "역사적 예수와 신앙의 그리스도"의 차이에 집중했던 학자들의 방식을 거부하고 그 둘의 간격을 연속성의 전망으로 현저하게 축소시키는 데 기여했다.

이 책은 일반 독자들을 염두에 두고 집필되었다. 이것은 물론 이 책이 비전문가 청중을 위한 강의들을 편집한 것이라는 특징에서 기인한다. 그러나 이 책은 예수와 바울에 관한 연구의 주요 쟁점들을 다룬다. 지면의 한계 때문에 미처 다루지 못하는 쟁점들은 던이 제시해주는 참고문헌을 통해 접근할 수 있을 것이다. 따라서 이 책은 독자들에게 예수와 바울에 대한 연구를 이해하기 쉽게 소개하고 이후 독자 자신의 계속된 연구를 위한 훌륭한 출발점이 될 것이다. 또한 이 책은 신약학도들에게 예수와 바울에 관한 던의 이해를 알기 쉽게 제시하여 중요한 연구 주제에 대한 던의 견해와 공헌을 손쉽게 살펴볼 수 있도록 도와준다. 좀 더 자세한 논의는 던이 제공하는 각주와 참고문헌을 통해 도움을 얻을 수 있을 것이다.

이 책의 번역자로서 본서가 예수와 바울, 그들의 특성과 관계, 그리고 초기 기독교의 형성과 관련하여 독자들의 이해를 돕고 이후의 관심을 계속 불러일으키는 데 기여하기를 소망한다.

약어

AB   Anchor Bible

ABD   *Anchor Bible Dictionary* (ed. D. N. Freedman; 6 vols.; New York:
            Doubleday, 1992)

ANRW   *Aufsteig und Niedergang der römischen Welt* (ed. H. Temporini
            and W. Haase; Berlin: De Gruyter, 1972-)

b.   Babylonian Talmud

BAGD   W. Bauer, W. F. Arndt, F. W. Gingrich, and F. W. Danker,
            *A Greek-English Lexicon of the New Testament and Other
            Early Christian Literature* (Chicago: University of Chicago Press,
            1979)

BDAG   F. W. Danker, W. Bauer, W. F. Arndt, and F. W. Gingrich,
            *Greek-English Lexicon of the New Testament and Other Early
            Christian Literature* (3rd ed.; Chicago: University of Chicago Press,
            2000)

BibInt   *Biblical Interpretation*

BNTC   Black's New Testament Commentaries

BR   *Biblical Research*

BU   Biblische Untersuchungen

BZNW   Beihefte zur Zeitschrift für die neutestamentliche Wissenschaft

CBQ	*Catholic Biblical Quarterly*
ch(s).	chapter(s)
DPL	*Dictionary of Paul and His Letters* (ed. G. F. Hawthorne and R. P. Martin [Downers Grove, IL: InterVarsity, 1993])
EDNT	*Exegetical Dictionary of the New Testament* (ed. H. Balz and G. Schneider; ET Grand Rapids: Eerdmans, 1990-93)
EKK	Evangelisch-katholischer Kommentar zum Neuen Testament
ExpTim	*Expository Times*
GLAJJ	*Greek and Latin Authors on Jews and Judaism* (ed. M. Stern; 3 vols.; Jerusalem: Israel Academy of Sciences and Humanities, 1976-84)
Hatch & Redpath	E. Hatch and H. A. Redpath, *A Concordance to the Septuagint* (2 vols.; Oxford: Clarendon, 1897)
HTR	*Harvard Theological Review*
ICC	International Critical Commentary
JBL	*Journal of Biblical Literature*
JJS	*Journal of Jewish Studies*
JSJ	*Journal for the Study of Judaism*
JSNTS	Journal for the Study of the New Testament: Supplement Series
JSS	*Journal of Semitic Studies*
JTS	*Journal of Theological Studies*
KD	*Kerygma und Dogma*
LSJ	H. G. Liddell and R. Scott, revised by H. S. Jones, *A Greek-English Lexicon* (9th ed.; Oxford: Clarendon, 1940); with supplement

(1968)

LXX	Septuagint
m.	Mishnah
NDIEC	*New Documents Illustrating Early Christianity* (9 vols.; Sydney: Macquarie University; Grand Rapids: Eerdmans, 1981-2002)
NIDB	*The New Interpreter's Dictionary of the Bible* (ed. K. D. Sakenfeld; 4 vols.; Nashville: Abingdon, 2006-9)
NIGTC	New International Greek Testament Commentary
NovTSup	Supplements to Novum Testamentum
NT	New Testament
NTS	*New Testament Studies*
OBO	Orbis biblicus et orientalis
OCD	*The Oxford Classical Dictionary* (ed. Simon Hornblower and Antony Spawforth; 3rd ed.; Oxford: Oxford University Press, 1996)
par(s).	parallel(s)
PGM	*Papyri graecae magicae: Die griechischen Zauberpapyri* (ed. K. Preisendanz; Berlin: Teubner, 1928)
SBLSymS	Society of Biblical Literature Symposium Series
SBS	Stuttgarter Bibelstudien
SNTSMS	Society for New Testament Studies Monograph Series
t.	Tosefta
TDNT	*Theological Dictionary of the New Testamen* (ed. G. Kittel and G. Friedrich; Grand Rapids: Eerdmans, 1964-76)
TDOT	*Theological Dictionary of the Old Testament* (ed. G. J. Botterweck

and H. Ringgren; Grand Rapids: Eerdmans, 1974–)

VTSup	Supplements to Vetus Testamentum
WBC	Word Biblical Commentary
WMANT	Wissenschaftliche Monographien zum Alten und Neuen Testament
WUNT	Wissenschaftliche Untersuchungen zum Neuen Testament
ZNW	*Zeitschrift für die neutestamentliche Wissenschaft und die Kunde der älteren Kirche*

제1부

복음서는 무엇인가?

제1장

사실 아니면 허구? 복음서는 얼마나 신뢰할 만한가?

우리는 나사렛 예수에 대해 무엇을 알고 있는가? 예수에 대해 우리가 가진 지식의 출처는 무엇인가? 기독교 복음서를 제외하고 이 지식의 출처가 되는 자료는 거의 없다. 2세기 초반 로마의 두 역사가가 예수를 언급한다. 타키투스는 네로 황제 시대에 일어난 로마 대화재에 책임이 있다고 지목된 사람들을 "그리스도인들"이라 칭하고 다음과 같은 설명을 덧붙인다. "그들의 이름은 그리스도로부터 유래한다. 그는 티베리우스 치하에서 행정관 본디오 빌라도에게 처형당했다"(*Annals*, 15.44). 그리고 거의 같은 시기에 수에토니우스는 기원후 49년에 유대인들을 로마로부터 추방한 일에 대해 기술하면서 예수에 대해 혼동되는 언급을 한다. 곧 "유대인들이 크레스투스[Chrestus]의 선동에 따라 지속적으로 소요를 일으켰기 때문에, 그[클라우디우스]는 그들을 로마에서 추방했다"(*Claudius*, 25.4). "크레스투스"와 "크리스투스"(Christus)는 발음이 매우 유사하다. 흔히 수에토니우스가 "크리스투스"를 지칭했다고 추론하는데, 이는 예수를 메시아 곧 **크리스투스**로 부르던 기독교적인 호칭이다. 그렇지만 이 사실이 예수 자신에 대해 말해주는 것은 거의 없다.

기원후 90년대에 저술 활동을 한 유대인 역사가 요세푸스는 자신의 『유대고대사』(*Antiquities*)에서 예수를 아마도 두 번 언급한다. 이 둘 중 주된 단락은 요세푸스 저작의 기독교 판본들에서 편집되고 확장된 것으로 보인다. 하지만 이 단락 중 본래의 자료로 보이는 좀 더 간략한 언급은 예수를 "지혜로운 사람…놀라운 일을 행한 자, 민족의 선생"으로 이야기하며 그가 빌라도에게 십자가형을 당하기 전에 상당한 추종자들을 거느렸다고 기록한다(18,63-64). 그리고 덜 의문시되는 둘째 단락은 기원후 62년에 처형된 야고보가 "메시아로 불렸던 예수의 형제"(20,200)라고 설명한다. 첫째 단락이 둘째 단락보다 예수에 대해 좀 더 우리에게 말해주지만, 여전히 매우 적은 정보만을 제공한다.

랍비 전승에서도 예수에 대한 것으로 보이는 몇몇 언급이 발견된다. 가장 그럴듯한 것은 바빌로니아 탈무드 산헤드린 편(*b. Sanhedrin*, 43a)에서 발견되는데, 유월절 전날 밤에 매달린 예수(Yeshu)에 대한 언급이다. 그는 이스라엘을 미혹하여 잘못된 길로 인도한 마술사로 묘사된다. 하지만 이것도 우리가 예수를 아는 데 큰 도움이 되지 못한다.

예수에 대해 우리가 가지고 있는 모든 정보는, 기독교 문서들을 제외하면, 예수가 선생으로서 "놀라운 일을 행한 자", 곧 마술적인 힘을 행사한 자로 상당한 추종 세력을 모았고 유대 총독 빌라도의 명령에 따라 십자가형에 처해진 것으로 알려졌으며 그렇게 기억되었다는 것이다. 우리는 구체적으로 다음의 질문들을 제기함으로써 위의 정보들에 대해 다르게 추론해볼 수 있다. 왜 로마 당국은 이 예수를 십자가에 못 박았는가? 왜 랍비들은 예수를 마술사로 간주했는가? 그러나 우리가 비기독교 자료들로부터 얻는 정보는 예수에 대한 적절한 그림을 그리기에는 여전히 미미하고 불충분하다.

결과적으로 예수에 대한 우리의 이해를 보충하기 위해 기독교 문서, 특히 기독교 복음서에 의존하는 것은 불가피하다. 그러나 이것은 즉시 우리에게 또 다른 문제를 제기한다. 만약 우리가 전적으로 기독교 복음서를 의지해야 한다면, 우리는 그 문서들이 **기독교** 복음서라는 점을 주목하지 않고서는 논의를 진전시킬 수 없다. 우리는 이 복음서가 예수에 대한 묘사에서 선입관이 없거나 객관적이라고 가정할 수 없다. 물론 이 문제는 과장되어서는 안 된다. 과거의 인물이나 중요한 사건들에 관해 편견 없이 또는 온전히 객관적으로 기록한 사료는 거의 없다. 역사가들은 과거를 단도직입적으로 "객관적" 의미로 생각하는 것의 위험성을 오랜 세월 동안 배워왔다. 그들은 사료를 다룰 때 선입관—그들 자신의 선입관을 포함한—을 고려해야 한다는 점을 잘 안다. 이런 문제는 모든 역사 서술의 기능과 기술에 내재되어 있다. 우리가 예수에 대한 역사를 서술할 때 거의 전적으로 기독교 자료에 의지한다는 사실은 앞서 언급한 문제를 특별히 심각한 것으로 만든다. 그러나 이런 문제는 모든 역사가에게 친숙한 것이다.

그렇다면 우리의 첫 번째 주요 사안은 예수에 관해 믿을 만한 정보를 제공하기 위해 기독교 복음서의 신뢰도를 평가하는 것이다.

네 가지 가정

나는 네 가지 가정을 가지고 시작한다. 이 가정들은 대부분의 사람이 예상하는 것보다 더 논란의 여지가 있음이 입증되었지만, 나는 그것들이 선험적인 기지(旣知)의 사실이라고 주장한다.

첫 번째 가정은 아마도 기원후 20년대 후반이나 30년대 초반에 이스라엘 땅에서 활동한 예수라고 불리는 역사적 인물이 **실존했다**는 사실이다. 이 사실은 명확히 해야 하는 시작점이다. 왜냐하면 예수가 존재한 적이 없으며 그에 대한 기독교 전승은 거의 다 날조되었다는 명제를 반복하는 사람이 거의 매 세대마다 나타나기 때문이다.[1] 이것의 기본적인 논점은 종종 제기되는 더욱 광범위한 주장, 곧 기독교의 실제 창시자는 예수라기보다 바울이라는 주장을 반영한다. 예수와 바울의 관계는 기독교 학계의 중요한 쟁점 중 하나지만, 여기서 이 문제를 다룰 시간은 없다. 하지만 "그리스도 신화" 또는 "예수 신화"라는 논제에서 예수와 바울 사이의 긴장이나 간격은 극한까지 밀어붙여진다. 이는 기독교는 사실 바울이 창시했고, 예수의 부활에 대한 믿음은 단지 지중해 세계에 널리 퍼져 있던 "죽었다가 다시 살아나는" 신—아티스(Attis)나 오시리스(Osiris)와 같은—에 대한 믿음에서 발전했다는 주장이다. 이런 논제에 따르면, 아직 적절하게 설명된 적이 없는 어떤 이유 때문에 죽었다가 다시 살아나는 신에 대한 믿음이 달리 알려지지도 않았고 별로 중요하지도 않은 "예수"라는 유대인에게 귀속되었다. 그러나 이런 논제가 다시 살아날 때마다 열린 마음을 가진 연구자들에게 명확하게 드러나는 한 가지 사실이 있다. 그것은 해당 논제를 주장하는 사람들이 연관성이 가장 높은 증거를 모르거나 아니면 무시하면서 다른 증거들을 편향적으로 읽고 있으며 그들의 주장은 전체적으로 믿기 어렵다는 사실이다. 우리는 다음과 같이 결론 내리는 것이 안전할 것이다. 즉 이런 논제는 자신이 제기하는 개연성 낮은 주장들로 인해 곧 산산이 부서질 것이고, 이

---

1 최근 이 명제를 가장 강하게 지지하는 학자는 다음과 같다. G. A. Wells, *The Jesus of the Early Christians: A Study of Christian Origins* (London: Pemberton Books, 1971); *The Historical Evidence for Jesus* (Buffalo: Prometheus Books, 1988).

주제를 진지하게 연구하는 학도들은 그 논제를 일축하거나 단순히 무시할 것이라고 말이다.

따라서 기독교 전승과 신앙이 말하는 예수라고 불리는 인물이 실존했다는 첫 번째 가정은 타당하다. 물론 한 가지 질문은 남는다. 역사적 관점에서 볼 때 이 예수에 관한 여러 전승과 신앙은 얼마나 정당한가?

두 번째 가정은 이 예수라는 인물이 갈릴리 출신의 **유대인**으로서 주로 갈릴리에서 활동했다는 것이다. 이것은 첫 번째 가정만큼 논쟁거리가 되지 않는 것처럼 보일 수 있다. 그러나 여기서 우리는 즉시 반유대주의라는 기독교의 수치스러운 전통과 마주한다. 분명한 역사적 사실은 기독교가 2세기 이후 계속하여 유대교와 구별하는 방식으로 자신의 정체성을 확립했고 그런 목적에서 자신을 유대교와 대조했다는 점이다. 기독교 성서의 삼분의 이 또는 사분의 삼이 이스라엘의 경전인 타나크(Tanak)로 이루어졌음에도 불구하고 기독교는 자신을 이해하기 위해 유대교와 거리를 두었다. 수 세기 동안 예수에 대한 기독교의 이해는 집요하고 더욱 강하게 예수의 유대인 됨(Jewishness)을 부정하려고 시도했다. 19세기 후반 예수에 관한 가장 현저하고도 대중적인 태도는 다음과 같다. 즉 "근본적으로 예수에게는 유대교적인 것이 아무것도 없었고", 예루살렘 방문 후 "예수는 더 이상 유대인이 아니었으며"(Ernest Rénan),[2] 예수는 "자신의 가르침과 유대인들의 가르침 사이에 날카로운 경계선"을 만들며(Albrecht Ritschl)[3] 유대교와 유대교의 율법을 포기했다는 단언

---

2 S. Heschel, *Abraham Geiger and the Jewish Jesus* (Chicago: University of Chicago Press, 1998), 156-57. 19세기 신약학계의 반유대주의에 관해서는 특히 66-75, 106-7, 117-18, 123, 153-57, 190-93, 212-13, 227을 보라.

3 Heschel, *Abraham Geiger*, 156-57.

이다. 나치 시대에 발터 그룬트만(Walter Grundmann)은 심지어 "갈릴리는 이방이었으며", "예수는 유대인이 아니었다"라고 주장하기도 했다.[4] 물론 이 주장은 부분적으로는 이사야가 갈릴리를 "이방의 갈릴리"(사 8:23/9:1)로 언급한 것에 근거한다. 그러나 결정적인 이유는 예수를 유대인들로부터 가능한 한 멀리 떼어놓으려는 바람 때문이었다. 1990년대 캘리포니아에서 진행된 예수 세미나(Jesus Seminar)의 가장 걱정스러운 특징 중 하나는 기원후 1세기 갈릴리를 헬레니즘이 배어 있는 주로 이교적 색채를 가진 곳으로 묘사하려는 노력의 부활이었다(Burton Mack, Robert Funk).[5] 그런 성향은 아직도 여전하다. 즉 예수에게 우주적인 중요성을 부여하기 위해 예수는 유대교 배경으로부터 가능한 한 멀리 떨어져야 했다.

감사하게도 이런 반유대적인 예수는 현장에서 대부분 희미해졌다. 역사적 예수에게 다가가려는 현재의 노력들이 보여주는 두드러진 특징은 예수가 유대인이었음을 인정하는 것이다.[6] 결과적으로 예수를 단지 바리새인과의 논쟁을 통해서만 묘사하려는 노력, 즉 예수의 활동이 지닌 중요한 특징들을 제2성전기 유대교와의 차이점에서 찾으려는 시도는 이제 방향을 잘못 잡은 것임이 널리 인정된다. 예수는 오직 유대인으로서 그가 처한 제2성전기 유대교라는 배경 속에서만 적절히 이해될 수

---

4   W. Grundmann, *Jesus der Galiläer und das Judentum* (Leipzig: George Wigand, 1941), 166-75.

5   B. L. Mack, *A Myth of Innocence: Mark and Christian Origins* (Philadelphia: Fortress, 1988), ch. 2; R. W. Funk, *Honest to Jesus* (San Francisco: HarperSanFrancisco, 1996, 『예수에게 솔직히』, 한국기독교연구소 역간).

6   내 책을 보라. *Christianity in the Making*, vol. 1, *Jesus Remembered* (Grand Rapids: Eerdmans, 2003). 참고문헌을 위해서는 특히 85-92을 보라.

있는 것이지, 그런 배경에도 불구하고 또는 그런 배경을 도외시하고 적절히 이해될 수 있는 존재가 아니다. 반유대교적 예수라는 논제에 대한 반론은 최근 갈릴리의 고고학적 발굴로 한층 강화되었다. 헤롯 시대 갈릴리 지역의 주요 도시인 세포리스와 티베리아스는 실제로 스키토폴리스(Scythopolis, 히브리어 명칭은 벳신[Bet Shean])와 가이사랴(Caesarea)와 같이 헬레니즘화 되지 않았다. 그 도시들은 얕은 수준의 헬레니즘화를 보여주는 작은 속주의 수도들이었다. 일반적으로 제2성전기 후기의 갈릴리에는 많은 수의 이방인들의 존재를 보여주는 표시가 될 만한 것이 없다. 오히려 미크바오트(miqwaoth)라는 돌그릇들, 돼지고기 잔여물들의 부재, 그리고 유골함을 수장한 동굴식 무덤인 코킴(kochim)에 대한 풍부한 증거가 있다.[7] 이 시기의 갈릴리는 유대만큼이나 유대교적이었다. 예수와 같은 갈릴리 지역 유대인이 유대교적이지 않았다고 단언할 근거는 없다. 반대로 유대인 예수는 예수의 역사적 실제에 대한 탐구의 확고한 출발점이다. 따라서 이것이 내 두 번째 가정이다.

내 세 번째 가정은 예수가, 단지 그의 추종자들 사이에서만이라고 할지라도, 어느 정도의 영향력이 있는 인물이었다는 것이다. 그는 **영향**을, 그것도 명백하게 항구적인 영향을 끼쳤다.

두 번째 가정처럼 이 세 번째 가정도 놀랍도록 논란의 여지가 많다. 예수의 생애를 서술하려는 대부분의 학자들은, 예수의 유대인 됨에 당혹스러워했던 것처럼, 아니 그보다 더 기독교의 믿음에 당황했다. 당연하게도 그들은 기독교 교리의 예수, 곧 신이자 인간이고 삼위일체

---

7   특히 다음을 보라. J. L. Reed, *Archaeology and the Galilean Jesus* (Harrisburg, PA: Trinity, 2000), 23-61.

의 제2위격인 예수가 분명히 갈릴리의 예수와는 매우 다르다고 인식했다. 교리의 그리스도는 1세기 예수의 역사적 실체를 모호하게 했다. 신앙의 그리스도는 우리가 역사의 예수를 보지 못하도록 방해했다. 결과적으로 많은 학자들은 예수에 대한 좀 더 명확한 역사적 이해를 위해 그에게 초점이 맞춰진 모든 신앙을 무시하거나, 아니면 더 나은 방법으로서 제거해야 한다고 여겼다. 그래서 모든 1세기의 기독교 문서—복음서를 배제하지 **않는**—는 예수에 대한 신앙을 표현하기 위해 저술되었기 때문에 역사적 예수에 대한 신뢰할 만한 증거로 여겨질 수 없었다. 만약 어느 복음서에 예수가 죽음에서 부활했다는 믿음의 표시가 있다면, 갈릴리의 예수를 연구하는 역사가들은 그 복음서의 해당 증언을 무시할 수 있었고 또 무시해야 했다.

그러나 기독교 신앙 아래에 숨겨진 역사적 예수를 발견하려는 이와 같은 납득할 만한 노력들은 한 가지 선험적인 사실, **예수는 분명히 그를 따르는 사람들에게 영향을 끼쳤다**는 사실을 무시하지 말아야 한다.[8] 만약 예수라고 불리는 인물이 존재했는데 그의 삶이 전적으로 보잘것없었지만 알 수 없는 이유로 기독교 복음서에서 발견되듯이 여러 전승의 중심인물이 되었다고 가정한다면, 이 가정은 예수라는 인물의 역사적 실제에 대한 탐구를 위한 시작점으로서는 터무니없어 보인다. 예수에 대한 여러 이야기가 전해졌고 우리가 복음서에서 발견한 가르침들이 예수의 것으로 기록되었다는 사실은 예수가 의미심장한 인물로 평가되고 기억되었다는 사실을 통해 가장 분명하게 설명되어야 한다. 예

---

8   이것은 내 책 *Jesus Remembered*의 주된 논제 중 하나다. 나는 이 논제를 *A New Perspective on Jesus: What the Quest for the Historical Jesus Missed* (Grand Rapids: Baker Academic, 2005), 1장에서 자세히 다루었다.

수가 그의 가르침으로 기록된 것 모두를 실제로 말했는가는 부차적이지만 여전히 중요한 문제다. 그러나 예수가 말한 것은 그의 일차 추종자들에게 반향을 일으켰고 이 추종자들이 예수의 가르침으로 주장한 것의 기초가 되었음은 부정하기 어려운 확실한 추론이다. 다시 말하지만 예수가 행한 것으로 기록된 모든 것을 그가 실제로 행했는가는 부차적이면서도 중요한 질문이다. 하지만 예수가 행한 일이 명백히 제자들의 주의를 끌었고 그들의 기억 속에 살아 있었으며, 이후에 제자들이 예수의 사역이라고 주장한 것들의 기초가 되었음은 논박하기 어려운 명확한 추론임을 다시 한번 밝힌다. 결국 로마 권력에 의해 십자가에 못 박힌 예수는 앞서 논의한 예수와 동일한 인물이다. 예수가 그의 동시대 유대인들에게 미친 영향은 그가 빌라도에게 끼친 영향과 긴밀히 연관되었으며, 아마도 그 영향이 예수를 처형한 이유였다는 것 역시 명백한 추론이다.

이것이 예수의 역사적 중요성에 대한 평가에서 기독교 신앙을 모두 제거하려는 학계에 제기하는 문제는 자명하다. 예수가 그의 첫 제자들에게 미친 영향은 예수가 죽음에서 부활했고 하늘로 올리어졌다고 믿는 그들의 신앙과 틀림없이 어느 정도 연속성을 가지고 있다. 예수가 그의 첫 제자들에게 준 감명을 "신앙"이라고 부르든지 그렇지 않든지 간에 그가 끼친 영향이 신앙적인 속성을 지녔음을 부정하기는 어렵다. 복음서에 따르면 첫 제자들은 예수를 따르는 데 자신의 삶을 헌신했다. 그들은 예수를 위해 자신의 가정과 삶의 방편을 뒤로하고 떠났다. 그들은 자신의 목숨을 다해 예수를 신뢰했다. 예수는 그들에게 희망의 중심이었다. 이는 "신앙"으로 표현되어야 적절하다. 베드로와 요한과 같은 예수의 추종자 중 지도적인 인물들과 초기 교회의 지도력 사이에 높은 수준의 연속성이 있음을 고려한다면, 예수의 첫 제자들이 지녔던 처음의 신뢰와 이후 그들이 예수에 대해 표현한 그들의 신앙 사이에도 비슷한 수준의 높은 연속성이 존재할 것이다. 실제로 그들은 예수에 대한 자신의 신앙을 예수에 관한 그들의 처음 신뢰를 옹호하는 것으로 간주했을 것이다. 그들은 적어도 어느 정도 자신의 신앙이 그들의 삶을 뒤바꾼 갈릴리 예수와의 만남에 뿌리내리고 있으며 그 만남으로부터 생겨났다고 여겼을 것이다.

따라서 나는 내 세 번째 가정을 확신한다. 즉 예수는 그의 사역 동안 특히 자신의 제자들에게 의미심장한 영향을 남겼다. 예수를 그의 역사적 실제 속에서 이해하려는 노력으로부터 예수의 유대인 됨이 지닌 모든 측면을 제외하지 말아야 하는 것처럼, 우리는 예수가 그의 말과 행동을 통해 지속적인 감명을 남긴 모든 표시를 제외하지 말아야 한다.

내 네 번째 가정은 예수가 살았던 갈릴리가 **구전** 사회였다는 점이다. 또다시 이것은 얼마간 논란을 일으킨다. 토라와 예언서 그리고 적어도 성문서의 일부는 오래전부터 문서 형태로 기록되었으며 이스라엘 땅과 디아스포라의 유대인 모두에게 매우 친숙했다. 기원후 1세기 이스라엘은 토라가 형성시킨 사회로서, 따라서 문학적인 사회로 묘사될 수 있다. 이 모두는 전적으로 사실이다. 하지만 이것은 제2성전기 유대교가 본질적으로 구전 사회라는 묘사를 크게 손상하지 못한다. 로마 시대에 이스라엘 지역에서 글을 읽고 쓸 줄 아는 능력에 대한 최근의 연구들은 기원후 1세기에 글을 읽고 쓰는 능력을 가진 유대인들이 아마도 10퍼센트 미만이었을 것이라는 점에 동의한다(M. Bar-Ilan, C. Hezser).[9]

---

9   M. Bar-Ilan, "Illiteracy in the Land of Isarel in the First Centuries CE," in S. Fishbane and

이스라엘에서 글을 읽고 쓸 수 있는 소수의 유대인들이 아마도 대부분 왕궁 관리, 사제, 바리새인이나 서기관들이었을 것임을 감안하면, 예수의 추종자 대부분을 포함하는 갈릴리 사람들의 절대다수는 원칙적으로 문맹이었다. 널리 퍼져 있었던 토라에 관한 지식은 사람들이 직접 토라를 읽어서 얻은 것이 아니라 누군가가 읽어주는 것을 **들어서** 얻었을 것이다. 절대다수의 대중에게 읽는 능력은 비문이나 간단한 계약서의 의미를 알아보는 정도를 넘지 않았을 것이다. 또한 쓰는 능력도 기본적인 서명을 하는 정도를 넘지는 못했을 것이다.

구전 사회로서 움직였던 역사적 사회의 현실을 진지하게 고려하는 것은 모두가 생각하는 것보다 어려운 일이다.[10] 5세기 동안 우리는 인쇄의 혜택에 익숙해졌다. 우리의 생각은 인쇄가 지배한다. 우리는 문학적인 사고방식을 가지고 있다. 우리는 일반적으로 읽기와 쓰기를 통해 전달되는 정보에 대해 사고한다. 우리는 오직 듣는 것을 통해서만 배우는 청중보다 각자가 직접 읽는 독자를 좀 더 자연스럽게 생각한다. 우리는 모든 종류의 중요한 정보들을 위해 참고할 수 있는 참고 도서나 백과사전을 가지고 있다는 사실에 편안함을 느낀다. 우리에게 문자라는 도구가 없는 사회, 책이 없는 사회를 마음속에 그리는 것은 어려운 일이다. 일반적으로 우리의 기억은 신뢰할 만하지 않다. 따라서 우리는 중요한 정보를 보관하기 위해 오직 기억에만 의존하는 사회의 진면목을 제대로

S. Schoenfeld, *Essays in the Social Scientific Study of Judaism and Jewish Society* (Hoboken, NJ: Ktav, 1992), 46-61; C. Hezser, *Jewish Literacy in Roman Palestine* (Tübingen: Mohr Siebeck, 2001).

10　내 논문을 보라. "Altering the Default Setting: Re-envisaging the Early Transmission of the Jesus Tradition," *NTS* 49 (2003), 139-75. 이 논문은 *A New Perspective on Jesus*에 부록으로 수록되었다.

평가할 수 없을 것이다. 하지만 그런 평가는 예수가 실제로 행하고 말했던 것에 관한 분명한 그림을 제공하는 정보에 접근할 때 우리가 반드시 해야 할 작업이다. 이것이 의미하는 바는 다음과 같다. 즉 예수의 영향을 받은 사람들 대부분이 기능상 문맹이었다는 사실은 매우 높은 개연성을 지녔다고 평가되어야 한다. 또한 우리는 예수에 관한 가장 초기의 전승이 구전되었을 것이라고, 또는 첫 제자들에게 끼친 예수의 영향은 애초에 그들이 입에서 입으로 전한 것이라고 판단해야 한다.[11]

이것은 내가 이 책의 2장에서 다시 다루게 될 주제의 한 측면이다. 나는 지금 여러 가정 중 하나로서 이 주제에 주목하는데, 이 여러 가정은 예수에 관한 복음서 전승에 접근하여 예수의 역사적 모습에 좀 더 가까이 가려고 할 때 추정하는 것들이다.

위의 네 가지 가정을 염두에 두고 이제 복음서가 전하는 예수 전승을 먼저 살펴보자. 나는 우선 신약의 첫 세 복음서에 초점을 맞출 것이다. 제4복음서인 요한복음은 특별한 사안이므로 4장에서 다룰 것이다. 첫 세 복음서는 **높은 수준의 공통 자료**를 가진다는 놀라운 특징이 있다. 실제로 이 복음서들은 나란히 놓고 함께 볼 수 있기 때문에 일반적으로 공관복음서(Synoptic Gospels)라고 불린다. 공관(synoptic)은 "함께 보다"를 뜻하는 그리스어에서 유래한다. 우리는 2장에서 이 문제를 좀 더 깊이 논의할 것이다. 지금 내가 말하려는 요점은 이 첫 세 복음서가 지닌 근사성의 정도다. 이 세 복음서 사이에는 차이점들이 존재한다. 이에 관해서는 이후에 다룰 것이다. 하지만 이 복음서들은 명백히 **동일 인물**에 관해 말한다. 이 복음서들은 그 인물에 관해 같은 이야기들을 말

---

11 이것은 *Jesus Remembered*의 주요 논제 중 하나다. *A New Perspective* 2장도 보라.

하고 동일한 가르침을 그의 것이라고 기록한다. 이는 우리가 이 세 복음서로부터 예수에 대한 명확한 그림을 얻을 수 있다는 것을 의미한다. 영국 신약학계의 원로인 도드(C. H. Dodd)는 이 점을 그의 마지막 책에 다음과 같이 적고 있다. "첫 세 복음서는 일련의 발언들을 제공하는데, 이것들은 전체적으로 매우 한결같고 일관적이며 게다가 그 방식과 형식 및 내용에 있어서 매우 독특하다. 따라서 어떤 합리적 비평가도, 개개의 발언에 대한 어떤 유보를 가지고 있든지 간에, 여기서 우리가 발견한 것이 단 하나의 유일무이한 선생의 생각을 반영한다는 점을 의심할 수는 없다."[12] 나는 이 장의 후반부에서 도드가 주장하려고 했던 내용을 보충할 것이다.

우리는 예수에 관해 무엇을 아는가?

과거 한두 세대 동안 신약성서로부터 예수에 관한 역사적 정보를 찾는 학자들이 기묘하고 의문스러운 방법론적 원칙을 사용하는 경향을 보였다. 그들은 예수의 가르침이 지닌 **독특한** 특징들을 찾으려고 했다. 무엇이 예수의 가르침을 그 시대의 견해나 교훈과는 다른 것으로 만드는가를 질문하는 것은 분명 타당하다. 불행히도 이런 방법론적 원칙은 내가 앞서 언급한 결함을 지닌 두 가지 시각에 기초한다. 이 학자들은 그리스도에 대한 이후의 기독교 신앙과는 다른, 곧 예수 이후의 그리스도인들이 믿은 그리스도와는 다른 예수를 발견하기 원했다. 이런 접근 방

---

12   C. H. Dodd, *The Founder of Christianity* (London: Collins, 1971), 21-22.

식은 결함이 있는 것이었다. 첫 번째 결함은 예수의 실제 가르침이 그의 제자들이 견지하고 전파했던 예수에 대한 기억과 견해에 영향을 미치고 그것들을 구체화했을 가능성이 있으며 실제로 어느 정도 그렇게 했다고 인정하기를 꺼렸다는 것이다. 두 번째 결함은 제2성전기 유대교 안에 널리 퍼진 교훈과는 다른 가르침을 전한 예수를 찾기 원했다는 것이다. 이것은 의식적이거나 무의식적으로 많은 기독교 학자들이 예수의 유대인 됨을 인정하기를 주저하는 또 다른 측면이다. 그들은 예수가 기원후 1세기의 더 넓은 헬레니즘 세계 안에서 호소력 있는 인물로 간주되었다면, 그는 이미 1세기 유대교를 넘어섰음이 틀림없다는 잘못된 가정을 한다. 이상하게도 그런 학자들은 예수의 조상의 종교와 그 종교에 대한 예수의 해석이 여러 지점에서 이후 기독교에 필수적이며 핵심적인 사항이 되었다고 인정하기를 주저한다.

결과적으로 나는 **독특한**(distinctive) 예수 찾기로부터 돌아선다. 대신 나는 **특징적인**(characteristic) 예수를 찾으려고 한다.[13] 내 논리는 단순하다. 만약 예수 전승이 전하는 모습이 그 전승 안에서 특징적이라면, 예수 전승에서 그 특징의 존재를 가장 명료하게 설명하는 것은 다음과 같다. 즉 그 모습이 예수가 그의 첫 제자 중 많은 사람에게 남긴 변치 않는 인상을 반영하기 때문에 전승 속에 남아 있다는 것이다. 다양한 예수 전승에 걸쳐 있으며 예수 전승의 다양한 자료를 가로지르는 이런 일관된 특징은 한 명의 선생이 제1세대 기독교에 남긴 지배적인 영향력을 통해 기술적으로 설명될 수 있다. 그러나 제1세대에 관해 우리가 가

---

13 우리가 독특한 예수를 찾기보다 특징적인 예수를 찾아야 한다는 이 제안은 *A New Perspective* 3장에서 더 자세히 다룬다.

진 다른 자료들은 이 메시아 종파 내부에 일찍이 존재했던 다양성을 보여준다. 따라서 어느 한 선생이 이런 광범위한 영향력을 행사하고도 기독교 전통에 여전히 알려지지 않은 상태로 남았다는 것은 의심스럽다. 만약 예수 전승 이면에 그 전승의 내용과 특성을 결정지은 유력한 인물이 존재한다면, 명백한 결론은 예수가 바로 그 유력한 인물이라는 것뿐이다. 이것은 예수가 끼친 것으로 우리가 정확하게 상상할 수 있는 그런 종류의 영향, 즉 이스라엘의 옛 예언자들의 그것과 같은 영향이다. 또한 이것은 예수의 사역과 그의 가르침 및 활동에 관한 전승에 분명한 흔적을 남겼다. 우리는 애초에 예수의 제자들을 끌어들여 다른 제자들과 함께 공동체를 형성하게 한 것이 이런 영향력이었다고 가정할 수 있다. 또한 우리는 그것이 제1세대 기독교를 관통하여 초기 교회의 모임들에서 (예수의 죽음과 부활에 대한 믿음과 함께) 기념된 영향력이었다고 가정할 수 있다. 이런 특징적인 모습 중 일부는 그 시대의 다른 유대교 전승들과 비교하면 상대적으로 독특할 것이다. 그러나 우리의 관심을 사로잡는 것은 그것의 독특한 모습이 아니라 **특징적인** 모습들이다. 다시 말해 **오직 상대적으로만 예수 전승이 독특하다 하더라도 예수 전승 안에서 특징적인** 모습은 예수로부터 유래했을 것이다. 필시 그 모습은 예수의 가르침과 행동이 그의 첫 제자 중 적어도 몇몇에게 남긴 본래의 영향을 반영한다. 그렇다면 우리가 특징적인 예수를 찾을 때 발견하는 것은 무엇인가?

우리는 예수가 행한 사역의 처음 및 마지막과 함께 시작할 수 있다. 모든 기독교 자료는 예수가 처음 세례 요한에게 세례 받은 것으로 기억한다는 점에서 일치한다. 요한의 세례 활동은 요세푸스에 의해서도 입증된다(*Antiquities*, 18.116-119). 예수가 세례 요한의 제자로서 활동을 시작했다고 말하는 것은 우리가 가진 증거에 대한 불공평한 평가가 되지 않을 것이다. 증거는 더욱더 확고한데, 왜냐하면 우리는 예수의 이 시작에 관한 복음서의 기록에서 분명한 당혹감을 감지할 수 있기 때문이다. 첫 세 복음서는 세례 요한이 투옥된 **후에** 예수의 활동에 대한 그들의 서술을 시작한다. 그들은 세례 요한과 예수의 활동이 겹치는 시기—요한복음이 간략하게 묘사하고 있는—를 베일로 덮어놓는다. 더욱이 예수가 "회개의 세례"(막 1:4)를 받았다는 사실은 예수와 세례 요한의 조우에 관한 마태복음의 기술 속에서 어느 정도 곤혹스러운 문제였다(마 3:14-15). 요한복음은 예수가 실제로 세례 요한에게 세례를 받았다는 사실을 언급하지 않는다. 따라서 우리는 예수가 세례 요한의 추종자들 사이에서 등장했다는 기억이 무시되거나 생략될 수 없을 만큼 역사에 확고하게 뿌리박은 사실이라고 결론 내릴 수 있다. 복음서는 예수가 세례 요한에게 세례 받을 때 예언자적 소명과 유사한 경험을 했다는 것도 보여준다. 그러므로 복음서 저자들은 세례 요한의 세례로부터 예수의 사역이 시작되었음을 서술하지 않을 수 없었다.

마찬가지로 우리는 예수의 사역이 어떻게 **끝났는지**를 확신할 수 있다. 예수의 사역은 로마의 십자가 위에서 끝났다. 이것은 의심할 수 없다. 왜냐하면 그들의 지도자가 그런 종말을 맞았다고 날조해낼 종파는 상상할 수 없기 때문이다. 1세대 그리스도인들의 초기 신앙고백은 예수의 십자가 처형을 사실로 받아들인다. 요세푸스와 타키투스도 이 사실을 확증해준다. 빌라도의 명령으로 십자가에 못 박힌 죄패는 그리스도인들이 사용한 적이 없는 "유대인의 왕"(막 15:26과 병행구)을 예수의 칭호로 사용했다. 이 칭호는 아마도 빌라도가 예수를 정죄한 공식적인 이유를 알려준다. 처형의 정당성 여부를 떠나서 빌라도의 이유는 예수가 왕권을 주장했다는 것이다. 이것은 그를 십자가에 달리게 할 만한 충분한 이유가 되었다. 유감스럽게도 기독교의 기록들은 빌라도를 예수의 죽음에 대한 책임에서 가볍게 벗어나도록 하는 경향이 있다. 대제사장들이 예수를 빌라도에게 고소하는 데 얼마만큼 관여했는지는 분명하지 않다. 그들이 분명히 얼마간의 역할을 수행했겠지만, 기독교 자료들은 거의 모든 책임을 그들에게 지우는 경향이 있다. 그러나 예수의 십자가 처형에 대한 책임을 어떻게 분배하든지 간에 예수가 초기 기독교 신앙고백의 표현대로 "본디오 빌라도 아래서 십자가에 못 박혔다"는 핵심 사실은 남는다.

예수가 행한 사역의 이런 시작과 끝 사이에서 우리는 꽤나 완전한 그림을 그리기 시작할 수 있다.

첫째, 예수의 **유대인 됨**을 고려하라. 예수 전승 안에는 전형적인 유대교의 관심사들에 대한 일관된 관심이 드러난다. 예를 들어 토라에 대한 순종이 필연적으로 수반하는 것, 안식일을 지키는 방법, 정결과 부정을 구분하는 것, 회당 참여의 문제, 성전의 정결 등과 같은 사항들이다.[14] 예수도 이런 문제들에 대한 관심을 공유했다는 것은 의심의 여지가 없다. 특정한 쟁점에 대한 예수의 태도가 무엇인가는 논쟁의 대상이 될 수 있다. 그것은 예수 전승을 되풀이하고 전수하는 책임을 맡은 사람들 사이에 논쟁을 일으켰음이 분명하다.[15] 그러나 예수가 자신의 활동 중 그런 논쟁들에 참여했다는 것은 합리적 의심을 넘어설 만큼 분명하다.

---

14   예. 마 5:17-48; 막 2:23-3:5; 7:1-23; 눅 4:16; 19:45-48.
15   우리는 단지 마가와 마태가 율법에 대한 예수의 태도를 묘사하는 상이한 방식들을 비교하는 것만으로 충분하다. 예를 들어 막 7:15, 19과 마 15:11을 대조해보라. 좀 더 자세한 논의를 위해서는 내 *Jesus Remembered*, 563-83과 본서의 3장을 보라.

예수는 바리새인들과 지속적으로 대화하고 논쟁한 것으로 보인다. 여기서 우리는 예수 전승이 어떻게 확장되었는지를 볼 수 있다. 특히 마태복음은 바리새인들과의 논쟁에 대한 모티프를 풍부하게 확장한다.[16] 그것은 요점을 표현하려는 방법임이 분명하다. 즉 마태는 예수 전승 안에 **이미 완전하게 통합된** 모티프를 **확장했다.** 예수는 여러 바리새인과의 의견 차이를 통해 기억되었다. 이와 같은 탐구에서 이전 단계들의 반유대주의적 성향에도 불구하고 예수의 관심사들이 유대교적이었다는 점은 의문의 여지가 없다.

또다시 예수가 그의 사역을 전부는 아니지만 대부분 **갈릴리**에서 수행했다는 점은 의심하기 어렵다. 이 점에 관해 공관복음서 전승은 매우 일관적이다. 또한 갈릴리 기원에 관한 공관복음서의 서술이 분명하기 때문에 이와 다르게 주장하는 것은 터무니없다. 예수의 사역이 주로 갈릴리 호수(게네사렛) 주변과 인근 마을들에서 수행된 것으로 분명히 기억된다는 것은 사실이 아니다. 하지만 특별히 예수의 비유들은 갈릴리의 사회적 정황이라고 우리가 알고 있는 농촌의 모습—예를 들어 부유한 농장주들, 부재지주들에 대한 반감, 농장의 착취하는 청지기들, 유산을 놓고 벌이는 가족 간의 불화, 부채, 일용 노동자 등과 같은—에 대한 언급이나 투영으로 가득 차 있다.[17] 물론 요한복음의 서술은 예루살

---

16 자세한 논의는 다음의 내 논문을 보라. "The Question of Antisemitism in the New Testament Writings," in J. D. G. Dunn, ed., *Jews and Christians: The Parting of the Ways, AD 70 to 135* (Tübingen: Mohr Siebeck, 1992), 177-211(위의 내용은 205).

17 예. 다음 연구를 보라. S. Freyne, "Jesus and the Urban Culture of Galilee," in *Galilee and Gospel* (WUNT 125; Tübingen: Mohr Siebeck, 2000), 183-207(위의 내용은 195-96, 205-6); Freyne, *Galilee, Jesus and the Gospels* (Dublin: Gill and Macmillan, 1988).

렘 중심의 사역을 훨씬 더 많이 보도한다. 그렇지만 요한복음이 보도하는 처음 네 개의 "이적"(예수가 행한 기적들) 중 세 개의 장소가 갈릴리다. 이 결과로 공관복음서와 요한복음 간의 긴장이 결코 만족스럽게 해소될 수는 없지만, 그런 긴장은 예수가 갈릴리 유대인이었고 그의 사역이 주로 그의 고향 갈릴리의 환경을 통해 구체화되었으며 그 환경에 집중되었다는 전반적인 인상을 바꾸지 않는다.

예수가 행한 사역의 내용과 성격에 대해 우리가 확신할 수 있는 여러 특징이 있다.

하나는 예수가 이스라엘 현자들의 전통을 따르는 **선생**으로 알려졌다는 점이다. 예수의 가르침에 관한 전승의 대부분은 이런 특징에 속한다. 보통 "산상수훈"이라고 불리는 마태복음(5-7장)의 자료는 보통 "평지 설교"라고 불리는 누가복음의 병행구(눅 6:17-49)와 함께 지혜 교훈의 가장 좋은 예를 보여준다. 우리는 2장에서 몇몇 예를 살펴볼 것이다. 이것은 요세푸스가 예수를 "선생"으로 부르는 것과도 일치한다. 마태복음 이후의 신약성서에서는 야고보서가 이 점에 관해 특별히 우리의 관심을 끈다. 이 서신은 기원후 62년 대로마 항쟁의 기운이 솟아오르던 시기에 처형당할 때까지 예루살렘의 기독교 공동체의 지도자였던 예수의 동생 야고보의 저작으로 전해지기 때문이다. 야고보서 자체는 지혜 문서인데, 사실 신약성서에서 가장 특징적인 지혜 문헌이다. 우리에게 흥미로운 것은 야고보서가 잠언, 「집회서」, 「솔로몬의 지혜」 등 유대교의 지혜 전통을 때로는 직접 인용하면서 본격적으로 끌어온다는 점이다. 그러나 야고보서는 마태복음과 누가복음으로 우리에게 알려진 예수 전승도 동일하게 인용한다. 흥미롭게도 예수는 야고보서에서 이스라엘의 지혜 전통의 일부로 분명히 기억된다.[18] 야고보서가 결정적인 기독교적 가르침을 결여하고 있음에도 불구하고 신약성서에 포함되었다는 사실은 우리에게 유익하다. 이는 예수가 초기 기독교 안에서 솔로몬과 벤 시라(Jesus ben Sira)의 전통에 속한 지혜 교사로서 기억된 범위를 강조하여 보여준다. 또한 이것은 예수가 자신의 가르치는 사역의 많은 부분 또는 대부분을 현자, 유대교 지혜 전통의 교사로서 활동했다는 역사적 사실을 강화한다.

지혜 전통의 가르침 대부분은 경구(aphorisms)나 풍자(epigrams)의 형태를 띤다. 그러나 예수가 말한 지혜의 대부분이 이야기 곧 비유의 형식으로 전달되었다는 점은 매우 놀랍다. 예수의 비유는 갈릴리의 역사적 정황을 잘 반영하며 많은 이야기 속에 있는 의외의 뒤틀림 때문에 기억에 남는다. 특징적인 예수는 모쉘(moshel), 곧 비유를 말하는 자였다. 전형적으로 모쉘은 비유 또는 함축적인 격언(meshalim)으로 이야기했다.[19] 이 점에서 예수가 제2성전기 유대교 안에서 독특하게 여겨질 필요는 없다. 이야기(storytelling) 전통은 역사적 유대교 안에 오랜 뿌리를 두고 있다. 하지만 비유는 예수의 가르침이 지닌 독특한 특징으로 보인다. 다시 한번 우리는 역사적 사실과 확고히 맞닿게 된다.

또한 우리는 예수의 가르침에서 주요 주제였던 것을 알고 있다. 예수는 "하나님 나라" 또는 "하나님의 왕적 통치'를 선포했다. 여기서

---

18 특히 다음 책을 보라. R. Bauckham, *James: Wisdom of James, Disciple of Jesus the Sage* (London: Routledge, 1999). 나는 *Christianity in the Making*, vol. 2, *Beginning from Jerusalem*(Grand Rapids: Eerdmans, 2009), 37.2c에서 Bauckham의 주장을 대부분 따랐다.

19 B. Gerhardsson, *The Origins of the Gospel Tradition* (Philadelphia: Fortress, 1979), 70.

또다시 공관복음서 전승을 진지하게 여기는 사람이라면 아무도 하나님 나라가 예수의 가르침의 중심에 있으며, 그의 가르침에서 가장 특징적인 주제 중 하나라는 점을 결코 의심할 수 없을 것이다. 이것도 예수 시대의 유대교와 그 이후의 기독교를 비교할 때 예수의 가르침에서 더욱 특징적인 것에 속한다.[20] 물론 하나님을 왕으로 생각하는 것은 이스라엘 신앙의 중심에 있었다. 그러나 하나님 나라라는 주제는 성서 이후의 유대교 문서들,[21] 특히 쿰란의 「안식일 제사의 노래」(Songs of the Sabbath Sacrifice)를[22] 제외하고는 그렇게 현저하지 않았다. 그리고 하나님 나라는 신약성서의 나머지 부분에서도 마찬가지로 드문 주제다. 이 주제에 대한 예수의 가르침이 그렇게 독특할 만큼 현저한 이유는 분명하지 않다. 하지만 이 점에 대한 첫 세 복음서의 압도적인 증언은 부정할 수

---

20 자세한 논의는 다음을 보라. *Jesus Rememberd*, 383-87.

21 "하나님 나라"(Wis. 10.10; *Pss. Sol.* 17.3). "야웨의 나라"(*malkut*)(대상 28:5; 대하 13:8); "내 나라"(대상 17:14); "그의 나라"(시 103:19; 단 4:34; 6:26; Tob. 13.1; Wis. 6.4); "당신의 나라"(시 145:11-13; *Pss. Sol.* 5.18). "왕권"(*mamlaka, meluka*)은 하나님께 속한다(대상 29:11; 시 22:28; 욥 21절). 아람어 *malkuta*(단 3:33; 4:34). 라틴어 *regnum*(*T. Mos.* 10.1). 이 주제에 관한 최근의 가장 완전한 논의는 다음 연구다. O. Camponovo, *Königtum, Königsherrschaft und Reich Gottes in den frühjüdischen Schriften* (OBO 58; Freiburg: Universitätsverlag, 1984). 이 책은 하나님의 왕권은 초기 유대교 문학의 중요한 주제가 아니며, "정확하게 정의된 개념이 아닌 상징으로서" 기능한다고 결론 내린다(437-38).

22 C. Newsom, *Songs of the Sabbath Sacrifice: A Critical Edition* (Atlanta: Scholars, 1985). Newsom은 하나님을 "왕"(*mlk*)으로 지칭하는 오십 개 이상의 언급과 하나님 "나라"(*mlkuth*)를 가리키는 스물다섯 개의 예를 열거하는데, 전형적으로는 "그의 영광스러운 나라" 또는 "그의 나라의 영광"이다. 쿰란의 시들은 "'하나님의 왕권에 관한' 기독교 시대 이전의 가장 중요한 유대교 비문"으로 적절히 설명될 수 있다(A. M. Schwemer, "Gott als König und seine Königsherrschaft in den Sabbatliedern aus Qurman," in M. Hengel and A. M. Schwemer, eds., *Königsherrschaft Gottes und himmlischer Kult im Judentum, Urchristentum und in der hellenistischen Welt* [WUNT 55; Tübingen: Mohr Siebeck, 1991] 45-118[위의 내용은 115]).

없다. 하나님의 왕정(王政)은 예수의 사역에서 가장 특징적인 것 중 하나다. 결과적으로 예를 들어 마가복음이 제시하는 예수의 사역에 대한 표제—"때가 찼고 하나님의 나라가 가까이 왔으니 회개하고 복음을 믿으라"(막 1:15)—가 갈릴리에 들어가면서 예수가 실제로 말한 것을 정확하게 보도하는가 아니면 복음서 저자인 마가 자신이 예수의 선포를 요약한 것인가를 우리가 확신할 수 없다는 사실은 별문제가 되지 않는다. 요점은 다음과 같다. 하나님 나라라는 모티프가 예수 전승에 잘 뿌리내리고 있기 때문에 마가의 요약은 예수의 하나님 나라에 대한 선포가 만들어낸 전체적인 인상을 전하는 데 거의 동일하게 효과적이다.

　　여기서 우리는 하나님 나라에 대한 예수의 선포와 관련하여 특유한 기독교적 논쟁을 우연히 다시 한번 맞닥뜨린다. 신약의 첫 세 복음서의 예수 전승에서 공관복음서의 하나님 나라 모티프에는 얼마간 상이한 **두 가지** 맥락이 있다. 이는 임박하지만 미래적인 나라와 예수의 사역을 통해 이미 현재적이며 활동적인 나라다. 예를 들어 예수는 카디쉬 기도(Kaddish prayer)의 초기 형태의 정신을 따라 "당신의 나라가 임하게 하소서"(마 6:10/눅 11:2)라고 기도하도록 제자들을 격려한다. 그러나 예수는 "만약 하나님의 성령/손을 힘입어 귀신을 쫓아내는 것이면, 하나님의 나라가 이미 너희에게 임하였느니라"(마 12:28/눅 11:20)라고 말한 것으로도 기억된다. 기독교 학계 안에는 예수가 양자를 모두 강조할 수 있었을 것이라고, 즉 하나님 나라를 미래적이면서도 현재적인 것으로 강조할 수 있었을 것이라고 인정하는 데 어려움을 겪는 강한 전통이 존재한다.[23] 신약학계 안에는 이 두 맥락 중 어느 것이 더 "본래적"인가에 관

23　예. 5장의 각주 42를 보라.

한 크고 지속적인 논쟁이 있다. 사해 사본의 일부가 이미 성취된 종말론적 희망과 임박한 성취를 기다리는 희망 사이에서 유사한 긴장을 보여준다는 것을 알게 된 후에 이 논쟁의 상당 부분이 잠재워졌지만 말이다. 신약학계 내부의 이 논쟁은 다른 논쟁들보다 더욱 분명하게 다음의 사실을 보여준다. 즉 개별 구절에 의존하여 "역사적 예수"에 관한 결론을 내리는 것과 그 구절에서 추론한 결과는 모두 헛되다는 점이다. 실제로 이 두 맥락 **모두가** 공관복음서 전승 안에 잘 뿌리내려 흐르고 있다.[24] 이두 맥락은 공관복음서의 예수에게 특징적이다. 어찌 감히 우리 주석가들과 해석자들이 그와 같은 다양한 전승을 **단일한** 틀 안으로 욱여넣을 수 있으며, 우리 자신의 일관성과 양식(良識)에 맞지 않는 것들을 **밖으로** 밀어낼 수 있는가? 예수 전승의 이런 양면적 특성이 예수의 가르침과 사역이 지닌 양면적 성격으로 가장 잘 설명될 수 있음을 인정하는 것은 역사가들과 주석가들에게 더욱 책임이 있다. 예수가 끼친 영향의 양면성은 여전히 분명하다. 비록 예수와 그의 첫 제자들이 이 양면성을 어떻게 함께 견지했는지는 모호하지만 말이다.

예수의 사역이 지닌 이런 폭넓은 특성들의 밖이나 안에서 우리는 좀 더 세부적인 사항들까지도 많이 가려낼 수 있다. 그중 하나는 예수가 "인자"(the son of man, *bar ᵉnasha*[*ben adam*])라는 표현을 사용했으며, 그는 아마도 이 표현을 자기 자신을 가리키는 것으로 사용했다는 점이다. 여기서 또다시 그림이 분명해진다. 비록 신약학계가 이 주제에 관해 20세기 내내 매듭이 얽혀 있었지만 말이다.[25] 기본적인 사실은 이렇다. "인

---

24 자세한 증거들과 그에 대한 논의는 *Jesus Remembered* 12장을 보라.
25 나는 *Jesus Remembered*(##16.3-16.5)에서 이 문제에 관해 상당히 자세히 다루었다.

자"를 사용하는 예수 전승은 복음서 전승에 확고하게 뿌리박고 있다. 이는 다음을 고려하면 더욱 알기 쉽다. 이 표현은 상대적으로 예수 시대의 유대교에서는 사용되지 않았으며 초기 기독교 전승의 다른 곳에서도 전혀 찾아볼 수 없다. 따라서 합리적으로 생각해본다면, "인자"는 **오직 예수 전승 안에서만 기원했을** 가능성이 있다. 이 표현이 지속적으로 예수의 입에 등장한다는 점은 인상적이다. "인자"는 다른 사람들이 예수에 대해 사용하던 호칭(예수는 사람의 아들인가?)이 아니다. 이 호칭은 제자들이 말하던 고백(예수는 사람의 아들이다)이 아니다. 전승을 통해 우리가 말할 수밖에 없는 것은 예수 자신이 이 표현을 사용했다는 사실이다. 이 설득력 있는 추론은 모든 인자 발언이 예수로부터 직접 유래했다고 주장하는 것은 아니다. 그러나 "인자" 전승이 오직 예수가 사용한 어구 속에서만 반복되었다는 사실은 **이 전승의 원래 형태가 예수로부터 직접 유래했고 예수 자신의 특징적인 용법을 정확하게 반영한다**는 것을 확증해준다.

자료에 기초하여 다음과 같이 주장할 수도 있다. 즉 인자라는 칭호로서의 용법이 몇몇 또는 많은 경우에 적어도 아람어 관용구인 인자 곧 "어떤 사람", "나와 같은 사람"을 뜻한다는 것이다. 이런 자료에 대한 설명으로서 설득력이 **없는** 것은 이 모티프가 부활 후 또는 그보다 늦은 시기에 예수 전승 속에 처음으로 삽입되었다는 주장이다. 자료들의 압도적인 증거에도 불구하고 일부 학자들이 아직 삽입설을 계속 주장한다는 사실은, 내가 보기에는, 방법론적인 외고집의 한 예다. 이 문헌학적인 관용구("인자"[son of man] = "사람"[man], "한 사람"[one])가 다니엘 7장의 환상—"'인자' 같은 이가 하늘 구름을 타고 와서 옛적부터 항상 계신 이에게 나아가"—과 어떻게 조화될 수 있는지에 관해 논쟁의 여지가 있다는 점은 분명하다. 그러나 여기서 중요한 점은 문헌학적 용례와 다니엘서의 간접적인 언급이 모두 예수 전승에 잘 뿌리박고 있으며 예수 전승 전반에 걸쳐 잘 퍼져 있다는 것이다. 예수의 독특성이 아닌 특징적인 모습을 찾는 연구는 다음과 같이 제안한다. 즉 우리는 "인자"(son of man/Son of Man) 자료 안에 있는 두 가지 강조점을 평가함에 있어서, 하나의 강조점이 다른 강조점을 기독교 신앙에 따라 편집된 결과라고 결론 내리기보다 두 강조점 모두를 설명하도록 노력해야 한다.

예수의 특징적인 독특함을 보여주는 더욱 현저한 예는 그의 "아멘" 용법이다. 이 말은 히브리어와 아람어(amen)에서, 가장 일반적으로는 공식적인 전례 상황에서, 발언된 내용을 강하고 엄숙하게 확증하는 친숙한 표현이다. 예수 전승은 예수가 자신의 가르침에서 이 표현을 지속적으로 사용했다는 분명한 증거를 보여준다.[26] 하지만 예수는 매우 독특한 방식으로 이 표현을 사용했다. 일반적인 용례에서 "아멘"은 다른 이의 말을 확증하거나 뒷받침하는 반면, 예수 전승에서 이 표현은 예외 없이 예수 **자신의** 말을 시작하거나 뒷받침하기 위해 사용된다("아멘, 내가 너희에게 말한다").[27] 이렇게 상당히 독특한 용례를 초기 그리스도인들의 것으로 생각할 수 없다. 그들의 "아멘" 용례는 전통적인 패턴과 일치했다.[28] 물론 우리는 전수자들/교사들이 전승을 전하면서 그 모티프를 전승 안에서 확장시켰을 가능성을 배제할 수 없다. 하지만 이 용례가

---

26 자세한 사항은 *Jesus Remembered* 700-701을 보라 .
27 J. Jeremias, *The Prayers of Jesus* (ET London: SCM, 1967), 112-15. "아멘의 새로운 용례가 사복음서에서 명백해졌고 유대교 전체 문헌과 신약의 나머지 문서들에서 그와 유사한 것이 발견되지 않는다는 점은 거의 지겨울 정도로 지적되어왔다"(112).
28 신약에서 발견되는 약 서른 개의 다른 예 중 고전 14:16이 가장 흥미롭다. 이는 송영시의 마지막에 특징적으로 첨가되었다.

예수로부터 시작되었다는 사실과 그것이 예수가 가르치는 방법에서 특징적인 독특함이었다는 사실은 의심하기 어렵다. 그렇지 않다면 왜 "아멘"이 예수 전승을 관통하여 음역의 형태로 계속 유지되었겠는가? 이는 예수의 가르침의 전승사에 관한 진지한 연구로부터 도출될 수 있는 가장 확실한 결론 중 하나임에 틀림없다. 그리고 분명한 귀결은 가까이 있다. 즉 예수는 자신이 말하려는 것에 주의를 집중시키고 중요성을 더하기 위해 "아멘"을 사용했다.

그러므로 우리는 예수의 가르침과 선포에 관해 꽤 많이 이야기할 수 있고, 만약 시간이 허락한다면 아마도 더 많은 것을 말할 수 있을 것이다. 그러나 우리는 예수가 사역하는 동안의 **활동들**에 관해서는 무엇을 말할 수 있을까? 예수 전승을 통해 어떤 다른 특징들이 기억되는가?

하나는 예수가 **일단의 제자들**을 자신의 주변에 모았다는 사실이다. 이는 예수가 가장 큰 영향을 끼친 그룹이다. 우리는 이 제자들이 예수에 대한 자신들의 기억을 그가 죽은 지 얼마 되지 않아 생겨난 그룹 곧 그를 메시아로 믿는 회중에게 전했다고 확신할 수 있다. 다시 말해 이들은 예수 전승을 시작한 그룹이다. 예수 전승은 제자들이 기억하고 구성한 말과 가르치고 전수한 말로서 예수의 사역과 가르침을 회상하는 과정이었다. 이 전승은 적절한 때에 기독교 복음서들이 되었다. 이 그룹의 가장 중요한 특징은 **열두** 명으로 구성되었다는 점이다.[29] 아무도

---

29 몇몇 학자는 "열두 제자"가 기독교의 초기에 하나의 그룹으로 등장했을 뿐이라고 주장한다. 그러나 대부분의 학자들은 이 제자 그룹에 예수를 배신한 것으로 기억되는 유다가 포함되었을 가능성은 매우 낮다고 평가한다. 유다를 열둘 중 하나로 선택한 것은 초기 기독교 교회의 알려지지 않은 작가(storyteller)라기보다 예수 자신이라는 점이 명백해 보인다. 추가적인 논의를 위해서는 *Jesus Remembered*, 507-11을 보라.

이 숫자의 명백한 중요성을 의심하지 않는다. 이는 이스라엘의 열두 지파라는 역사적 특성을 반영한다. 예수는 자신의 주변 그룹이 이스라엘의 열두 지파를 상징하도록 의도했음이 분명하다. 이는 최근의 많은 연구가 예수의 생애와 사역에 관해 주장하는 바를 강하게 암시한다. 즉 예수는 자신의 사역을 **이스라엘의 회복**이라는 관점에서 바라보았다는 주장이다.[30] 이 숫자 열둘은 종말론적인 이스라엘, 종말의 시간에 있을 새로워진 이스라엘을 상징했다.

예수가 행한 사역의 두 번째 특징은 그가 매우 성공적인 **축귀사** (exorcist)로 알려졌다는 점이다. 축귀사로서의 성공과 평판은 모두 예수 전승에 분명히 기록되었다. 공관복음서는 예수에 관해 말할 때 자주 치유 이야기를 전하는데, 축귀는 치유 이야기의 가장 많은 부분을 차지한다. 그리고 분명히 예수의 이름은 다른 축귀사 지망생들이 의지할 수 있는 이름으로 여겨졌다(눅 10:17; 행 16:18). 이것은 의심의 여지 없이 예수가 귀신을 쫓아내는 데 매우 성공적이었기 때문이다. 신약성서에는 치유나 축귀의 목적을 위해 예수의 이름을 의지하려고 했던 개인들에 관한 여러 이야기가 등장한다(막 9:38; 행 19:13). 축귀사로서 예수의 명성이 지속되었다는 것은 마법 파피루스에 보존되어 있는 몇몇 주문과[31] 「솔로몬의 언약」(Testament of Solomon)의 여러 본문에 나타난다.[32] 여기서 다시 우리는 예수가 "놀라운 일들을 행한 자"라고 말한 요세푸스의 언급을 기억해야 한다. 랍비 전통에서 발견되는 마법에 대한 비난은 2세기에 기독교의 강력한 대적자—"어떤 마술적인 힘"을 예수에게 돌린—

---

30 5장의 각주 2를 보라.

31 *PGM* 4.1233, 3020; 12.190, 390.

32 *T. Sol.* 6.8; 11.6; 17.4; 22.20.

와 병행한다.[33] 더욱이 공관복음서 전승에는 이런 주제에 관한 예수의 가르침을 모은 하나 이상의 모음집이 보존되어 있다.[34] 예수의 사역에 등장하는 개별적인 축귀 행위를 어떻게 이해하든지 간에 예수가 축귀사로 활동했고 귀신에 붙잡힌 사람들을 치유했다는 사실은 부정하기 어렵다. 만약 어느 학자가 예수가 축귀사로 활동했음을 인정하면서도 그의 축귀에 관한 기록들이 그의 활동에 대한 온전한 기억들에 기초했다고 인정하기를 거부한다면, 그것은 매우 이상한 일이 될 것이다.

예수의 사역이 지닌 마지막 특징은 그에 대한 **악평**이다. 나는 이것이 역사에 확고히 뿌리박은 것임을 주목하고자 한다. 동시대 바리새인들이 예수에 대해 제기한 주요 비판 중 하나는 "그가 세리와 죄인들과 함께 먹었고"(특히 막 2:16과 병행구), "세리와 죄인들의 친구"(마 11:19/눅 7:34)라는 점이었다. 이런 비난이 우리가 그 시대의 문헌들을 통해 알고 있는 제2성전기 유대교의 특징을 반영한다는 점은 특별히 흥미롭다. 분파주의적 의견 충돌 속에서 그룹 간 논쟁의 일부로서 상대방을 "죄인들"(r^esha'im)로 일축하는 것은 흔한 일이었다. 이미 다니엘 12:10에서 다니엘의 계시를 이해하지 못하는 "죄인들"은 그것을 이해하는 "지혜로운 자들"(maskilim)과 대조된다. 「마카베오1서」에서 "죄인들과 무법한 자들"은 마카비 가문을 배교자로 간주하는 다른 유대인들을 분명히 포함한다(1 Macc. 1.34; 2.44, 48). 이와 비슷하게 다양한 초기 에녹 문서에서 "죄인들"은 그릇된 역법을 지키면서 "죄인들과 같이 범죄하는" 자칭 "의로운 자들"의 대적자들이다(1 En. 82.4-7). 마찬가지로 사해 사본

---

33 Origen, *Contra Celsum*, 1.28, 68.
34 특히 막 3:22-29과 마 12:24-32, 43-45/눅 11:15-26.

의 *rsh'm*은 해당 종파의 적들을 가리킨다.[35] 성전의 제사를 주관하는 하스몬 가문의 사두개인들로 보이는 "죄인들"을 비난하는 "의로운 자들"이 대체로 「솔로몬의 시편」(*Psalms of Solomon*)을 지배한다.[36] 여기서 예수는 제2성전기 유대교의 상당 부분을 특징짓는 논쟁과 다툼의 환경에 속한다. 예수의 사역은 대적자들의 "악담하는" 습관에 대한 대항이었으며, 예수는 그들을 "죄인들"로 불렀다. 예수는 배교자로 내쫓기고 토라 중심의 공동체에서 범죄자로 거절당한 사람들에게 하나님 나라에 대한 메시지를 전하는 것을 자신의 소명으로 여겼음이 분명하다.[37] 여기서 우리는 유대인 예수와, 당시의 유대교에서 독특한 입장을 견지한 예수를 모두 발견한다. 예수의 독특한 입장은 그의 뒤를 이은 추종자들이 복음으로 여긴 것을 "이방 죄인들"에게 전했을 때 반복되었다.

요약하면 특징적인 예수의 모습을 어렵지 않게 다음과 같이 그릴 수 있다.

- 예수는 세례 요한과의 만남으로부터 자신의 사역을 시작했다.
- 예수는 갈릴리에서 활동한 유대인이며, 그 시대 유대교의 틀 안에서 그리고 당시 유대교의 형성에 영향을 미치던 자들과 논쟁을 벌이면서 활동했다.
- 예수는 특징적으로 하나님의 왕적 통치가 완전한 성취를 위해 곧 도래할 것이라고, 또한 자신의 사역을 통해 이미 활동하고

---

35 예. 1QS 5.7-13; 1QH 15.12; CD 4.6-8; 4Q174 2.3-4a는 단 12:10을 인용한다. 이 종파는 아마도 자신을 다니엘의 지혜로운 자들(*maskilim*)로 규정한다.
36 예. *Pss. Sol.* 1.8; 2.3; 7.2; 8.12-13; 17.5-8, 23.
37 이 주제는 아래에서(#5.1.1b) 더욱 자세히 논의된다.

있다고 선포했다.

- 예수는 "인자"라는 표현을 지속적으로 사용했다. 이것은 아마도 그가 자신의 사역과 그 결과에 대한 기대를 말하는 방식이었을 것이다.
- 예수는 성공적인 축귀사였으며 자신도 그것을 알았다.
- 예수의 가르침이 지닌 특징적 방법은 경구와 비유였다.
- 예수의 "아멘"은 그가 자신의 발언을 매우 중요하게 평가하고 있음을 보여준다.
- 예수는 동료 유대인들을 너무나 간단하게 "죄인들"로 일축해버리는 경향에 강하게 반발했다.

나는 특징적인 예수의 특성을 더 제시할 수 있지만, 위의 내용이 특징적인 예수, 유대인 예수에 대한 우리의 탐구를 통해 상당히 실제적인 묘사가 가능하다는 점을 보여주기에 충분하기를 바란다. 반복하자면 이 재구성은 개별 발언이나 일화의 역사적 정확성을 보장하지는 않는다. 그러나 이 방법이 개별 발언이나 일화에 대한 평가를 의지하는 방법보다 역사적 재구성을 위한 더욱더 안정된 기초를 제공한다는 점은 확실하다. 내 결론은 다음과 같다. 첫 세 기독교 복음서 속의 예수 전승들은 예수에 관한 많은 역사적 정보를 제공한다. 이는 예수에 관한 믿을 만한 그림을 제공하기 위해 우리가 의지할 수 있는 역사적 정보다. 예수 전승은 매우 강하고 독특한 인물이 미친 영향을 반영하는 것으로 보인다. 우리는 전승이 제시하는 인상으로부터 그런 인상을 남긴 인물을 명확하게 찾을 수 있다. 우리는 종이 위에 찍힌 도장의 문양을 보고 그 문양을 찍은 도장을 알아볼 수 있다. 물론 복음서는 이후 사오십 년 동안 특징적으로 기독교적이 된 예수에 대한 평가를 반영하지만, 첫 세 복음서의 예수 전승을 통해 기억되는 예수는 소설이라기보다 사실에 훨씬 더 가깝다.

예수와 복음서 사이

이미 지적한 대로 제2성전기 유대교는 대체로 구두 사회였다. 이것은 대다수의 사람이 엄밀히 말하면 문맹이었음을 의미한다. 읽기와 쓰기는 주로 귀족, 사제 및 서기관들의 영역이었다. 이것은 예를 들어 복음서의 내러티브 안에 "서기관들"이 그와 같이 현저한 그룹으로 등장하는 이유다. 대다수의 사람은 자신을 위해 계약서와 편지를 써줄 누군가를 의지했다. 물론 이 사회는 토라를 중심으로 형성되었다. 사람들은 일반적으로 토라를 알았고 그것의 계율에 따라 살았다. 그러나 토라에 대한 그들의 지식은 오늘날 우리의 경우처럼 각자가 소유한 개인적인 복사본에서 나오지 않았다. 그들의 지식은 그들이 개인적으로 토라를 읽어서 얻는 것이 아니었다. 대부분의 사람이 토라에 관한 지식을 얻는 방법은 안식일마다 회당에서 글을 읽을 수 있는 누군가가 그들에게 읽어주는 토라를 듣는 것이었다.

이 모든 것은 예수 주변의 제자 그룹에도 동일하게 적용되었을 것이다. 세리였던 마태와 같은 제자는 읽고 쓸 수 있었을 개연성이 높다. 그러나 예수와 가까웠던 다른 제자들과 관련하여 우리가 들은 유일한 직업은 어업이다. 만약 예수의 제자들이 전형적인 갈릴리의 소작농, 상인, 어부였다면, 제자들 대부분은 실제로 문맹이었다고 가정하는 것이 안전할 것이다. 우리는 예수 자신도 문맹 또는 반문맹이었을 가능성을 배제할 수 없다. 비록 우리가 이 문제에 대해 긍정적인 답을 줄 수 있는 증거를 거의 가지고 있지 않지만 말이다. 반면에 지금껏 그 누구도 예수 자신이 무엇을 썼다거나 예수에 관한 기독교 전승이 예수 자신의 펜으로부터 유래했다고 주장한 적은 없다.

이 문제에 즉각적으로 따라오는 중요 사항은 두 가지다. 첫째, 예수의 가르침은 **구두로** 주어졌다. 그것은 구전의 형태로 시작되었다. 둘째, 예수에 관한 소식들이 애초에 **입에서 입으로** 전해졌다고 가정하는 것은 안전하다. 예수에 관한 이야기들은 의심의 여지 없이 시장과 모닥불 주위에서 많은 대화의 형태로 회자되었다. 예수의 제자들 역시 그들이 본 예수의 행위와 그의 가르침에 대해 말했음에 틀림없다. 이것이 예수 전승의 시작이었을 것이다. 예수 전승은 그의 추종자 그룹에서 구전의 형태로 기념되고 회상되었다. 이는 호기심이 많은 사람들과 질문자들 그리고 새로운 제자들에게 구전되었을 것이다. 우리는 예수와 복음서 사이의 시기가 이와 같은 구두 전승으로 채워졌다고 확실히 가정할 수 있다. 이와 다른 가정을 생각해보는 것은 너무 개연성이 낮다. 즉 예수의 사역 도중 예수를 따랐던 사람들이 보고 들은 모든 것을 혼자만 간직했다는 가정이다. 또는 단지 복음서 저자들이 과거에 관한 이야기들을 찾기 시작했을 때 이 모든 자료가 나이 든 1세대 제자들의 희미해지는 기억으로부터 발굴되었다는 가정이다. 사실 이와 정반대의 경우가 더욱 그럴듯하다. 즉 적어도 예수 전승의 많은 부분, 곧 예수에 대한 이야기들과 그의 선포와 가르침의 주요 주제들 대부분은 말로 전해지고 기념되었다. 이 전승은 처음 여러 해에 걸쳐 나사렛인(예수)을 따르는 메시아 종파의 많은 교훈과 토론 및 예배의 주제가 되었다. 얼마간의 예수 전승이 매우 초기에 문서화되었을 가능성을 부정할 수 없지만, 구전 사회에서 예수 전승의 상당 부분이 입으로 전해졌음은 설득력이 있다. 만약 예수와 복음서 사이의 시기가 이후에 복음서에 포함된 자료들로 채워졌다면, 그 자료는 지배적으로 구전의 형태를 띠었을 것이다.

이런 통찰은 예수와 복음서 사이의 시기를 이해하는 데 어떤 도움이 될까? 그것은 우리가 복음서의 특성을 이해하는 데 어떤 도움이 될 수 있을까? 여기서 우리는 다름 아닌 복음서들, 특히 신약의 첫 세 복음서(마태복음, 마가복음, 누가복음)를 자세히 들여다보아야 한다. 이 세 복음서는 일반적으로 공관복음서(Synoptic Gospels)라고 불린다. 이것은 그리스어 *synopsis*에서 유래한 것으로, 이 세 복음서가 함께 읽힐 수 있음을 뜻한다. 세 복음서를 함께 읽을 수 있는 이유는 그것들의 자료 중 상당 부분이 병행하기 때문이다. 세 복음서를 나란히 놓고 보면 같은 이야기들과 같은 가르침을 말해준다. 아래의 비교표는 공관복음서에서 분명한 병행구가 발견되는 단락들을 차례로 보여준다.

사건	마태복음	마가복음	누가복음
예수가 나사렛에서 거절당함	13:54-58	6:1-6a	
열두 제자 파송		6:6b-13	9:1-6
헤롯이 예수를 부활한 요한이라고 생각함	14:1-2	6:14-16	9:7-9
세례 요한의 죽음	14:3-12	6:17-29	
열두 제자의 귀환과 오천 명 급식	14:13-21	6:30-44	9:10-17
물 위를 걸음	14:22-33	6:45-52	
게네사렛에서의 치유	14:34-36	6:53-56	
사람을 부정하게 하는 것	15:1-20	7:1-23	
수로보니게 여인	15:21-28	7:24-30	

많은 병자를 고침	15:29-31	7:31-37	
사천 명 급식	15:32-39	8:1-10	
바리새인들이 표적을 구함	16:1-4	8:11-13	
바리새인과 헤롯의 누룩	16:5-12	8:14-21	
벳새다의 맹인		8:22-26	
가이사랴 빌립보에서의 고백과 첫 번째 수난 예고	16:13-23	8:27-33	9:18-22
제자도의 조건	16:24-28	8:34-9:1	9:23-27
변화산 사건	17:1-8	9:2-8	9:28-36
엘리야가 다시 옴	17:9-13	9:9-13	
간질병자 소년을 치유	17:14-21	9:14-29	9:37-43a
두 번째 수난 예고	17:22-23	9:30-32	9:43b-45
성전세의 문제	17:24-27		
누가 더 큰 자인가에 관한 논쟁	18:1-5	9:33-37	9:46-48

위의 비교표를 보면 신약의 첫 세 복음서를 공관복음서로 부르는 이유가 분명하다. 왜냐하면 세 복음서 내용의 매우 많은 부분이 병행하기 때문이다. 그러나 매우 흥미롭게도 공관복음서는 동일한 주제들을 가지고 있지만 그것들을 서로 다르게 처리한다. 이 특성은 수 세기 동안 복음서 전문가들을 난처하게 하거나 그들의 관심을 사로잡는 질문을 제기했다. 왜 공관복음서는 지금의 모습을 가지게 되었나? 왜 공관복음서는 서로 그렇게 **유사**하면서도 그렇게 **상이**한가? 왜 **동일한** 사건들이 그렇게 **다양하게** 서술되는가? 왜 예수의 가르침들이 그토록 상이하게 구성되어 묶였으며, 왜 동일한 메시지가 자주 아니면 일반적으로 **상이한 단어들**과 **상이한 문맥들** 속에서 제시되는가? 공관복음서는 명백히 서로 연관되어 있다. 세 복음서가 다양하게 기록한 전승들은 명백히 서로 의존하고 있다. 어떻게 이런 의존과 세 복음서 간의 상이점들을 가장 잘 설명할 수 있을까?

공관복음서의 상호 관계와 관련하여 위의 질문들에 대한 주된 답변은 다음의 사실에 의해 결정되어왔다. 즉 거의 축어적으로 동일한 많은 단락이 공관복음서의 두 책 또는 세 책에 존재한다는 사실이다. 이 단락들은 긴밀한 **문학적** 상호 의존을 가장 명확하게 보여준다. 즉 복음서 저자가 자신이 사용할 수 있는 문서화된 자료를 복사했다는 것이다. 신약학자들은 다음의 두 가지 사항에서 의견 일치를 보았다. 첫째는 세 복음서 중 마가복음이 가장 오래되었으며 마태와 누가는 마가복음을 사용했다는 것이다. 둘째는 마태와 누가가 또 다른 자료를 사용할 수 있었다는 것으로, 이 두 번째 자료는 주로 예수의 가르침으로 구성되었으며 편의상 Q(출처를 뜻하는 독일어 *Quelle*에서 유래함)로 알려졌다.

그러나 **동일한** 수의 단락들이 주제 면에서는 대체로 같지만 표현이나 구성 면에서는 눈에 띄게 **상이하다**. 이런 특징은 많은 주목을 받지 못했다. 그동안의 경향은 동일하거나 거의 동일한 단락들을 연구하여 **전반적인** 문학적 상호 의존을 추론하고, 그 후 문학적 상호 의존 가설을 수정하여 다른 증거를 수용하거나 매우 상이한 단락들을 언젠가 미래에 풀어야 할 문제로 남겨놓는 것이었다. 어떤 경우에도 일치하지 않는 단락들이 문학적 상호 의존이라는 기본 명제를 거스르는 의문을 제기하도록 허락된 적은 없다. 이 명제는 동일하거나 거의 동일한 단락들이라는 현상에 너무 잘 뿌리를 두고 있어서 상이한 단락들을 통해 논박할 수가 없다.

그러나 공관복음서 문제를 다루는 이런 방식은 내게 점점 더 불만족스럽게 되었다. 이 문제에 대한 우리의 이해는 복음서 간의 **유사성**뿐만 아니라 **상이성**에 의해서도 결정되어야 하지 않을까? 공관복음서 사이의 **상이점**은 **유사점**만큼 중요하지 않은 걸까? 왜 오직 **한 가지** 특성만을 공관복음서의 상호 관계에 관한 명제의 기초로 삼아야 하는가? 만약 우리가 유사점에 대해 주의를 기울이는 것처럼 상이점에 대해서도 괄목할 만한 주의를 기울이지 않는다면, 우리는 예수 전승의 완전하며 실제적인 성격과 복음서 저자들이 그것을 다룬 방식을 제대로 이해하는 데 실패할 위험에 처하는 것이 아닌가? 이런 질문은 나로 하여금 구전이라는 초기 예수 전승의 특성에 더욱 관심을 기울이게 했다. 그뿐 아니라 문학적 상호 의존이라는 가설이 이야기 전체를 말해주는가라는 질문에도 더욱 주의를 기울이게 했다.[1]

I

나는 공관복음서의 상호 관계가 지닌 성격과 이 관계의 다양성에 관한 논의로부터 시작한다.

첫째, **동일하거나 거의 동일한 표현의 경우들.** 나는 세 복음서의 전승으로부터 두 가지 예를 든다. 제자도를 위한 희생(막 8:34-37과 병행구)과 무화과나무의 비유(막 13:28-32과 병행구)다. 흔히 Q라고 불리는 마태복음과 누가복음의 병행 자료는 세례 요한의 설교(마 3:7-10/눅 3:7-9)와 악한 영들의 돌아옴에 대한 비유(마 12:43-45/눅 11:24-26)다. 나는 각각의 병행구에서 언어적으로 일치하는 부분은 음영으로 강조하고 밑줄을 그었다.

---

1   이후의 논의를 위해 나는 다음의 책에 의지했다. *Christianity in the Making*, vol. 1, *Jesus Remembered* (Grand Rapids: Eerdmans, 2003), 특히 8장; *A New Perspective on Jesus: What the Quest for the Historical Jesus Missed* (Grand Rapids: Baker Academic, 2005), 79-125.

(1) 제자도를 위한 희생(막 8:34-37과 병행구들)

마 16:24-26	막 8:34-37	눅 9:23-25
24 이에 예수께서 제자들에게 이르시되 "누구든지 나를 따라오려거든 자기를 부인하고 자기 십자가를 지고 나를 따를 것이니라. 25누구든지 제 목숨을 구원하고자 하면 잃을 것이요, 누구든지 나를 위하여 제 목숨을 잃으면 찾으리라. 26사람이 만일 온 천하를 얻고도 제 목숨을 잃으면 무엇이 유익하리요? 사람이 무엇을 주고 제 목숨과 바꾸겠느냐?"	34 무리와 제자들을 불러 이르시되 "누구든지 나를 따라오려거든 자기를 부인하고 자기 십자가를 지고 나를 따를 것이니라. 35누구든지 자기 목숨을 구원하고자 하면 잃을 것이요, 누구든지 나와 복음을 위하여 자기 목숨을 잃으면 구원하리라. 36사람이 만일 온 천하를 얻고도 자기 목숨을 잃으면 무엇이 유익하리요? 37사람이 무엇을 주고 자기 목숨과 바꾸겠느냐?"	23 또 무리에게 이르시되 "누구든지 나를 따라오려거든 자기를 부인하고 날마다 자기 십자가를 지고 나를 따를 것이니라. 24 누구든지 제 목숨을 구원하고자 하면 잃을 것이요, 누구든지 나를 위하여 제 목숨을 잃으면 구원하리라. 25 사람이 만일 온 천하를 얻고도 자기를 잃든지 빼앗기든지 하면 무엇이 유익하리요?"

(2) 무화과나무의 비유(막 13:28-32과 병행구들)

마 24:32-36	막 13:28-32	눅 21:29-33
32무화과나무의 비유를 배우라. 그 가지가 연하여지고 잎사귀를 내면 여름이 가까운 줄을 아나니 33이와 같이 너희도 이 모든 일을 보거든 인자가 가까이 곧 문 앞에 이른 줄 알라. 34내가 진실로 너희에게 말하노니 이 세대가 지나가기 전에 이 일이 다 일어나리라. 35 천지는 없어지겠으나 내 말은 없어지지 아니하리라. 36 그러나 그날	28무화과나무의 비유를 배우라. 그 가지가 연하여지고 잎사귀를 내면 여름이 가까운 줄 아나니 29 이와 같이 너희가 이 일이 일어나는 것을 보거든 인자가 가까이 곧 문 앞에 이른 줄 알라. 30 내가 진실로 너희에게 말하노니 이 세대가 지나가기 전에 이 일이 다 일어나리라. 31 천지는 없어질지언정 내 말은 없어지지 아니하리	29 이에 비유로 이르시되 무화과나무와 모든 나무를 보라. 30 싹이 나면 너희가 보고 여름이 가까운 줄을 자연히 아나니 31이와 같이 너희가 이런 일이 일어나는 것을 보거든 하나님의 나라가 가까이 온 줄을 알라. 32 내가 진실로 너희에게 말하노니 이 세대가 지나가기 전에 모든 일이 다 이루어지리라. 33 천지는 없어지겠으

과 그때는 아무도 모르나니 하늘의 천사들도, 아들도 모르고 오직 아버지만 아시 느니라.	라. 32 그러나 그날과 그때는 아무도 모르나니 하늘에 있는 천사들도, 아들도 모르고 아버지만 아시느니라.	나 내 말은 없어지지 아니하리라.

(3) 세례 요한의 설교(마 3:7-10/눅 3:7-9)

마 3:7-10	눅 3:7-9
7요한이 많은 바리새인들과 사두개인들이 세례 베푸는 데로 오는 것을 보고 이르되 "독사의 자식들아! 누가 너희를 가르쳐 임박한 진노를 피하라 하더냐? 8그러므로 회개에 합당한 열매를 맺고 9속으로 아브라함이 우리 조상이라고 생각하지 말라. 내가 너희에게 이르노니 하나님이 능히 이 돌들로도 아브라함의 자손이 되게 하시리라. 10이미 도끼가 나무 뿌리에 놓였으니 좋은 열매를 맺지 아니하는 나무마다 찍혀 불에 던져지리라."	7요한이 세례 받으러 나아오는 무리에게 이르되 "독사의 자식들아! 누가 너희에게 일러 장차 올 진노를 피하라 하더냐? 8그러므로 회개에 합당한 열매를 맺고 속으로 아브라함이 우리 조상이라 말하지 말라. 내가 너희에게 이르노니 하나님이 능히 이 돌들로도 아브라함의 자손이 되게 하시리라. 9이미 도끼가 나무 뿌리에 놓였으니 좋은 열매 맺지 아니하는 나무마다 찍혀 불에 던져지리라."

(4) 악한 영들이 다시 옴에 대한 비유(마 12:43-45/눅 11:24-26)

마 12:43-45	눅 11:24-26
43더러운 귀신이 사람에게서 나갔을 때에 물 없는 곳으로 다니며 쉬기를 구하되 쉴 곳을 얻지 못하고 44이에 이르되 "내가 나온 내 집으로 돌아가리라" 하고 와 보니 그 집이 비고 청소되고 수리되었거늘 45이에 가서 저보다 더 악한 귀신 일곱을 그와 함께 데리고 들어가서 거하니 그 사람의 나중 형편이 전보다 더욱 심하게 되느니라. 이 악한 세대가 또한 이렇게 되리라.	24더러운 귀신이 사람에게서 나갔을 때에 물 없는 곳으로 다니며 쉬기를 구하되 얻지 못하고 이에 이르되 "내가 나온 내 집으로 돌아가리라" 하고 25가서 보니 그 집이 청소되고 수리되었거늘 26이에 가서 저보다 더 악한 귀신 일곱을 데리고 들어가서 거하니 그 사람의 나중 형편이 전보다 더 심하게 되느니라.

위의 예들을 통해 공관복음서의 기원에 관한 표준 가설인 두 자료설

이 지닌 설득력을 볼 수 있다. 이 정도의 일치를 위한 가장 명백한 설명은 하나가 다른 하나를 베꼈거나 양자 모두 동일한 자료를 베꼈다는 것이다. 이것은 예를 들어 마태와 누가가 마가복음과는 다른 자료를 아람어 출처로부터 가져와 **각자가** 그리스어로 번역했다고 주장하지 않는다. 그런 경우라면 마태와 누가의 독립적인 그리스어 번역물이 대체로 동일하다는 사실은 상상하기도 거의 불가능하다. 훨씬 더 분명한 해결책은 다음 중 하나다. 곧 마태가 누가를 베꼈거나 아니면 누가가 마태를 베꼈거나 아니면 그들이 가져온 자료가 이미 그리스어로 작성되었다는 것이다. 여기서 Q문서가 이미 그리스어로 쓰였다는 설명이 설득력이 높다.[2] 마태와 누가가 마가복음에 의존했다는(그렇지 않으면 한 공관복음서 저자가 다른 공관복음서 저자가 작성한 복음서에 의존했다는) 설명도 동일하게 분명하다.

여기서 나는 단지 네 가지 예만을 제시했다. 그러나 더 많은 예를 말할 수 있는데, 예를 들어 문학적인 의존이 아니고는 거의 설명할 수 없는 마가복음과 마태복음의 긴밀한 일치에 관한 예들이다.[3] 예를 들어 스트리터(B. H. Streeter)는 이제는 고전이 된 그의 영문 연구를 통해 두 자료설에 관해 말하면서 마가복음의 중요 주제 중 90퍼센트가 "마가복음의 언어와 대부분 동일한 언어로" 마태복음에서도 다시 나타난다고 강

2　특히 다음을 보라. J. Kloppenborg Verbin, *Excavating Q: The History and Setting of the Sayings Gospel* (Minneapolis: Fortress, 2000).

3　막 1:16-20/마 4:18-22; 막 2:18-22/마 9:14-17/눅 5:33-39; 막 8:1-10/마 15:32-39; 막 8:31-9:1/마 16:21-28/눅 9:22-27; 막 10:13-16/마 19:13-15/눅 18:15-17; 막 10:32-34/마 20:17-19/눅 18:31-34; 막 11:27-33/마 21:23-27/눅 20:1-8; 막 13:3-32/마 24:3-36/눅 21:7-33. 이와 유사한 정도의 문학적 상호 의존―거의 틀림없이 마태의 중요한 편집을 동반한―은 다음 본문에서 분명하게 드러난다. 막 2:23-3:6/마 12:1-14; 막 6:45-52/마 14:22-33; 막 8:27-30/마 16:13-20.

조했다.[4] 이와 유사하게 Q 가설을 위해 마태복음과 누가복음으로부터 얻을 수 있는 지지도 분명한데, 위에서 제시한 두 가지 외에도 더 많은 예가 있다.[5] 따라서 **문학적 상호 의존은 튼튼한 기반을 가지고 있다.** 다른 사람은 몰라도 나는 마가의 우선성을 강하게 확신하며, 문서화된 Q 가설을 주장하는 데 아무런 문제를 느끼지 않는다. 그러나 내 질문은 과연 **모든** 증거를 고려했는가에 관한 것이다. 그리고 문학적 상호 의존을 입증할 때나 문학적 상호 의존을 전체 이야기 또는 유일한 이야기로 간주할 때 **다른** 자료들은 제외해야 하는가에 관한 질문이다.

||

둘째, 나는 공관복음서의 자료, 곧 언어적 일치가 긴밀하지 **않은** 단락들에 여러분의 주의를 환기하고자 한다. **이 단락들의 주제는 분명히 동일하지만 그 주제를 표현하는 말은 거의 일치하지 않는다.** 다시 한번 나는 단지 몇 가지 예만을 제시하겠다. 이 예들은 일반적으로 마가의 우선성이 추정되는 세 개의 단락으로, 수로보니게 여인 단락(막 7:24-30/마 15:21-28), 간질병 걸린 소년 단락(막 9:14-27과 병행구) 그리고 누가 더 큰가에 관한 논쟁 단락(막 9:33-37과 병행구)이다. 이와 더불어 보통 Q 전

---

4   B. H. Streeter, *The Four Gospels: A Study of Origins* (London: Macmillan, 1924), 151, 159.

5   마 3:7-10, 12/눅 3:7-9, 17; 마 6:24/눅 16:13; 마 6:25-33/눅 12:22-31; 마 7:1-5/눅 6:37-42; 마 7:7-11/눅 11:9-13; 마 8:19-22/눅 9:57b-60a; 마 11:2-11, 16-19/눅 7:18-19, 22-28, 31-35; 마 11:21-27/눅 10:12-15, 21-22; 마 12:39-45/눅 11:29-32, 24-26; 마 13:33/눅 13:20-21; 마 24:45-51/눅 12:42-46.

승으로 취급되는 단락 중 다섯 단락, 즉 다른 쪽 뺨을 돌려댐(마 5:39b-42/눅 6:29-30), 좁은 길(마 7:13-14/눅 13:24), 분쟁하는 가족(마 10:34-38/눅 12:51-53 및 14:26-27), 일곱 번 용서하기(마 18:15, 21-22/눅 17:3-4)에 관한 예수의 가르침과 혼례 잔치/연회의 비유(마 22:1-14/눅 14:15-24)다. 아래 비교표의 밑줄 친 부분은 언어적인 일치를 보여준다.

(5) 수로보니게 여인(막 7:24-30과 병행구)

마 15:21-28	막 7:24-30
²¹예수께서 거기서 나가사 **두로**와 시돈 지방으로 들어가시니 ²²가나안 **여자** 하나가 그 지경에서 나와서 소리 질러 이르되 "주 다윗의 자손이여, 나를 불쌍히 여기소서. 내 **딸**이 흉악하게 귀신 들렸나이다" 하되 ²³예수는 한 말씀도 대답하지 아니하시니 제자들이 와서 청하여 말하되 "그 여자가 우리 뒤에서 소리를 지르오니 그를 보내소서." ²⁴예수께서 대답하여 이르시되 "나는 이스라엘 집의 잃어버린 양 외에는 다른 데로 보내심을 받지 아니하였노라" 하시니 ²⁵여자가 와서 예수께 절하며 이르되 "주여, 저를 도우소서." ²⁶대답하여 이르시되 "<u>자녀의 떡을 취하여 개들에게 던짐이 마땅하지 아니하니라.</u>" ²⁷여자가 이르되 "<u>주여, 옳소이다마는 개들도</u> 제 주인의 <u>상에서 떨어지는 부스러기를 먹나이다</u>" 하니 ²⁸이에 예수께서 대답하여 이르시되 "여자여, 네 믿음이 크도다! 네 소원대로 되리라" 하시니 그때로부터 그의 딸이 나으니라.	²⁴예수께서 일어나사 거기를 떠나 **두로** 지방으로 가서 한 집에 들어가 아무도 모르게 하시려 하나 숨길 수 없더라 ²⁵이에 더러운 귀신 들린 어린 **딸**을 둔 한 **여자**가 예수의 소문을 듣고 곧 와서 그 발아래에 엎드리니 ²⁶그 여자는 헬라인이요 수로보니게 족속이라. 자기 딸에게서 귀신 쫓아내 주시기를 간구하거늘 ²⁷예수께서 이르시되 "자녀로 먼저 배불리 먹게 할지니 <u>자녀의 떡을 취하여 개들에게 던짐이 마땅치 아니하니라.</u>" ²⁸여자가 대답하여 이르되 "<u>주여, 옳소이다마는</u> 상 아래 <u>개들도</u> 아이들이 먹던 <u>부스러기를 먹나이다.</u>" ²⁹예수께서 이르시되 "이 말을 하였으니 돌아가라, 귀신이 네 딸에게서 나갔느니라" 하시매 ³⁰여자가 집에 돌아가 본즉 아이가 침상에 누웠고 귀신이 나갔더라.

(6) 간질병 걸린 소년(막 9:14-27과 병행구)

마 17:14-18	막 9:14-27	눅 9:37-43
14그들이 무리에게 이르매	14이에 그들이 제자들에게 와서 보니 큰 무리가 그들을 둘러싸고 서기관들이 그들과 더불어 변론하고 있더라. 15온 무리가 곧 예수를 보고 매우 놀라며 달려와 문안하거늘 16예수께서 물으시되 "너희가 무엇을 그들과 변론하느냐?"	37이튿날 산에서 내려오시니 큰 무리가 맞을새
한 사람이 예수께 와서 꿇어 엎드려 이르되 15"주여, 내 아들을 불쌍히 여기소서. 그가 간질로 심히 고생하여 자주 불에도 넘어지며 물에도 넘어지는지라.	17무리 중의 하나가 대답하되 "선생님, 말 못하게 귀신 들린 내 아들을 선생님께 데려왔나이다. 18귀신이 어디서든지 그를 잡으면 거꾸러져 거품을 흘리며 이를 갈며 그리고 파리해지는지라.	38무리 중의 한 사람이 소리질러 이르되 "선생님, 청컨대 내 아들을 돌보아 주옵소서. 이는 내 외아들이니이다. 39귀신이 그를 잡아 갑자기 부르짖게 하고 경련을 일으켜 거품을 흘리게 하며 몹시 상하게 하고야 겨우 떠나가나이다.
16내가 주의 제자들에게 데리고 왔으나 능히 고치지 못하더이다." 17예수께서 대답하여 이르시되 "믿음이 없고 패역한 세대여, 내가 얼마나 너희와 함께 있으며 얼마나 너희에게 참으리요? 그를 이리로 데려오라" 하시니라.	내가 선생님의 제자들에게 내쫓아 달라 하였으나 그들이 능히 하지 못하더이다." 19대답하여 이르시되 "믿음이 없는 세대여, 내가 얼마나 너희와 함께 있으며 얼마나 너희에게 참으리요? 그를 내게로 데려오라" 하시매	40당신의 제자들에게 내쫓아 주기를 구하였으나 그들이 능히 못하더이다." 41예수께서 대답하여 이르시되 "믿음이 없고 패역한 세대여, 내가 얼마나 너희와 함께 있으며 너희에게 참으리요? 네 아들을 이리로 데리고 오라" 하시니
	20이에 데리고 오니 예수를 보고 곧 그 아이로 심히 경련을 일으키게 하는지라. 그가 땅에 엎드러져 구르며 거품을 흘리더라.… 25예수께서 무리가 달려와 모이는 것을 보시고 그 더러운 귀신을 꾸짖어 이르시	42올 때에 귀신이 그를 거꾸러뜨리고 심한 경련을 일으키게 하는지라.
18이에 예수께서 꾸짖으시니		예수께서 더러운 귀신을 꾸짖으시고

귀신이 나가고 아이가 그때부터 나으니라.	되 "말 못하고 못 듣는 귀신아, 내가 네게 명하노니 그 아이에게서 나오고 다시 들어가지 말라" 하시매 26귀신이 소리 지르며 아이로 심히 경련을 일으키게 하고 나가니 그 아이가 죽은 것 같이 되어 많은 사람이 말하기를 죽었다 하나 27예수께서 그 손을 잡아 일으키시니 이에 일어서니라.	아이를 낫게 하사 그 아버지에게 도로 주시니 43사람들이 다 하나님의 위엄에 놀라니라.

(7) 누가 더 큰가에 대한 논쟁(막 9:33-37과 병행구)

마 18:1-5	막 9:33-37	눅 9:46-48
1그때에 제자들이 예수께 나아와 이르되 "천국에서는 누가 크니이까?"	33가버나움에 이르러 집에 계실새 제자들에게 물으시되 "너희가 길에서 서로 토론한 것이 무엇이냐?" 하시되 34그들이 잠잠하니 이는 길에서 서로 누가 크냐 하고 쟁론하였음이라. 35예수께서 앉으사 열두 제자를 불러서 이르시되 "누구든지 첫째가 되고자 하면 뭇 사람의 끝이 되며 뭇 사람을 섬기는 자가 되어야 하리라" 하시고	46제자 중에서 누가 크냐 하는 변론이 일어나니
2예수께서 한 어린아이를 불러 그들 가운데 세우시고 3이르시되 "진실로 너희에게 이르노니 너희가 돌이켜 어린아이들과 같이 되지 아니하면 결단코 천국에 들어가지 못하리라. 4그러므로 누구든지 이 어린아이	36어린아이 하나를 데려다가 그들 가운데 세우시고 안으시며 제자들에게 이르시되	47예수께서 그 마음에 변론하는 것을 아시고 어린아이 하나를 데려다가 자기 곁에 세우시고 48그들에게 이르시되

와 같이 자기를 낮추는 사람이 천국에서 큰 자니라. ⁵또 누구든지 내 이름으로 이런 어린아이 하나를 영접하면 곧 나를 영접함이니	³⁷"누구든지 내 이름으로 이런 어린아이 하나를 영접하면 곧 나를 영접함이요, 누구든지 나를 영접하면 나를 영접함이 아니요 나를 보내신 이를 영접함이니라.	"누구든지 내 이름으로 이런 어린아이를 영접하면 곧 나를 영접함이요, 또 누구든지 나를 영접하면 곧 나를 보내신 이를 영접함이라. 너희 모든 사람 중에 가장 작은 그가 큰 자니라.

(8) 다른 쪽 뺨을 돌려댐(마 5:39b-42/눅 6:29-30)

마 5:39b-42	눅 6:29-30
^{39b}누구든지 네 오른편 뺨을 치거든 왼편도 돌려대며 ⁴⁰또 너를 고발하여 속옷을 가지고자 하는 자에게 겉옷까지도 가지게 하며 ⁴¹또 누구든지 너로 억지로 오 리를 가게 하거든 그 사람과 십 리를 동행하고 ⁴²네게 구하는 자에게 주며 네게 꾸고자 하는 자에게 거절하지 말라.	²⁹너의 이 뺨을 치는 자에게 저 뺨도 돌려대며 네 겉옷을 빼앗는 자에게 속옷도 거절하지 말라. ³⁰네게 구하는 자에게 주며 네 것을 가져가는 자에게 다시 달라 하지 말며

(9) 좁은 길(마 7:13-14/눅 13:24)

마 7:13-14	눅 13:24
¹³좁은 문(gate)으로 들어가라. 멸망으로 인도하는 문은 크고 그 길이 넓어 그리로 들어가는 자가 많고 ¹⁴생명으로 인도하는 문은 좁고 길이 협착하여 찾는 자가 적음이라.	²⁴좁은 문(door)으로 들어가기를 힘쓰라. 내가 너희에게 이르노니 들어가기를 구하여도 못하는 자가 많으리라.

(10) 분쟁하는 가족(마 10:34-38/눅 12:51-53 및 14:26-27)

마 10:34-38	눅 12:51-53; 14:26-27
34내가 세상에 화평을 주러 온 줄로 생각하지 말라. 화평이 아니요 검을 주러 왔노라.	12:51내가 세상에 화평을 주려고 온 줄로 아느냐? 내가 너희에게 이르노니 아니라. 도리어 분쟁하게 하려 함이로라. 52이후부터 한 집에 다섯 사람이 있어 분쟁하되 셋이 둘과, 둘이 셋과 하리니
35내가 온 것은 사람이 그 아버지와, 딸이 어머니와, 며느리가 시어머니와 불화하게 하려 함이니 36사람의 원수가 자기 집안 식구리라.	53아버지가 아들과, 아들이 아버지와, 어머니가 딸과, 딸이 어머니와, 시어머니가 며느리와, 며느리가 시어머니와 분쟁하리라 하시니라.
37아버지나 어머니를 나보다 더 사랑하는 자는 내게 합당하지 아니하고 아들이나 딸을 나보다 더 사랑하는 자도 내게 합당하지 아니하며 38또 자기(his) 십자가를 지고 나를 따르지 않는 자도 내게 합당하지 아니하니라.	14:26 무릇 내게 오는 자가 자기 부모와 처자와 형제와 자매와 더욱이 자기 목숨까지 미워하지 아니하면 능히 내 제자가 되지 못하고 27누구든지 자기(his own) 십자가를 지고 나를 따르지 않는 자도 능히 내 제자가 되지 못하리라.

(11) 일곱 번 용서하기(마 18:15, 21-22/눅 17:3-4)

마 18:15, 21-22	눅 17:3-4
15네 형제가 죄를 범하거든 가서 너와 그 사람과만 상대하여 권고하라. 만일 들으면 네가 네 형제를 얻은 것이요.…21그때에 베드로가 나아와 이르되 "주여, 형제가 내게 죄를 범하면 몇 번이나 용서하여 주리이까? 일곱 번까지 하오리이까?" 22예수께서 이르시되 "네게 이르노니 일곱 번뿐 아니라 일곱 번을 일흔 번까지라도 할지니라."	3너희는 스스로 조심하라. 만일 네 형제가 죄를 범하거든 경고하고 회개하거든 용서하라. 4만일 하루에 일곱 번이라도 네게 죄를 짓고 일곱 번 네게 돌아와 "내가 회개하노라" 하거든 너는 용서하라.

제2장 예수와 복음서 사이

(12) 혼례 잔치/연회의 비유(마 22:1-14/눅 14:15-24)

마 22:1-14	눅 14:15-24
¹예수께서 다시 비유로 대답하여 이르시되 ²"천국은 마치 자기 아들을 위하여 혼인 잔치를 베푼 어떤 임금과 같으니 ³그 종들을 보내어 그 청한 사람들을 혼인 잔치에 오라 하였더니 오기를 싫어하거늘 ⁴다시 다른 종들을 보내며 이르되 '청한 사람들에게 이르기를 내가 오찬을 준비하되 나의 소와 살진 짐승을 잡고 모든 것을 갖추었으니 혼인 잔치에 오소서' 하라 하였더니 ⁵그들이 돌아보지도 않고 한 사람은 자기 밭으로, 한 사람은 자기 사업하러 가고 그 남은 자들은 종들을 잡아 모욕하고 죽이니	¹⁵함께 먹는 사람 중의 하나가 이 말을 듣고 이르되 "무릇 하나님의 나라에서 떡을 먹는 자는 복되도다" 하니 ¹⁶이르시되 "어떤 사람이 큰 잔치를 베풀고 많은 사람을 청하였더니 ¹⁷잔치할 시각에 그 청하였던 자들에게 종을 보내어 이르되 '오소서, 모든 것이 준비되었나이다' 하매
	¹⁸다 일치하게 사양하여 한 사람은 이르되 '나는 밭을 샀으매 아무래도 나가 보아야 하겠으니 청컨대 나를 양해하도록 하라' 하고 ¹⁹또 한 사람은 이르되 '나는 소 다섯 겨리를 샀으매 시험하러 가니 청컨대 나를 양해하도록 하라' 하고 ²⁰또 한 사람은 이르되 '나는 장가들었으니 그러므로 가지 못하겠노라' 하는지라. ²¹종이 돌아와 주인에게 그대로 고하니 이에 집 주인이 노하여
⁷임금이 노하여 군대를 보내어 그 살인한 자들을 진멸하고 그 동네를 불사르고 ⁸이에 종들에게 이르되 '혼인 잔치는 준비되었으나 청한 사람들은 합당하지 아니하니 ⁹네거리 길에 가서 사람을 만나는 대로 혼인 잔치에 청하여 오라' 한대 ¹⁰종들이 길에 나가 악한 자나 선한 자나 만나는 대로 모두 데려오니 혼인 잔치에 손님들이 가득한지라. ¹¹임금이 손님들을 보러 들어올새 거기서 예복을 입지 않은 한 사람을 보고 ¹²이르되 '친구여 어찌하여 예복을 입지 않고 여기 들어왔느냐?' 하니 그가 아무 말도 못하거늘 ¹³임금이 사환들에게 말하되 '그 손발을 묶어 바깥 어두운 데에 내던지라. 거기서	그 종에게 이르되 '빨리 시내의 거리와 골목으로 나가서 가난한 자들과 몸 불편한 자들과 맹인들과 저는 자들을 데려오라' 하니라. ²²종이 이르되 '주인이여, 명하신 대로 하였으되 아직도 자리가 있나이다.' ²³주인이 종에게 이르되 '길과 산울타리 가로 나가서 사람을 강권하여 데려다가 내 집을 채우라. ²⁴내가 너희에게 말하노니 전에 청하였던 그 사람들은 하나도 내 잔치를 맛보지 못하리라' 하였다" 하시니라.

> 슬피 울며 이를 갈게 되리라' 하니라. [14]청
> 함을 받은 자는 많되 택함을 입은 자는 적
> 으니라."

위의 예들에서 우리의 주목을 끄는 것은 **언어적인 일치가 부족하다**는 점이다. 대체로 40퍼센트 미만이고 일부는 20퍼센트 이하의 일치를 보인다.[6] 하지만 각각의 경우에 전하는 이야기나 가르침은 분명히 **동일하다.** 위의 비유들은 **동일한** 이미지, 구조 및 메시지를 가진다. 그렇다면 왜 차이가 나타나는가? 왜 변형이 있는가? 여기서 문학적 상호 의존을 논증하는 것은 어려운 일이다. 만약 마가복음이 마태와 누가의 복음서의 유일한 자료였다면, 왜 마태와 누가는 거만하거나 무심한 태도로 마가복음을 수정했는가? 어떤 경우에는 마태나 누가가 마가복음을 편집한 것으로 볼 수 있다. 그러나 대부분은 아니지만 전반적으로 많은 차이점이 논리에 맞지 않는다. 곧 **마태나 누가가 그들의 유일한 자료가 되는 본문을 이탈해야 했던 이유는 불분명하다.** 이 자료 본문은, 아마도 문학적 가설에 따르면, 그들의 유일한 권위 있는 본문이다. 마가복음이 아닌 마태와 누가의 공통 자료인 Q 자료의 경우도 이와 유사하다. 마태와 누가가 공유한 단락들의 13퍼센트 이상이 서로 80퍼센트 이상의 언어적 일치를 보이는 것이 사실이지만, 그들의 공통 자료 중 삼분의 일 이상에서 발견되는 언어적 일치가 40퍼센트 미만이라는 점 역시 사실이다. 후자의 증거는 전자보다 **거의 세 배나 많은 자료**를 포함한다. 하지만 이런 점은 문학적 상호 의존이라는 명제가 두 자료설로 발전하는 단계에

---

6 다음의 요약도 보라. R. Morgenthaler, *Statistische Synopse* (Zurich and Stuttgart: Gotthelf, 1971). 이 요약은 Kloppenborg Verbin의 *Excavating Q*, 63에서 재인용.

서 제외되고 대개는 도외시된다. 그러나 만약 마태와 누가가 문서 전승을 위한 가상의 문서인 Q에 처음부터 그렇게 의존했다면, 왜 그들은 Q 자료를 그렇게 임의로 변경했겠는가? 만약 공관복음서의 많은 병행 단락들이 보여주는 밀접한 언어적 상호 의존이 문학적인 상호 의존을 위한 강력한 증거라면, 공관복음서 사이의 더 광범위한 불일치는 문학적인 상호 의존이라는 명제나 가정에 반하는 것으로 간주되어야 하지 않을까?

반복하건대 나는 나중의 복음서 저자가 자신의 자료를 편집했을 가능성에 매우 열린 마음을 갖고 있다. 예를 들어 다수의 의견과 같이 나는 아래의 두 단락에서 마태가 마가복음을 수정했을 가능성을 그 반대의 경우보다 더 높게 평가한다.[7]

마 13:58	막 6:5-6
그들이 믿지 않음으로 말미암아 거기서 많은 능력을 행하지 아니하시니라.	5거기서는 아무 권능도 행하실 수 없어 다만 소수의 병자에게 안수하여 고치실 뿐이었고 6그들이 믿지 않음을 이상히 여기셨더라. 이에 모든 촌에 두루 다니시며 가르치시더라.

마 19:16-17	막 10:17-18
16어떤 사람이 주께 와서 이르되 "선생님이여, 내가 무슨 선한 일을 하여야 영생을 얻으리이까(have)?" 17예수께서 이르시되 "어찌하여 선한 일을 내게 묻느냐? 선한 이는 오직 한 분이시니라."	17한 사람이 달려와서 꿇어 앉아 묻자오되 "선한 선생님이여, 내가 무엇을 하여야 영생을 얻으리이까(inherit)?" 18예수께서 이르시되 "네가 어찌하여 나를 선하다 일컫느냐? 하나님 한 분 외에는 선한 이가 없느니라."

---

7 다음 학자가 수집한 전체 자료를 보라. J. C. Hawkins, *Horae Synopticae: Contributions to the Study of the Synoptic Problem* (Oxford: Clarendon, 1898, [2]1909), 117-25.

그러나 위의 경우에 마태는 그 의미를 상당히 변경했지만 자신의 자료인 마가복음에 가능한 한 충실하려고 주의를 기울였음이 분명하다. 이 예들은 마태의 자료 본문에 대한 존중과 그 본문에서 벗어나지 않으려는 의지를 예시해준다. 이와 같은 마태의 존중과 의지는 마태의 청중이 마가복음의 본래 의미와는 다른 잘못된 결론을 내리는 것을 막기 위해 꼭 필요한 정도보다 더 강하다. 그러나 다양하게 갈라지는 공관복음서 전승에서 대부분의 경우에 우리가 맞닥뜨리는 것은 논리성을 결여한 변형이다. 만약 편집이 유일하게 가능성 있는 것이거나 인식할 수 있는 설명이라면, 우리는 그 편집이 지닌 즉흥성과 임의성을 추론해야 한다. 이런 편집은 권위 있는 원자료에 대한 존중의 부족을 암시한다.

위의 주제에 관한 숙고는 나로 하여금 다른 설명 또는 보충적인 설명들을 찾도록 이끌었다. 만약 유사성과 상이성의 정도가 오직 부분적으로만 문학적 상호 의존이라는 명제를 통해 설명될 수 있다면, 우리는 공관복음서의 상호 관계를 보여주는 자료의 또 다른 면을 위한 대안적이거나 보충적인 설명을 찾아야 하지 않을까?

III

이 장의 첫머리에서 지적한 바와 같이, 앞서 말한 대안적이거나 보충적인 설명을 찾아볼 수 있는 분명한 영역은 **초기 예수 전승의 구전적 성격**이다. 이것은 적지 않은 수의 복음서 전문가들이 원론적으로 인정했다. 복음서(혹은 그것의 문서 자료들)가 문서화되기 전에 적어도 대부분의 예수 전승이 **구전 형태로** 유통되고 사용되었던 기간이 틀림없이 있었다. 볼

행히도 복음서의 자료들에 대한 주요 탐구나 논쟁이 진행될 때, 구두 전파의 성격에 대한 이해가 너무 부족했다. 예를 들어 스트리터는 공관복음서의 상호 관계 문제를 "단지 문학적 비평의 문제로만" 연구하는 것을 경고했다. 마찬가지로 그는 공관복음서의 작성을 설명하기 위해 마가복음과 Q라는 두 자료설을 넘어서야 할 필요를 충분히 인식했다. 그러나 역설적으로 스트리터는 특히 "네 **문서 가설**"을 주창한 것으로 기억된다.[8] 구두 전승의 기간은 제대로 검토되지 않았거나, 구두 전승 및 전수가 문학적 상호 의존에 초점을 맞춰 가정된 문학적 모델과는 다른 특징을 지녔을 가능성에 대한 실질적인 인식이 없었다.

좀 더 도움이 되는 발전은 양식비평(*Formgeschichte* 또는 form criticism)의 대두였다. 이는 기록된 복음서 이면에서 복음서 저자들이 문서화한 전승의 구전 형태에 도달하기 위한 노력이었다. 실제로 루돌프 불트만(Rudolf Bultmann)에게 양식비평의 목적은 "복음서 이면에 있는 구전 전승의 역사를 연구하는 것"이었다.[9] 그의 초점은 복음서 저자들이 가져다 쓴 양식들을 밝혀내는 데 있었는데, 이 양식의 예는 경구(apophthegms), 주의 말씀(dominical sayings), 기적 이야기(miracle stories) 등이다.[10] 그러나 예수 전승의 구전 시기를 밝히려는 불트만의 시도는 두 가지 주요 결점으로 인해 어려움에 봉착한다.

첫째, 불트만은 특정한 "형식의 법칙들"(laws of style)이 양식의 전달을 결정한다고 가정했다. 이런 법칙들은 분명히 민속학에 관한 지식으

---

8   Streeter, *The Four Gospels*, 9장(인용은 229쪽).

9   R. Bultmann (with K. Kundsin), *Form Criticism* (1934; ET New York: Harper Torchbook, 1962), 1.

10   R. Bultmann, *The History of the Synoptic Tradition* (1921; ET Oxford: Blackwell, 1963).

로부터 가져온 것으로,[11] 다음의 가정들을 포함한다. 곧 본래의 "순수한" 양식에 대한 가정, 순수하고 단순한 상태에서 더 큰 복잡성의 단계로 나아가는 과정에서의 자연적인 발달에 대한 가정, 그리고 내용보다는 양식이 결정한 전승의 발전에 대한 가정이다. 그러나 소위 이런 법칙들은 당시 민속학에서 알려진 것에서 유래하지 않았을 뿐만 아니라,[12] 복음서에서 전승의 특징을 통해 입증되지도 않았다.[13]

둘째, 더욱 중요한 것은 전승의 과정을 설명하기 위한 **문학적** 모델에 대한 불트만의 가정이다. 이것은 불트만이 예수에 관한 전승 전체가 "일단의 층들로 구성"되었다고 개념화한 것에서 가장 명확해진다.[14] 그가 상상한 과정은 각각의 층이 다른 층 위에 놓이거나 세워지는 것이다. 불트만은 그 모델을 애용했는데, 왜냐하면 무엇보다도 후대(헬레니즘)의 층들을 벗겨내어 이전 시기(팔레스타인)의 층들을 드러낼 수 있다고 확

---

11 R. Bultmann, *History*, 6-7.

12 J. Schröter, *Erinnerung an Jesu Worte: Studien zur Rezeption der Logienüberlieferung in Markus, Q und Thomas* (WMANT 76; Neukirchen-Vluyn: Neukirchener, 1997). "'순수한 양식'은 언어학적·언어 역사적 범주들의 혼합을 보여주는데, 이는 언어 발전의 개념이라는 시대에 뒤떨어진 개념으로 규정되어야 한다"(59; 141-42). 다음의 연구도 보라. G. Strecker, "Schriftlichkeit oder Mündlichkeit der synoptischen Tradition?," in F. van Segbroeck et al., eds., *The Four Gospels 1992, Festschrift Frans Neirynck* (Leuven: Leuven Universtity Press, 1992), 159-72(위의 내용은 161-62, 참고문헌은 해당 페이지의 각주 6을 보라).

13 특히 다음 연구를 보라. E. P. Sanders, *The Tendencies of the Synoptic Tradition* (SNTSMS 9; Cambridge: Cambridge University Press, 1969). "공관복음서 전승의 발전에 관한 엄연하고 즉각적인 법칙들은 존재하지 않는다. 모든 점에서 전승은 반대의 방향들로 발전했다. 그것은 더 길어지는 동시에 더 짧아졌고, 더 상세해지는 동시에 덜 상세해졌고 더 유대적(Semitic)이 되는 동시에 덜 유대적이 되었다.…"(272). 추가로 다음도 보라. W. H. Kelber, *The Oral and the Written Gospel* (Philadelphia: Fortress, 1983), 2-8.

14 R. Bultmann, *Jesus and the Word* (1926; ET New York: Scribner, 1935), 12-13.

신했기 때문이다.[15] 그러나 이런 이미지 자체는 **편집**이라는 **문학적** 과정 으로부터 채택되었다. 이 과정에서 각각의 연속된 편집(층)은 이전 편집 (층)의 편집된 판본(edited version, 불트만에게는 상세해지고 확장된 판본)이다. 그러나 이런 개념화가 전승된 자료를 입으로 다시 말하는 과정에 실제 로 적합한가? 불트만은 이 질문이 지닌 명확한 관련성에도 불구하고 실 제로 그것을 언급한 적이 없다. 그는 구두 전승의 전달이 이미 문서화된 자료의 전달과 특성 면에서 다르지 않다고 단순하게 가정한다.

불트만 이후 더욱 많은 관심이 구두 전승 및 그것의 전파가 지닌 특성에 모아졌다. 우리의 이해를 분명하게 도울 수 있는 예를 언급해보 자. 첫째, 그리스 문화에서 초기 구전의 시기, 문서 이전 시기에 대한 탐 구, 그리고 호메로스의 작품이 문서로 만들어지기 이전 오랫동안 입으 로 암송되었다는 사실과 문서화된 본문은 구두 암송의 특성을 보여준다 는 사실에 대한 인식이다.[16] 둘째, 초기 예수 전승에 가장 근접한 배경 안에서 랍비 전통의 보전과 전수를 위한 구전 방법에 대한 비르예르 에 르핫손(Birger Gerhardsson)의 연구다.[17] 셋째, 아프리카의 구두 사회에 대 한 이해를 돕는 생산적인 연구다.[18] 넷째, 이집트와 레바논 촌락들의 구

---

15 R. Bultmann, *Jesus and the Word*, 12-13.

16 E. A. Havelock, *Preface to Plato* (Cambridge, MA: Harvard University Press, 1963); A. B. Lord, *The Singer of Tales* (Cambridge, MA: Harvard University Press, 1978).

17 B. Gerhardsson, *Memory and Manuscript: Oral Tradition and Written Transmission in Rabbinic Judaism and Early Christianity* (Lund: Gleerup, 1961, 1998).

18 나는 특히 다음 연구를 참고한다. J. Vansina, *Oral Tradition as History* (Madison: University of Wisconsin Press, 1985). 이것은 그의 이전 저작인 *Oral Tradition: A Study in Historical Methodology* (London: Routledge and Kegan Paul, 1965)의 개정판이다. 다음도 보라. R. Finnegan, *Oral Literature in Africa* (Oxford: Clarendon, 1970); I. Okpewho, *African Oral Literature: Backgrounds, Character, and Continuity* (Bloomington: Indiana University Press, 1992).

두 사회에 관한 삼십 년간의 경험을 통해 케네스 베일리(Kenneth Bailey)가 전하는 인상적이며 일화적인 기술들이다.[19] 만약 마지막 두 가지 예가 1세기 팔레스타인과는 동떨어진 것으로 보인다면, 아프리카와 중동 모두에서 그런 촌락 생활은 공동체들이 구두 사회로 작용하는 방식들에서 주로 보수적이며 변화하지 않는다는 점에 주목해야 한다.

이런 상이한 예들로부터 지속적으로 떠오르는 가장 현저한 특색은 **고착과 유연성, 안정성과 다양성,** 그리고 **동일하지만 상이한** 것들의 특징적인 결합이다. 특징적으로 구두 전승에는 말해지는 **이야기**가 있다. 그러나 그것을 말할 때마다 서로 다른 측면을 강조하기 위해 상이한 단어들을 사용하여 말한다. 구두 전승에는 소중히 간수하는 **가르침**이 특징적으로 존재한다. 그러나 그 가르침은 다양한 선생이 드러내려는 강조점들에 따라 다양하게 구성된다.[20] 구두 전승은 입으로 기억하는 것이다. 그것의 주된 기능은 과거의 중요한 것들을 보존하고 기억하는 것이다. 전승은 대개 그 정의상 과거로부터의 연속성에 관한 관심을 구현한다. 그 과거는 활용될 수 있을 뿐만 아니라 생동감 있게 될 수 있으며 현재와 미래를 비출 수 있다. 에릭 해브록(Eric Havelock)의 말에 따르면 "다양성과 안정성, 보수주의와 창조성, 덧없음과 예측 불가능성은 모두 구두 전달의 경향을 표시한다." 이 경향은 "'동일함 속의 변화'라는

---

19 K. E. Bailey, "Informal Controlled Oral Tradition and the Synoptic Gospels," *Asia Journal of Theology* 5 (1991): 34-54; "Middle Eastern Oral Tradition and the Synoptic Gospels," *ExpTim* 106 (1995): 363-67.

20 Gerhardsson도 랍비 전승에 관해 동일한 점을 지적한다. 이는 그의 초기 저작에서는 그렇게 분명하지 않지만 후기 저작에서는 분명하다. 가장 최근 연구는 *The Reliability of the Gospel Tradition* (Peabody, MA: Hendrickson, 2001)이다. 이 책은 다른 두 개의 이전 연구들을 포함한다. 나는 *Jesus Remembered*, 197-98에서 이 점을 충분히 인식하지 못한 것을 후회한다.

구전의 원리"다.[21] 아니면 알란 던즈(Alan Dundes)가 같은 요점을 표현한 대로 "'다양한 존재'와 '변화'는 민속 전승의 가장 현저한 두 가지 특징이다."[22]

구두 전승의 특성에 대해 배울 때 나를 흥분시키는 것은 **그 특성이 공관복음서 전승의 특성에 즉각적으로 적용된다**는 점이었다. 공관복음서 전승의 특성에 대해 말하자면 처음부터 내 흥미를 유발한 특성은 "동일하지만 상이한"(the same yet different)이라는 문구에 잘 담겨 있다. 즉 동일한 이야기가 말해지지만, 다른 도입과 결론 및 상이한 표현으로 말해진다. 동일한 교훈이지만, 상이하게 표현되고 상이하게 묶인다. 앞서 설명한 대로 공관 자료는 구두 전승의 측면에서 이해될 수 있다. **그 자료는 구두 전승이었다.** 그것의 다양성은 공관복음서의 상이한 판본들 속에 고정되어 있다. 문학적 상호 의존이라는 모델은 밀접한 언어적 일치가 발견되는 공관복음서 단락들을 잘 설명해줄 수 있다. 그러나 이 문학적 모델은 언어적 일치가 40퍼센트 미만이거나 때때로 그보다 매우 낮은 일치도를 보이는 단락들을 잘 설명하지 못한다. 반면에 **구두 전승 모델**은 그런 경우에 정확히 대처할 수 있다. 우리가 내릴 수 있는 명백한 결론은 다음과 같다. 즉 **공관 전승의 큰 단락들은 문서화된 다양한 구두 전승이다.**

---

21   Kelber, *Oral*, 33, 54. Kelber는 Havelock, *Preface to Plato*, 92, 147, 184 그리고 기타 여러 곳을 인용한다.
22   A. Dundes, *Holy Writ as Oral Lit: The Bible as Folklore* (Lanham, MD: Rowman and Littlefield, 1999), 18-19.

IV

두 가지 중요한 사항이 구전 단계의 예수 전승을 제대로 이해하기 위한 이런 노력으로부터 발생한다. 이 두 가지 사항은 동일하게 중요한 몇 개의 필연적 결과들을 수반한다. 나는 이 두 가지 사항이 초기 예수 전승에 관한 우리의 이해를 위해 중요하다고 믿는다. 곧 초기 예수 전승의 구전적 특성, 그 전승의 사용과 유포 및 적절한 때에 이루어진 문서화 작업 등에 대한 우리의 이해를 위해 중요하다.

첫 번째 중요 사항은 문학적 상호 의존 모델과 구전적 상호 의존 모델 간의 차이를 강조한다. 구전적 상호 의존 모델은 "원래의" 판본이라는 생각을 뒤바꿔놓는다. 우리의 생각은 문학적 패러다임에 익숙해진 나머지 원래의 형식, 최초의 판본(edition)을 상상한다. 우리는 그 최초 판본으로부터, 적어도 원칙적으로는, 이후의 모든 판본을 양식비평과 편집비평을 통해 추적해낼 수 있다고 생각한다. 우리는 전승의 역사를 고고학적인 발굴 지역으로 생각한다. 즉 여러 개의 문학적 층을 파고들어가 최초의 층 곧 불트만의 양식비평이 말하는 "순수한 양식"을 발굴할 수 있다고 상상한다. 그러나 구두 전승에서 각각의 연행(performance)은 위에서 말한 방식으로 그 이전의 것이나 바로 뒤이은 것과 연결되지 않는다. 알버트 로드(Albert Lord)가 관찰한 것처럼 구두 전승에서는 **각각의** 연행이, 적절히 말하면, "본래적"(original)이다.[23]

---

23 "어떤 의미에서 각각의 연행은, 만약 '유일한' 것이 아니라면, '하나의' 원형이다. 사실 '원형' 또는 '최초의 노래'라는 우리의 개념은 구두 전승에서는 단순히 아무런 의미가 없다"(Lord, *The Singer of Tales*, 100-101). R. Finnegan, *Oral Poetry: Its Nature, Significance, and Social Context* (Cambridge: Cambridge University Press, 1977).

이런 사항이 예수 전승에 적용되는 요점은 전승을 탄생시킨 최초의 추동력이 존재하지 않았다는 것이 **아니다.** 반대로 많은 경우에 우리는 제자들에게 지속적인 영향을 끼친 예수의 말과 행동의 존재를 전적으로 확신할 수 있다.[24] 그러나 적절히 말하면, 사건의 **전승**은 그 **사건** 자체가 아니다. 그리고 말의 **전승**은 그 **말** 자체가 아니다. 전승은 기껏해야 그 사건의 **증언**이다. 또한 추측컨대 여러 증언이 존재하는 것처럼, 여러 전승 아니면 전승의 판본들이 **처음부터** 존재했을 가능성이 있다. 우리는 처음 사건에 대해 말할 수 있다. 하지만 사건의 최초 전승에 대해 말하기를 주저해야 한다. 이것은 예수의 발언에 관해서도 동일하다. 발언의 전승은 최초 청중 중 하나 또는 여럿에게 미친 영향을 보여준다. 그러나 그 발언이 다른 청자(聽者)에게는 조금 다르게 들렸을 수 있고, 따라서 **처음부터** 다른 판본(version)으로 말해지고 그것이 또다시 말해졌을 가능성이 있다. 더욱이 베르너 켈버(Werner Kelber)가 지적하듯이, 만약 예수 자신이 가장 효과적인 비유들과 경구들을 여러 경우에 사용했다면, 단일한 원형, 단일한 실제 판본이라는 이상은 문학적 틀에 갇힌 사고방식이 만든 허구로 또다시 축소된다.[25] 예수가 동일한 메시지를 실제로 여러 다른 기회에 다른 방식과 표현으로 가르쳤다는 것을 누가 의

Finnegan도 Lord의 견해에 주석을 달았다. "정확한(correct) 본문은 존재하지 않는다. 즉 하나의 판본이 다른 판본보다 더욱 '실제에 가깝다'는 생각은 존재하지 않는다. 각각의 연행(performance)은 각자의 타당성을 가진 독특하며 독창적인 창조다"(65). Finnegan은 아울러 Lord가 이런 점을 가장 설득력 있고 명확하게 설명했다고 그의 공로를 인정한다(79).

24 나는 1장에서 이것을 내 가정 중 하나로 제시했고, *Jesus Remembered*에서는 예수의 사역이 그의 제자들에게 상당한 영향을 미쳤음을 인식하는 것이 중요하다고 강조했다.

25 "각각의 구두 연행은 독특한 창조다." 만약 예수가 무엇인가를 한 번 이상 말했다면, "본래적"인 것은 존재하지 않는다(Kelber, *Oral*, 29; 59, 62도 보라).

심할 수 있는가? 어떤 좋은 선생이 자신이 중요하게 여기는 것을 오직 한 번만 가르치겠는가? 만약 동일한 교훈을 복수의 경우에 가르쳤다면, 동일한 가르침의 다양한 판본 중 어느 것이 과연 "본래의" 판본인가?

이 첫 번째 요점으로부터 즉시 몇 개의 필연적인 결과가 나타난다. 첫째, 우리는 공관복음서 전승이 지닌 내부 다양성을 과거보다 더 긍정적으로 평가해야 한다. 특정한 단락이나 가르침의 모음들에서 발견되는 공관복음서 간의 **차이점들은 문제가 아니다.** 이 차이점들은 "실수"나 "오류" 또는 "모순"을 의미하지 않는다. 이 차이들이 보여주는 것은 단지 **예수가 기억되는 상이한 방법들과, 예수 전승이 상이한 맥락에서 다루어지고 제시되었다는 사실**이다.

둘째, 우리는 다양한 판본 중 오직 하나의 판본만을 본래적인 것으로 그리고 최고의 진실성을 가진 것으로 생각하지 말아야 한다. 우리는 대안적 판본들을 진실성이 더 적은 것으로, 또는 그릇된 신학적 이유들로 인한 "원형"의 변조로 여기지 말아야 한다. 도리어 우리는 모든 판본이 "진실하다"고 여겨야 한다. 이는 예수의 본래적 행동이나 가르침이 지속적으로 후대의 제자들에게 영향을 미쳤다는 의미에서 진실하다는 것이다.

셋째, 우리는 예수의 가르침과 행동에 관한 전승을 고정되어 변할 수 없는 것으로 여기지 말아야 한다. 이 전승은 열렬한 추종자들이 숭배하기 위해—"아! 이것이 예수가 28년 8월 10일에 말씀하신 것이구나. 우리는 그것을 숭배하고 그가 주신 상태 그대로 보존해야 한다"—줄지어 행진시키던 신성한 유물이 아니었다. 반대로 그것은 **살아 있는 전승**이었다. 그것은 그들이 기념하고 삶의 기준으로 삼은 전승이었고, 그것에 비추어 예배한 전승이었다. 내가 믿기로 이 점은 예수 전승이 바울과 야고보의 윤리적 가르침에 흡수되는 방식에서 이미 분명하다. 예수 전승은 특정한 권고들이 명백하게 예수가 말한 것으로 여겨질 때에만 권위 있는 것이라는 생각 없이 바울과 야고보가 말한 권고의 필수적인 부분이 되었다.[26]

넷째, 이 모든 것은 복음서 저자들이 자신보다 앞선 전승을 편집했다는 개념에 새로운 관점을 제공한다. 결국 편집은 단지 예수 전승의 총체적 유포, 사용 및 전달에 필수적인 다양성의 확장된 예일 뿐이었다.[27] 만약 사도들과 교사들이 예수에 관한 이야기와 그의 가르침을 자신의 말로 반복하는 데 아무런 거리낌이 없었다면, 그들은 분명히 자신들의 정황에 더욱 긴밀히 관련시키는 방식으로 예수의 가르침에서 일부를 해석하거나, 아니면 청자들과의 관련성을 보여주기 위해 예수의 기적 중 하나에 관한 자신들의 서술로부터 결론을 도출하는 것에 거리낌이 없었을 것이다. 따라서 예수가 행한 사역의 영향은 제1세대 초기 기독교 교회들에게 직접적인 영향력을 지속적으로 행사했다.

두 번째 중요 사항은 특히 **구전 형식**의 예수 전승으로부터 **문서화된** 예수 전승으로의 **변화**다. 켈버는 초기 예수 전승의 구전적 성격에 대한 이해가 중요함을 알리기 위해 많은 일을 했지만 아쉽게도 매우 호도하는 방향으로 길을 벗어났다. 그는 구두 전승이 유일하게 진정성을 가진 전승이었으며 구두 전승의 문서화는 일종의 은혜로부터의 "실추", 살아 있는 구전 언어의 죽음이었다고 실제로 주장했다.[28] 그러나 구두

---

26 나는 바울과 관련하여 이 점을 몇 차례 논증했는데, 특히 *The Theology of Paul the Apostle* (Grand Rapids: Eerdmans, 1998), 649-58을 보라.

27 이와 관련된 예들은 3장을 보라.

28 Kelber, *Oral*, 5장.

전승의 성격에 대한 인식이 문학적 유산에 너무 엄격하게 통제되는 사고방식으로부터 우리를 자유롭게 한다고 할지라도, 구전된 예수 전승을 문서로 기록하는 것이 그 전승의 성격도 함께 바꾼다고 여기는 것은 실수다. 나는 3장에서 이 주제로 돌아갈 것이지만, 여기서 세 가지 요점을 제시하고자 한다.

첫째, 나는 적어도 예수 전승의 일부가 초기 단계에서 문서로 기록되었음을 의심하지 않는다. 이는 문서화된 자료가 구전 자료보다 더욱 신뢰할 수 있다는 것이 아니다. 그런 견해는 다시 말하자면 문학적 사고방식의 표현이다. 우리는 문서화된 기록들을 너무 의지하게 된 나머지, 우리에게 일차적인 중요성을 갖는 정보를 빠르게 기억하고 유지하는 능력이 구두 사회보다는 많이 떨어졌다. 이와 반대로 인쇄 기계를 의지하기 전에는 문서화된 본문들에 대한 신뢰도가 기억된 것에 대한 신뢰도보다 일반적으로 **낮았다.** 글쓰기는 거리 문제가 연루되었을 때에 하나의 요소가 되었다. 마찬가지로 편지는 개인적 참석을 대신하는 역할을 할 수 있었다. 그러나 그런 글쓰기는 분명히 예수 전승을 고착시키거나 구속하지 않았다. 여기서 다시 우리는 공관복음서 전승으로부터 배워야 한다. 공관복음서 간의 다양성은 복음서 저자들이 문서화를 통해 고정되고 고착된 형식들의 전달을 근본적인 것으로 여기지 않았음을 보여준다. 마태와 누가는 적어도 하나의 문서 자료(마가복음)를 알고 사용했음이 분명하지만 마가가 기록한 것을 단순히 베끼지 않았다. 오히려 마가복음이 전하는 전승들에 대해서도 자신들의 판본을 제공했다. 다시 말해 **구두 전승 시대의 유연성은 그 전승의 문서화에서도 계속되었다.**

공관복음서 문제를 오직 문학적인 측면에서만 해결하려는 노력의 중요한 결점 중 하나는 마태와 누가가 각각 마가복음을 받은 시점에 마가복음의 이야기들과 가르침을 처음 접했다는 추론이다. 이 추론은 보통 의식적으로는 표현되지 않는다. 그러나 이런 추론은 거의 설득력이 없다. 마가가 기록한 예수 전승의 상당 부분 또는 대부분은 널리 유포되었고 시리아와 이를 넘어선 지역의 기독교 공동체들에게 틀림없이 잘 알려졌을 것이다. 동일한 전승에 대해 마태와 마가가 차이를 보이는 많은 경우에, 이 차이점에 대한 가장 명확한 설명은 다음과 같다. 즉 마태는 동일한 전승에 대해 마가의 문서화된 판본과는 다른 구전을 알았고 아마도 자신이 더 잘 알고 있었던 구전을 기록하기를 선호했다. 다시 말해 이런 정보를 통해 우리는 구전과 문서 형태의 예수 전승 모두가 동시에 같은 교회들에 유포되었음을 보고 있는 것이다. 애초에 문서화된 것은 구두 전승의 여러 판본 중 하나를 기록한 것이거나 예수 전승을 필사하여 표현한 것이었다. 이런 필사는 전형적인 구두 표현들과 같은 특성들(동일하지만 상이한)을 공유한다.

둘째, 이 모든 것은 Q를 새롭게 이해해야 함을 의미한다. 마태복음과 누가복음의 공통자료 중 마가복음과 다른 자료는 모두가 단일한 문서에서 나왔다는 가정에 따라 하나로 분류되어서는 안 된다. 내가 앞서 지적한 대로, Q 자료의 일부가 이미 문서화되었음을 보여주는 증거가 있다. 그러나 그 증거는 단일 문서 가설을 지원하지 않는다. 거의 동일한 표현을 보이는 단락들을 제외하면, 다양성이 너무 크기 때문에 또 다른 설명이 더욱더 설득력 있다. 그런 다양성은 구전 전승의 다채로운 전개의 한 예다. 사도들과 교사들이 다양한 그리스도인 모임에서 이 구전 전승을 사용했다. 이 다채로운 전개는 많은 기독교 교사들이 공동체가 비축한 전승, 특히 그들이 책임을 맡은 전승으로부터 꺼내온 전형적인 레퍼토리의 좋은 예다. Q 가설이 Q의 다른 판본들이나 편집들을 상상할 필요가 있다는 사실은 현시점에서 문학적인 사고방식이 지닌 근시안적 성격을 강조한다. 마태와 누가가 마가보다는 많은 자료에 접근할 수 있었음은 분명하다. 그중 일부가 이미 문서로 기록되었을 가능성도 매우 높다. 그러나 공관복음서 전승에서 발견되는 어느 정도의 다양성을 볼 때, 그들이 살아 있는 구전 전승으로서 예수 전승을 알았다는 점 역시 동일하게 가능성이 높다. Q 문서를 재건하려는 노력은 여러 모로 감탄스러운 일이다.[29] 그러나 그런 노력은 예수 전승이 1세기 후반에도 구전의 형태로 여전히 잘 알려져 있었음을 인식하는 데 방해가 된다. 그리고 문서 자료의 고착성을 가정함으로써 Q 문서를 재건하려는 노력은 예수 전승의 살아 있는 특성을 보지 못한다.

셋째, 우리는 구전에서 문서로 단번에 전환되었다고 생각하는 오류를 범하지 말아야 한다. 마치 예수 전승의 문서화가 구전 전승이나 예수 전승의 유연한 성격에 마침표를 찍은 것처럼 생각하지 말아야 한다. 이와 반대로 예를 들어 야고보서, 베드로전서 및 초기 교부들의 저작들에서 발견되는 예수 전승의 반향이나 활용을 볼 때, 그들이 복음서 저자들이 사용한 판본과는 다른 것으로 암시되는 예수 전승의 판본들을 알고 있었음은 분명하다.[30] 예수 전승에 대한 반향이나 암시를 Q 문서가 존재했는가에 대한 논쟁이나 신약의 복음서 저자들이 이미 알려졌는가에 대한 논쟁에서 단지 증거로만 사용하는 것은 예수 전승이 구전 형태로 매우 광범위하게 알려졌다는 것과 예수 전승이 지닌 다양성의 정도

---

29 특히 다음 책을 보라. J. M. Robinson, P. Hoffmann and J. S. Kloppenborg, *The Critical Edition of Q: Synopsis* (Leuven: Peeters, 2000).

30 H. Köster, *Synoptische Überlieferung bei den apostolischen Vätern* (Berlin: Akademie, 1957).

를 또다시 보지 못하는 것이다. 다시 말해 예수 전승의 다양한 구전 형식은 문서화된 판본들과 함께 2세기까지 지속되었다. 여기서 다시 한번 리처드 보컴(Richard Bauckham)이 야고보서에 대해 논증한 것처럼, 그들이 예수 전승을 사용한 방식은 그 전승의 유연성을 다시금 보여준다. 즉 그들은 자신들이 언급하는 필요에 맞춰 예수 전승을 수정했다.[31]

더욱이 데이비드 파커(David Parker)와 엘든 엡(Eldon Epp)과 같은 본문비평가들은 문서 형식으로의 전환이 전승의 유연성을 없애지 않았음을 이미 지적했다.[32] 예수 전승 속 여러 항목의 단일한 최초 판본이라는 시각에서 사고하는 것이 타당하지 않다는 점을 이미 살펴본 것처럼, 이 본문비평가들은 본문의 변조, 필사가의 잘못 또는 실수의 결과로 인한 모든 이문들을 고려할 때, 진정한 본문은 말할 것도 없고 하나의 단일한 최초 본문을 가정하는 것을 포기했다. 이와 반대로 우리가 본문 전승에서 가지고 있는 것은 이 본문들의 다양한 판본이라는 증거다. 이 다양한 판본은 서로 다른 교회들을 위한 신약 문헌이었고 종종 다양한 공동체의 서로 다른 염려와 필요를 반영했다. 다시 말해 본문 전승 자체는 (이 경우에) 예수 전승이 지닌 지속적인 유연성을 증명한다.

요약하면 우리는 예수와 복음서 사이의 시기를 어떻게 상상해야 하는가? 그것은 분명 넓은 빈 공간이 아니다. 이는 한쪽 끝에 있는 예수와 또 다른 끝에 있는 예수에 관한 이야기들과 예수가 말했다는 가르침

---

31 R. Bauckham, *James: Wisdom of James, Disciple of Jesus the Sage* (London and New York: Routledge, 1999).

32 D. C. Parker, *The Living Text of the Gospels* (Cambridge: Cambridge University Press, 1997); E. J. Epp, "The Multivalence of the Term 'Original Text' in New Testament Textual Criticism," *HTR* 92 (1999), 245-81.

을 아무 근거도 없이 무로부터 돌연히 만들어내는 공간이 아니다. 내가 가정하는 대로 만약 예수가 영향력 있는 인물이었다면, 그 공간은 그에게 영향을 받은 사람들로 채워졌다. 만약 예수가 중요하고 논란의 여지가 많은 것들을 말했다면, 분명히 그런 발언들에 대한 기억이 그 공간의 일부를 채웠을 것이다. 만약 예수가 놀랍고 논쟁을 일으키는 일들을 행했다면, 그런 사건들에 대한 기억도 분명히 그 공간의 한쪽을 채웠을 것이다. 예수에 관한 이런 기억들은 구두 전승의 형태로 존재했을 것이다. 그 기억들은 공유되고 유포되며 해석되고 정교하게 되었을 것이다. 그러나 처음에는 대부분 구전의 형태를 띠었을 것이다. 최초의 제자들(사도들과 교사들)은 초기 신자들의 모임에서 예수에 관한 이야기들을 말했을 것이다. 그들은 그 이야기들을 소개했고 그것들로부터 자신의 정황과 관련된 결론들을 도출했을 것이다. 그들은 예수의 가르침을 상이한 조합으로 묶고 서로 다른 정황을 위한 다른 교훈들을 끌어내면서 기억하고 반복했을 것이다. 이는 신자들의 유익을 위한 것이었고, 그들이 예수 전승에 접근할 수 있는 유일한 통로는 구두 전승을 유지하고 보존할 책임을 맡은 사람들을 통해서였다. 그것은 신성한 본문들을 무턱대고 외우거나 암기하는 것과는 달랐다. 오히려 그것은 살아 있는 전승이었다. 이 살아 있는 전승은 그들 자신의 삶의 이야기들을 의미 있게 만드는 내러티브였으며, 그것에 따라 그들이 자신의 삶을 살아가는 가르침이었다. 신약성서의 다른 곳에서는 그것을 예수 전승으로 기억하려는 노력이 거의 또는 아예 발견되지 않는다. 예를 들어 바울과 야고보의 서신들에서 이런 노력은 그들 자신의 윤리적 가르침의 생명력 안으로 흡수되었다.

왜 나는 위에서 말한 예수와 복음서 사이의 공간에 대한 묘사가 호소력이 있다고 보는가? 이유는 간단하다. 그것이 공관복음서의 특징과 내용을 잘 설명해주기 때문이다. 공관복음서는 예수가 그와 복음서 사이의 시기에 어떻게 기억되었는지를 동일하지만 상이하게 보여준다. 공관복음서는 왜 예수가 그 시기에 기억되었는지를 알려준다. 공관복음서는 예수에 대한 기억과 그의 활동과 가르침에 대한 기억이 형성되고 사용되고 전수된 방식들을 예증한다. 공관복음서는 예수의 영향력이 사라지거나 예수에 대한 후대의 신앙이나 교리가 덮이지 않았음을 보여준다. 공관복음서는 예수가 자신의 사역 동안 어떻게 영향을 미쳤으며 그를 직접 본 적도 없는 사람들에게 어떻게 계속 영향을 미쳤는지를 보여준다. 예수는 그의 사역이 지닌 특성을 매우 선명하게 구현하는 전승을 통해 그들에게 새로운 영향을 계속해서 끼쳤던 것이다.

제3장

새로운 장르의 탄생:
마가복음과 공관복음서

기독교의 처음 약 사십 년 동안 가장 중요한 발전 중 하나는 구전 형태의 예수 전승이 문서화된 복음서로 바뀐 것이다. 기독교 역사에서 이 발전의 중요성은 아무리 과장해도 지나치지 않다. 고대 문학 내에서 새로운 장르인 "복음서" 또는 좀 더 정확하게 기독교 복음서라는 장르의 형성에 대해 살펴보자. 이 새로운 장르가 다른 어떤 발전과도 다르게 제2성전기 유대교의 새로운 운동을 정의하고 구별하고 특징지었다는 점은 더욱 중요하다.

복음서 이전의 복음

"복음, 기쁜 소식"(*euangelion*)이라는 명사는 기독교가 바울에게 빚진 몇 개의 용어 가운데 하나다. 신약성서의 일흔여섯 번의 용례 중 예순 번이나 바울 서신에서 발견된다. 신약학계의 다수는 바울이 "복음"이라는 용어를 로마 황제와 관련된 정치적 용법에서 빌려왔다고 여긴다. (주로 복수 형태로 쓰이는) 유앙겔리온(*euangelion*)이라는 단어는 아우구스투스 황제의 업적이라는 기쁜 소식을 위해 사용되었다. 따라서 혹자는 얼마간의 타당성을 가지고 다음과 같이 주장할 수 있다. 곧 바울은 자신의 메시지를 의도적으로 "복음"(euangelion)으로 묘사했으며, 이는 그리스도에 관해 바울이 전한 기쁜 소식을 황제에 관한 로마 제국의 기쁜 소식과 대립시키려는 의도를 보여준다는 것이다. 그리스도가 가져온 평화(롬 5:1)는 로마 제국의 평화(Pax Romana)보다 더욱 심오한 "복음"이었다. 그러나 사실 유앙겔리온이라는 단어는 로마 황제의 기쁜 소식이라는 의미보다 더욱 폭넓게 사용되었다.[1] 따라서 바울의 용례에서 정치적 권력과 로마 황제의 권위에 대한 직접적인 도전이 즉각적으로 명확한 것은 아니다.

더욱 중요한 것은 바울이 자신의 메시지를 가리키기 위해 유앙겔리온을 선택하는 데 작용한 결정적 영향이 아마도 다른 곳에서 왔을 것이라는 점이다. 나는 초기 기독교 전통에서 특히 바울 서신의 여러 지점에서 분명히 드러나는 이사야의 영향력, 곧 이사야의 언어가 미친 직접적이고 강한 영향력을 앞서 말한 결정적 영향으로 들고자 한다.[2] 따라서 나는 바울이 하나님의 구원 행위에[3] 대해 히브리 성서, 특히 이사야서에서[4] 기쁜 소식의 도래를 말하기 위해 사용된 bsr의 용례의 영향을 받았다는 것이 더욱 설득력 있다고 생각한다. 이런 이사야의 단락 중 두

---

1   LSJ 705; *NDIEC* 3.13-14; 다른 예들은 H.-J. Klauck, *The Religious Context of Early Christianity: A Guide to Graeco-Roman Religions* (1995; ET Edinburgh: T. & T. Clark, 2000), 328-29.

2   바울 자신이 이사야로부터 강한 영향을 받았다는 사실은 잘 알려져 있다. 예. J. R. Wagner, *Heralds of the Good News: Isaiah and Paul in Concert in the Letter to the Romans* (Leiden: Brill, 2002).

3   시 40:9; 68:11; 96:2; 삼하 18:31.

4   사 40:9; 52:7; 60:6; 61:1. 나 1:15도 이와 유사하다. 다음도 보라. O. Schilling, *TDOT*, 2.313-16.

개가 예수와 바울보다 앞선 제2성전기 유대교의 신학적 성찰에 분명한 영향을 주었다. 「솔로몬의 시편」(*Psalms of Solomon*) 11.1은 분명히 이사야 52:7을 반영한다.

> 사 52:7 — 좋은 소식을 전하며(*euangelizomenou*) 평화를 공포하며 복된 좋은 소식을 가져오며(*euangelizomenos agatha*) 구원을 공포하며 시온을 향하여 이르기를 "네 하나님이 통치하신다" 하는 자의 산을 넘는 발이 어찌 그리 아름다운가.

> 「솔로몬의 시편」 11.1 — 시온의 소리 성소의 나팔소리 신호가 이르기를 "예루살렘에서 복된 소식을 가져오는(*euangelizomenou*) 자의 목소리를 공포하라."

쿰란의 멜기세덱 문서(11QMelch 2.15-24)는 이사야 52:7을 쿰란 종파의 정황에 적용하면서 명쾌하게 해석한다. 이사야 61:1에 대한 쿰란 두루마리들의 다양한 암시 중 앞서 언급한 멜기세덱(11QMelch) 단락도 이사야 61:1-3을 인용하면서 "그 사자"(the messenger)를 성령으로 "기름 부음 받은" 자로 묘사한다(사 61:1). 이와 유사하게 마태복음 11:5/누가복음 7:22과 뚜렷하게 병행하는 4Q521은 가난한 자에게 기쁜 소식을 선포할 하나님의 메시아를 기대하면서 이사야 61:1을 사용한다.

> [1]…[하]늘과 땅이 그의 메시아에게 귀 기울일 것이다.…[5]주께서 경건한 자들(*hasidim*)을 돌아보시고 의로운 자들의 이름을 부르실 것이며, [6]가난한 자들 위에 그의 영이 머무를 것이라. 또한 그는 믿은 자들을 그의 능력으

로 새롭게 하실 것이다. [7]그는 경건한 자들을 영원한 나라의 보좌 위로 영광스럽게 하실 것이다. [8]잡힌 자들을 해방하시는 그는 눈먼 자들을 다시 보게 하시고, 굽[은]⋯곧게 하신다 .⋯[11]그리고 주는 전에 [ ]으로서 없었던 영광스러운 일들을 성취하실 것이다. [12]그는 상처 입은 자들을 치유하시고, 죽은 자들을 살리시고 가난한 자들에게 기쁜 소식을 선포하실 것이[기 때문이다].

그렇다면 이와 유사하게 이사야 61:1-2("가난한 자에게 복음을 선포함"[euangelisasthai])에서 예수의 사역에 대한 전조를 봄으로써 그를 기억하는 것은 놀랍지 않다. 이것은 누가와 마태가 공유하는 두 개의 단락(Q 단락)에서 암시되며,[5] 누가복음 4:17-21에서 분명하게 나타난다. 바울이 복음을 선포하는 사명에 대한 자신의 이해를 설명하는 본문(롬 10:15)에서 명시적으로 이사야 52:7을 인용한 것은 뜻밖의 일이 아니다.[6] 그러나 복음을 선포할 자에 대한 이사야의 진술이 그렇게 많이 반영되었다는 점은 바울이 자신의 메시지를 특징짓기 위해 의도적으로 유앙겔리온이라는 용어를 사용했을 가능성을 높인다. 또한 이것은 바울이 가난한 자들에게 복음을 선포할(euangelizomenos) 자에 대한 이사야의 소망이 **예수에게서 이미 실현되었다**고 믿었기 때문에 유앙겔리온을 사용했을 가능성을 매우 증가시킨다. 이사야가 말한 소망의 실현은 바로 예수 자신이 주장한 것으로 기억되었던 것이다.

이것은 다음 사실을 부정하지 않는다. 즉 바울은 로마 황제의 복음

---

5   눅 6:20/마 5:3; 마 11:5/눅 7:22.

6   다음의 내 연구도 참고하라. *The Theology of Paul the Apostle* (Grand Rapids: Eerdmans; Edinburgh: T. & T. Clark, 1998), 164-69.

과는 매우 다른 "복음"을 제공하고 있다는 점을 바울과 그의 청중이 잘 알고 있었다는 사실이다. 그러나 우리에게는 방금 살펴본 증거로부터 도출해야 하는 더욱 중요한 추론이 있다. 그것은 "복음"(euangelion)이라는 용어를 기독교 어휘에 도입한 사람이 바로 **바울 자신**이었으며, 그는 이사야와 예수 전승 모두를 통해 자신에게 익숙한 동사의 명사형을 사용함으로써 그렇게 했다는 점이다.

바울은 "복음"이라는 용어를 어떻게 사용하는가? 바울에게 복음은 무엇이었나? 실제로 바울 자신은 "복음"에 대해 말하면서 대개 그 내용을 특정하지 않는다. 그것은 "하나님의 복음"이며[7] 더욱 흔하게는 "그리스도의 복음"이다.[8] 후자는 아마도 "그리스도에 대한 복음"을 의미할 것이다. 이 복음은 그리스도가 다윗의 후손(롬 1:1-3; 딤후 2:8)이라는 점과 특별히 그리스도의 죽음과 부활을 포함한다.[9] 바울은 특히 갈라디아서에서 자신의 복음을 이방인을 위한 것으로도 강하게 옹호한다.[10] 이것은 바울이 "복음"이라는 용어를 구원을 위한 예수의 결정적인 행동, 특히 그의 죽음과 부활에 한정하여 사용한다는 점을 암시하는가? 이는 19세기 말에 매우 선호되는 결론이었다. 즉 이 결론은 바울이 예수**의** 메시지를 예수에 **관한** 메시지로 바꾸었고, 그 결과 하나님 나라에 관한 예수의 선포가 지니는 기쁜 소식들은 죄로부터의 구속에 대한 메시지로 변형되었다는 것이었다.

---

7   롬 1:1; 15:16; 고후 11:7; 살전 2:2, 8, 9; 벧전 4:17.

8   롬 1:9; 15:19; 고전 9:12; 고후 2:12; 9:13; 10:14; 갈 1:7; 빌 1:27; 살전 3:2; 살후 1:8.

9   롬 1:4; 고전 1:23; 15:1-5; 갈 3:1. 내가 의미하는 "부활"은 하나님이 예수를 죽은 자들 가운데서 일으키셨다는 초기 기독교의 믿음이다.

10   갈 1:6, 7, 11; 2:2, 5, 7, 14; 롬 1:16; 15:16; 엡 3:6.

따라서 이와 관련하여 매우 흥미로운 쟁점이 우리에게 떠오른다. 어떻게 "복음"이라는 단어가 예수의 죽음과 부활에 대한 바울의 초점 으로부터 예수의 사역에 관한 전기적 서술로 이동했는가? 어느 지점 에서 예수 전승 자체가 "복음"으로 여겨지기 시작했는가? 실제로 우리 는 다음과 같이 질문할 수 있다. 언제 **예수 전승**은 "복음"이 되었는가? 이 쟁점이 제기된 이유는, 우리가 이해하듯이, 유앙겔리온이라는 명사 를 예수 전승에 도입한 사람이 바로 마가로 보이기 때문이다. 마가복음 13:10과 14:9의 가능성 있는 예를 제외하면, 예수 자신이 복음과 같은 뜻을 가진 아람어를 사용했다는 증거는 어디에도 없다. 유앙겔리온이라 는 단어는 예수 전승 내부의 Q 자료에서는 발견되지 않는다.

그러나 비록 바울이 자신의 복음을 예수의 죽음과 부활에 대한 기 쁜 소식에 집중시켰다고 하더라도, 그것이 우리를 오도하여 바울이 "그 리스도에 관한 복음"에서 예수의 생애와 사역에 관한 전승을 **배제했다** 고 생각하도록 해서는 안 된다.

- 바울이 유앙겔리온을 사용했다는 사실은 예수가 자신의 사역 을 스스로 가리키면서 이사야 61:1-2을 사용했다는 사실을 바 울이 알았음을 암시해준다. 바울이 예수의 사역에 대한 전승을 자신이 선포한 복음에서 배제했을 가능성은 거의 없다.
- 예수에 관한 복음은 내러티브, 곧 예수가 누구였는가를 설명하 며 그리고 적어도 예수가 자신의 사역 동안 말하고 행했던 것 의 성격을 얼마간 기술하는 내러티브를 틀림없이 포함했을 것 이다. 수많은 이방인을 개종시킨 복음은 단순히 신원 미상의 누 군가가 죽었고 죽은 자들로부터 부활했다는 것이 될 수 없었

을 것이다. 반대로 새롭게 바울의 복음을 믿은 사람들은 "그리스도의 이름으로" 세례 받은(고전 1:12-15) "그리스도인"으로 불리기 시작했기 때문에(행 11:26), 그것은 필연적으로 새로운 신자들로 하여금 이 "그리스도"에 대해 더욱 질문하도록 했을 것이다. 따라서 그들은 왜 자신의 삶을 바꾸었으며, 이제 왜 이 "그리스도"를 자신의 삶을 위한 기초로 삼았는가에 답할 수 있었을 것이다.

■ 바울은 자신이 세운 교회들에 상당량의 예수 전승을 전했음이 틀림없다. 그는 여러 경우를 통해 자신이 설립한 새로운 교회들에 전한 전승을 언급하는데,[11] 그것은 주로 윤리적 전승이었으며 아마도 예수 자신의 가르침으로 기억되는 것의 많은 부분을 포함했을 것이다.[12] 분명히 바울의 권고들에서 발견되는 예수 전승에 관한 암시들은 예수의 가르침에 대한 지식의 망을 전제한다.[13] 그런 암시들을 통해 바울은 틀림없이 자신의 청중 중 대부분 또는 많은 사람을 위한 반향을 일으켰다.[14]

■ 다른 무엇보다 예수 전승의 다양한 궤적이 초기 교회들 사이에서 틀림없이 알려졌을 것이다. 이미 언급한 대로 우리는 Q라고 알려진 전승이나 마가가 사용한 전승들이 사십 년 동안 수면 아래에 있었다거나, 아니면 오직 소수의 최초 제자들(사도들)에게

---

11 고전 11:2; 살후 2:15; 3:6.
12 다음 구절에서 명백하게 나타난다. 고전 7:10―마 5:32; 고전 9:14―눅 10:7.
13 예. 롬 12:14; 13:9; 16:19; 고전 9:4; 13:2; 갈 5:14; 빌 4:6; 살전 5:2, 13, 15.
14 예. 롬 6:17; 15:3; 골 2:6; 갈 6:2. 더 많은 예를 위해서는 내가 쓴 *Christianity in the Making*, vol. 1, *Jesus Remembered* (Grand Rapids: Eerdmans, 2003), 181-84을 보라.

만 기억되고 간직되었다고 가정하기 어렵다. Q를 구성하는 다양한 그룹의 가르침에 대한 자료들은 필시 많은 교회를 위한 레퍼토리를 포함하거나 형성했을 것이다.[15] 그리고 마가는 예수에 관한 이야기나 예수가 전한 가르침의 뭉치들을 의지할 수 있었던 것으로 보인다.[16] 이 자료들이 바울이나 다른 이들이 선포한 복음과 분명하게 달랐을 가능성은 낮다. 달랐다는 주장은 침묵으로부터의 주장이며 기본적인 역사적 개연성들을 무시하는 것이다.

■ 기억해야 할 것은 예수에 관한 아주 이른 시기의 기억들이 내러티브 구조의 요소를 포함했던 것으로 보인다는 점이다. 이 내러티브는 세례 요한으로부터 시작하여 예수의 사역과 메시지를 흡수했으며 예수의 죽음과 부활에서 절정에 이른다. 이 모든 내러티브는 사도행전 10:36-40에서 "예수 그리스도로 말미암아 화평의 복음을 전하사(*euangelizomenos*) 이스라엘 자손들에게 보내신 말씀(*logos*)"(10:36)으로 요약되는 듯하다.[17] 이런 용례는 바울에게 낯설지 않았을 것이다. 오히려 바울이 기독교의 메시지

---

15 예를 들어 다음의 내 연구도 보라. "Q¹ as Oral Tradition," in M. Bockmuehl and D. A. Hagner, eds., *The Written Gospel*, G. N. Stanton FS (Cambridge: Cambridge University Press, 2005), 45-69.

16 막 1:21-38(예수 사역의 24시간); 2:1-3:6(갈릴리에서의 예수의 논쟁); 4:2-33(예수의 비유들); 4:35-5:43; 6:32-52(호숫가에서의 예수의 기적들); 10:2-31(결혼, 아이들 그리고 제자도); 12:13-37(예루살렘에서의 예수의 논쟁); 13:1-32(소묵시); 14:1-15(수난 내러티브). 막 2:1-3:6은 열두 제자 중 한 명이나 다른 초기 제자 하나가 예수를 죽이려는 음모에서 절정에 이르는(3:6) 극적인 전개를 형성하기 위해 어떻게 (다섯 개의) **논쟁 이야기**를 하나로 묶었는지를 잘 보여준다.

17 다음의 내 연구도 보라. *Christianity in the Making*, vol. 2, *Beginning from Jerusalem* (Grand Rapids: Eerdmans, 2009), #21.3c.

를 "복음"으로서 공식화한 것은 아직 예수 전승이 주로 구전의 형태를 띠었을 시기에 생겨났다. 사도행전 10장의 전승도 구두 전승의 시기를 상기시킨다. 따라서 우리는 다음과 같이 추론할 수 있다. 즉 **"복음"으로 예수 전승을 구체화하는 것**, 그리고 마가가 제공한(또는 통합 정리한) 형태를 따라 구체화하는 것은 **예수 전승이 아직 구전의 형태로 회자되었을 시기에 이미 진행되고 있었다.** 우리는 오해를 불러일으키고 입증되지 않은 다음과 같은 인상을 분명히 피해야 한다. 즉 예수 전승이 구전 단계에서 단편적인 경구나 교훈들 또는 예수에 관한 이야기들로 구성된 작은 모음의 형태로만 존재했다는 인상이다.[18] 물론 그리스도인 교사들은 그들의 교육 목적을 따라 자신들의 자료를 다양하게 조합했다. 이런 경우에 아주 초기의 전달자들은 "복음서의 윤곽"을 전체적으로 고려하면서 정기적으로 예수 전승을 다시 말했을 것이다. 그리고 아마도 그들은 종종 복음에 대한 소규모 발표들(mini-Gospel presentations)을 수행했을 것이다. 이는 사도행전 10장의 전승과 수난 내러티브뿐만 아니라, 아마도 마가복음 2:1-3:6과 같은 마가 이전의 자료 모음에서도 분명하다.[19]

---

18 이는 예수 세미나가 범한 주요 실수 중 하나다. 내 *Jesus Remembered*, 245-48을 보라.

19 C. H. Dodd, *Historical Tradition in the Fourth Gospel* (Cambridge: Cambridge University Press, 1963). Dodd는 요한복음의 과도기적인 단락들과 지형학적 통지들이 "예수 사역의 여러 시기를 요약하는 과도기적 정보로서 그들이 머물렀던 장소들에 대한 표시를 동반하는 정보"(243)였다고 진술했다.

요약하면 다음과 같이 보는 것이 가장 개연성 있는 것 같다. 즉 만약 일련의 예수 전승이 바울이 자신의 회심자들에게 전한 메시지의 일부, 곧 바울의 교회들을 그 위에 세우기 위한 토대의 일부였다면, 바울과 그의 회심자들은 그 자료를 복음에 필수적인 것이 아니라 해도 적어도 복음을 보완하는 것으로 여겼으리라고 추론하는 것이 가장 자연스럽다.[20] 우리는 사용된 용어에 대해 논쟁할 필요가 없다. 하지만 바울은 필시 예수에 대한 정보 및 예수가 말한 가르침의 전수를 "복음으로 낳은"(고전 4:15) 많은 새로운 자녀들의 아버지가 되는 과정에 필수적이라고 생각했을 것이다.

따라서 바울이 자신의 메시지를 "복음"으로 요약하면서 행한 일과 그가 행사한 영향력의 요점은 그가 예수의 사역과 가르침에 관한 전승들을 복음으로부터 배제했다는 사실이 아니다. 오히려 바울이 복음이라는 용어를 사용한다는 사실의 요점은 그가 예수의 사역에 관한 복음의 결정적인 중요성을 예수의 죽음과 부활에 집중시켰다는 점이다. 예수의 사역에 관한 서술에 "복음"(Gospel)이라는 제목을 붙임으로써 다음의 논리적 걸음을 내딛은 것은 마가의 복음서였다. 즉 예수의 죽음과 부활에서 정점에 이르는 서술로서의 "복음"(Gospel)이었다.

---

20 "우리는 심지어 마가복음의 저술 이전에 아마도 많은 수의 공동체에서 예수에 대한 내러티브와 선포 그리고 유앙겔리온이라는 용어 사이에 기독론적인 연관성이 이미 형성되었음을 가정해야 할 것이다"(M. Hengel, *Studies in the Gospel of Mark* [London: SCM, 1985], 54). Hengel은 베드로와의 특정한 연관성, 곧 마가의 유앙겔리온 용례에 대한 정보를 제공하는 연관성을 찾으려고 시도했다(54-56).

마가복음

나는 마가복음이 문서화된 최초의 정경 복음서라고 동의하는 신약학계와 초기 기독교 학계의 폭넓은 합의를 이미 언급했다. 그들은 마가복음이 60년대 말이나 70년대 초에 쓰였을 것이라는 데 상당한 합의를 보았다. 마가복음은 아마도 로마, 아니면 더욱 가능성 높은 것으로서 시리아에서 작성되었을 것이다. 어디서 작성되었든지 마가복음은 기원후 70년에 예루살렘 성전의 멸망으로 이어지는 첫 번째 유대 항쟁의 위기를 얼마간 반영한다. 첫 기독교 복음서인 마가복음의 세 가지 특징은 우리의 즉각적인 주목을 요청한다.

유앙겔리온에 대한 마가의 용례

마가가 유앙겔리온이라는 용어를 예수 전승에 도입한 것으로 보인다는 점은 즉각적인 흥미를 유발한다. 마가는 이 단어를 일곱 번 사용한다.[21] 이와 대조하여 마태는 단지 네 번만 사용하고[22] 누가와 요한은 전혀 사용하지 않는다.[23] 주목할 만한 것은 마가의 용례가 일관되게 마가 자신의 것으로 보인다는 점이다. 곧 마가 자신이 복음서 내러티브에서 사용했거나(1:1, 14) 그에게 전해진 예수 전승에 덧붙였다.

---

21 막 1:1, 14, 15; 8:35; 10:29; 13:10; 14:9; 16:15.
22 마 4:23; 9:35; 24:14; 26:13
23 누가는 동사 *euangelizesthai*를 꽤 자주(10회) 사용하지만, 요한은 동사나 명사형 모두 사용하지 않는다.

- 오직 마가만이 예수의 가르침을 "회개하고 **복음을 믿으라**" 는 촉구로 요약한다(막 1:15). 반면 마태복음 4:17은 단지 "회개 하라"는 촉구만을 기록한다. 이와 유사하게 하나님 나라가 가 까웠다는 동일한 메시지를 선포하는 제자들의 사역은 단지 회 개를 촉구하는 것이다(눅 10:1-16).
- 세 공관복음서가 공유하는 표현 "나를 위하여 자신의 목숨을 잃는 자는 구원하리라"에 오직 마가만이 "복음"을 삽입하여 "나**와 복음을** 위하여 자신의 목숨을 잃는 자는 구원하리라"고 기록한다(막 8:35과 병행구).
- 이와 유사하게 "나를 위하여" 집과 가족을 떠난 자들에게 주어 진 약속—그들이 백배로 받을 것이라는—에서 오직 마가만이 "**그리고 복음을 위하여**"를 덧붙인다(막 10:29과 병행구).

이런 예들을 보면 마태와 누가가 마가를 인용하면서 다른 부분은 마가의 것과 밀접하게 하고 "복음"이라는 마가의 언급은 생략했음이 분 명하다. 이 사실은 아마도 마태와 누가가 "복음"에 대한 언급들이 전승 에 덧붙여졌다는 것, 곧 그런 언급들이 전승에 대한 마가의 판본이 지닌 특성이었음을 알았다는 가설로 가장 잘 설명될 수 있을 것이다.[24]

마태는 단지 두 가지 경우에서만 예수 자신이 "복음"이라는 단 어를 사용한 것으로 보도하면서 마가를 따른다. 하나는 마가복음 13:10("복음이 먼저 만국에 전파되어야 할 것이니라")인데, 마태는 자신의 복

---

24 다음의 내 연구도 보라. "Matthew's Awareness of Markan Redaction," in F. Van Segbroeck, ed., *The Four Gospels: Festschrift for Frans Neirynck* (Leuven: Leuven University Press, 1992), 1349-59.

음서 24:14에서 이 구절을 따른다. 그러나 이 구절은, 이미 진행된 더 광범위한 이방 선교를 감안하면, "소묵시"(막 13장)에 더해진 마가의 해석이라는 점이 일반적인 동의를 얻는다.[25] 두 번째는 마가복음 14장에서 예수에게 기름 부은 여인에 대한 이야기다. 마가와 마태는 모두 예수가 "내가 진실로 너희에게 이르노니 온 천하에 어디서든지 복음이 전파되는 곳에는 이 여자가 행한 일도 말하여 그를 기억하리라"라고 말한 것으로 보도한다(막 14:9/마 26:13). 그러나 마가가 "복음"이라는 단어를 선호한다는 점을 고려하면, 위의 용례는 마가 자신의 것이라고 보는 것이 설득력 있다. 이 경우에 우리는 마가에게 전해진 전승에 대한 마가 자신의 표현을 그려볼 수 있다. 마가가 받은 전승은 마가 시대에 이미 분명했던 복음의 좀 더 일반적인 성격을 반영한다. 그리고 마태는 이번에 단순히 그의 전례인 마가를 따랐다.[26]

마가복음 13:10과 14:9의 모호성에도 불구하고 유앙겔리온이 마가가 몇몇 지점에서 예수 전승에 도입한 그의 용어라는 점은 명확하다.[27] 물론 마가는 그렇게 함으로써 특히 마가복음 14:9에서 다음의 사실을 보여준다. 즉 예수 전승이 알려지고 간직되었던 그룹들에서 **예수에 관한 이야기들과 그의 가르침에 대한 서술들은 "복음"의 일부분으로 간주되었다.**

---

25 *Jesus Remembered*, 435-36도 보라.

26 M. Casey, *Aramaic Sources of Mark's Gospel* (SNTSMS 102; Cambridge: Cambridge University Press, 1998). Casey는 막 13:10과 14:9을 아람어로 다시 복귀시키려고 노력하지 않는다.

27 이것은 마가복음에 대한 초기 편집비평 연구의 주요 결론 중 하나였다. W. Marxsen, *Mark the Evangelist* (ET Nashville: Abingdon, 1969), 117-50.

복음서로서의 유앙겔리온

우리가 주목해야 할 두 번째 사항은 마가가 "예수 그리스도의 복음의 시작이라"(*archē tou euangeliou Iēsou Christou*)는 말로 자신의 복음서를 시작한다는 사실이다(막 1:1). 여기서 이런 시작이 함의하는 바는 분명하다. 즉 십자가에 대한 선포뿐만 아니라 예수의 사역에 대한 서술과 그의 가르침에 관한 기록을 지칭하기 위해 유앙겔리온이라는 단어를 사용하는 것은 마가에게 매우 적절했다는 점이다. 예수 전승에 대한 기억은, 바울이 선포했듯이, 단지 복음을 보완하는 것이 아니다. 여기서는 예수 전승 자체가 유앙겔리온이다.

그러나 마가복음 1:1의 중요성은 이보다 한층 깊다. 유앙겔리온의 이런 용례에서 우리는 아마도 예수 전승으로서의 "복음"(gospel)—예수의 삶과 사역에 대한 자세한 서술—으로부터 "복음서"(Gospel)—"예수의 생애와 사역을 다루는 책"—로의 전환을 목격한다.[28] 여기서 유앙겔리온은 메시지의 "내용"에서 그 메시지를 전달하는 "책"으로 이동했다. 예수 전승이 더 이상 복음을 보완하는 것이 아닌 복음 자체로 받아들여지면서, 예수 전승을 담고 있는 문서는 더 이상 단순히 "복음"을 담고 있는 그릇이 아닌 복음서(Gospel)로 여겨졌다. 실제로 마가는 거의 의식적이고 의도적으로 고대 세계의 문학에 새로운 장르를 도입했다. 그것

---

28   BAGD, 403. 다음의 연구들을 보라. L. E. Keck, "The Introduction to Mark's Gospel," *NTS* 12 (1966): 352-70 (358-60). 특히 R. Guelich, "The Gospel Genre," in P. Stuhlmacher, ed., *Das Evangelium und die Evangelien* (WUNT 28; Tübingen: Mohr Siebeck, 1983), 183-219 (위의 내용은 204-16). 다음도 보라. R. A. Burridge, *What Are the Gospels? A Comparison with Graeco-Roman Biography* (Grand Rapids: Eerdmans, ²2004), 186-89.

은 더 이상 단지 위대한 인물의 전기(*bios*)가 아니라 **복음서**(Gospel)였다. 이는 구원을 가능하게 한 특정 인물의 사역에 관한 서술이며 구원의 수단이 되는 책이었다. 의식적이든 아니든 간에 "복음"(gospel)에서 "복음서"(Gospel)로의 전환을 만든 것은 마가였다.[29]

    이런 발전을 구전 형태의 복음 전승으로부터의 근본적 이탈로 보아서는 안 된다. 앞서 말한 대로 켈버가 구전 복음을 새롭게 주목하면서 그런 명제를 주장했다.[30] 이 명제는 적절하지 않았다. 왜냐하면 그것은 예수 전승의 구전 단계와 구전이라는 특성에 관해 켈버가 말하고 있었던 것의 중요성을 모호하게 했기 때문이다. 그러나 구전과 문서 사이에 그와 같은 예리한 변화를 강요할 아무런 이유가 없다. 오히려 마가의 복음서를 구전 단계의 자연스러운 발전으로 여기는 데에는 그럴 만한 충분한 이유가 있다. 마가복음은 개인이 혼자서 읽기 위해 쓰인 것이 아니라 큰 목소리로 읽히는 것을 청중이 듣도록 기록된 것이다.[31] 마가복음은 전승의 구두 연행에 사용되는 것과 동일한 요령들과 기법들을 사

---

29 Hengel, *Studies*, 82-83. "네 개의 저작을 '복음서'로 지칭하는 관습이 궁극적으로 마가에게서 비롯되었다는 것은 설득력 있다"(A. Y. Collins, *Mark* [Hermeneia; Minneapolis: Fortress, 2007], 3).

30 Kelber, *The Oral and the Written Gospel* (Philadelphia: Fortress, 1983). 예를 들어 "복음서는 구전 통합의 붕괴를 알린다"(92). 그것은 "구전의 과정과 권위들에 대한 공격", "구전 장치들로부터의 소외", "구전의 정체성으로부터의 해방"을 야기했다. 마가는 "구전의 전형들을 거절한다"(98).

31 Hengel이 같은 해에 지적한 것과 같다. *Studies*, 52. "두 번째 복음서는 아마도 살아 있는 구전 가르침으로부터 발전했고 예배에서 엄숙하게 읽기 위해 작성되었을 것이다. 종종 운율의 형태를 지닌 짧은 간격의 콜론들은 공동체의 집회에서 구두로 암송되었음을 가리킨다. 이 복음서는 청중이 귀 기울여 듣기 위해 작성되었다.…"(52). 그러나 Hengel 역시 "복음서 작성의 혁명적인 혁신"에 대해 말했다(52).

용한다.[32] 그것은 사실 예수 전승을 입으로 암송한 것의 문서화된 판본이었다. 이 사실의 중요한 귀결점을 놓치지 말아야 한다. 즉 한 세대의 전체 학자들이 (문학적) 편집이라고 간주한 것은 사실 구전으로 가르치는 교사 각자가 특정한 청중의 정황과 관련시키기 위해 가르치던 전승을 변형한 것에 지나지 않는다. 물론 마가의 복음서에서 변형과 적용은 실제로 전승의 온전한 연행을 통해 틀림없이 더욱 견지되었다. 그러나 적어도 한 가지 중요한 점은 앞선 시기의 전승에 대한 어떤 편집적 수용도 구전에서 문서로의 근본적인 전환의 일부가 아니라, 예수 전승이 기념되고 해설되는 오랜 경험을 통해 대부분의 회중에게 친숙해진 어떤 것이었음을 인식하는 것이다.

확장된 도입부를 가진 수난 내러티브

마르틴 켈러(Martin Kähler)는 유명한 주해에서 복음서들을 "확장된 도입부를 가진 수난 내러티브들"이라고 묘사했다.[33] 이는 마가복음, 최초의 문서화된 복음서에 딱 들어맞는 묘사였다.

- 기본적인 사실은 예수의 생애에서 마지막 주간과 그의 빈 무덤

---

32 특히 다음을 보라. J. Dewey, "Oral Methods of Structuring Narrative in Mark," *Interpretation* 43 (1989): 32-44. 다음도 보라. "The Gospel of Mark as an Oral-Aural Event: Implications for Interpretation," in E. S. Malbon and E. V. McKnight, eds., *The New Literary Criticism and the New Testament* (JSNTS 109; Sheffield: Sheffield Academic, 1994), 145-63.

33 M. Kähler, *The So-Called Historical Jesus and the Historic Biblical Christ* (1896; Philadelphia: Fortress, 1964), 80 n. 11.

의 발견을 다루는 수난 내러티브(막 11:1-16:8)가 마가복음의 삼분의 일 이상을 차지한다는 점이다.

■ 마가복음은 가이사랴 빌립보에서 예수를 메시아로 고백한 베드로의 고백이(8:27-30) 이 복음서의 중심점이자 전환점이 되도록 구성되었다. 그것은 복음서의 지리적이며 극적인 전환점이다. 지리적으로 가이사랴 빌립보는 갈릴리에서 예수가 활동한 가장 북쪽 지점이며, 예수는 극적으로 베드로의 고백 이후 예루살렘과 그곳에서 맞을 자신의 운명을 향해 나아간다.

■ 중요한 점은 자신의 고난이 불가피하다고 말하는 예수의 가르침 중 첫 번째 가르침을 통해 드러난다. 그것은 수난 예고로, 이어지는 장들에서 두 번 더 단호하게 반복된다(9:31; 10:33-34).

■ 마가의 전략이 지닌 요지는 그의 복음서 초반부터 계속 제시되는 예수의 죽음에 대한 암시들과 전조들을 볼 때 분명하다.

　– 예수는 그의 사역을 결혼 피로연의 신랑에 견주면서 그때 금식은 적절하지 않다고 말한다. 그러나 그는 다음과 같이 덧붙인다. "신랑을 빼앗길 날이 이르리니 그날에는 금식할 것이니라"(2:20).

　– 마가는 일련의 갈등 이야기(2:1-3:5)를 다음과 같이 결론짓는다. "바리새인들이 나가서 곧 헤롯당과 함께 어떻게 하여 예수를 죽일까 의논하니라"(3:6). 예수를 죽이기로 한 결정은 마가의 내러티브에서 놀랍도록 일찍 등장한다.

　– 예수의 선임자인 세례 요한의 처형을 요약한 서술은 의외로 길며 전조로서 기능한다(6:17-29).

　– 수난 내러티브를 준비하는 부분에서 우리는 예수가 (고난의)

잔을 마셔야 하고 죽음의 세례(익사의 이미지)를 받아야 한다
고 말하는 것에도 주목해야 한다(10:38-39).

– 포도원 비유는 소작인들이 농장 주인의 후계자인 아들을 죽
이는 부분(12:1-9)에서 절정에 이르며, 버려진 돌 증언이 덧
붙여진다(12:10-11; 시 118:22-23). 이 증언은 아마도 마가보다
앞선 시기에 추가된 내용일 것이다.[34] 이 비유가 예수에 대한
더욱 맹렬한 반대를 야기했다는 결론 역시 그 시기에 추가되
었을 것이다(막 12:12).

– 예수의 추종자들에게 있을 고난, 핍박 그리고 죽음에 대한
불길한 예언들(13:9-13)은 예수 자신이 당할 거부의 결과로
일어날 운명을 암시한다.

– 베다니에서 한 여인이 "장례를 미리 준비하기 위해"(14:8) 예
수의 몸에 기름을 부은 사건에도 주목하라. 또한 자신이 배
신당할 것이라는 예수의 예고(14:18-20)와 깨어진 몸과 흘린
피를 예시하는 주의 만찬 제정(14:22-24)도 주목하라.

– 감람산에서 예수는 이제 곧 목자를 칠 것이라고 경고한다
(14:27). 겟세마네에서는 고통스러운 죽음에 대한 예견으로
인한 비통함이 건조한 언어로 간결하게 묘사된다(14:33-36).

예수의 생애에 관한 자신의 서술을 "복음"(Gospel)이라고 부르면서
마가는 예수에 관한 메시지가 왜 "복음"(gospel)으로 간주되었는지에 대
한 바울의 이해에 머무르지 않았다. 오히려 마가는 예수의 사역에 관한

---

34 Dunn, *Jesus Remembered*, #23, n. 97.

자신의 서술이 수난 내러티브에서 절정에 이르도록 함으로써 바울의 주안점을 강화했다. 예수에 관한 기쁜 소식은 일차적으로 그의 죽음과 부활에 관한 기쁜 소식이었다. 예수에 관한 메시지가 기쁜 소식인 것은 단순히 그의 가르침 때문이거나 그가 훌륭한 치유자요 기적을 행하는 자였기 때문이 아니라, 그의 죽음과 부활이 죄의 용서와 죽음으로부터의 생명을 가져왔기 때문이었다.

그러나 이와 동시에 단지 예수의 죽음과 부활만이 아닌 **예수의 사역 전체**에 관한 서술을 **복음**(Gospel)이라고 명명함으로써 마가는 이 두 가지가 나뉠 수 없다는 점을 명확히 했다. 예수의 사역이 지닌 요점은 그의 죽음과 부활을 제외하고 이해될 수 없었다. 그러나 예수의 죽음과 부활이 지니는 의의도 그의 사역 전체의 맥락을 고려하지 않고는 온전히 이해될 수 없었다. 죽음과 부활을 떼어놓고 예수의 사역을 소중히 간직하는 것은 예수의 사역을 오용하는 것이다. 하지만 예수의 죽음과 부활에 관한 기록을 그의 전체 사역으로부터 분리하여 간직하는 것도 동일하게 그것을 잘못 이해하는 것이다. 예수의 수난에 관한 복음이 중요하지만, 그것은 하나님 나라라는 메시지를 선포하고 실행한 갈릴리 사람 예수의 사역에 관한 복음의 유일한 부분은 아니었다.

복음을 다시 말하면서 마가가 특별히 강조하는 것들

마가는 수난에서 절정에 이르는 복음서 안에서 몇 가지 독특한 요점을 제시한다. 마가에게 예수는 구체적으로 "하나님의 아들"이다.

- 이것은 예수가 요한에게 세례 받을 때 들었던 말이다. "너는 내

사랑하는 아들이라. 내가 너를 기뻐하노라"(막 1:11).

- 더러운 귀신들도 예수를 이렇게 일컬었다. "당신은 하나님의 아들입니다"(3:11). 거라사의 귀신 들린 사람도 "지극히 높으신 하나님의 아들 예수"(5:7)라고 말했다.

- 변화산에서 하늘로부터 들린 목소리가 "이는 내 사랑하는 아들이니, 너희는 저의 말을 들으라"(9:7)고 말했다. 이는 신명기 18:15의 모세와 같은 예언자에 대한 약속의 반향이다.

- 악한 농부의 비유에서 포도원 주인은 마침내 자신의 "사랑하는 아들"을 보낸다(막 12:6).

- 공회에서 열린 심문에서 예수의 운명은 대제사장의 질문 "네가 찬송 받을 자의 아들 메시아인가?"(14:61-62)에 대한 그의 답변으로 결정된다.

- 가장 인상적인 것은 마가의 복음서가 로마 백부장의 고백에서 절정에 이른다는 점이다. 그는 십자가에 달린 예수가 마지막 숨을 거두는 것을 보고 "이 사람은 진실로 하나님의 아들이었도다"(15:39)라고 말한다.

우리는 지체 없이 마가가 "예수 그리스도의 복음"(1:1)을 자신의 복음서 전체를 위한 표제로 삼았다고 덧붙여 말해야 한다. 그리고 마가는 "하나님의 아들 예수 그리스도의"를 추가했을 수 있다. 마지막 어구("하나님의 아들")는 아주 이른 시기의 마가복음 사본들에서는 발견되지 않는다. 따라서 그것은 필시 후대 필사가의 추가일 것이다.[35] 그러나 만

---

35 예. Collins, *Mark*, 130을 보라.

약 그렇다면 필사가들은 "하나님의 아들"인 예수라는 주제가 마가복음에 얼마나 중요한가를 알았음이 틀림없다. 다시 말해 그 어구를 추가한 사람들은 마가복음을 주의 깊게 읽는 사람들에게 이미 명확했던 내용을 단지 더욱 분명하게 명시적으로 드러냈을 것이다.

또다시 중요한 사항은 다음과 같다. 즉 마가에게 예수는 왕이나 훌륭한 철학자를 하나님의 아들이라고 부르는 것과 같은 의미에서 하나님의 아들로 이해될 수 없었다. 예수의 아들 신분(sonship)은 하늘에 의해 특별한 아들로 증언되는데, 곧 "내 사랑하는 아들"이다. 하나님의 아들이라는 예수의 신분은 하니나 벤 도사(Hanina ben Dosa)나 원을 그리는 자 호니(Honi the Circle-Drawer)처럼 특별한 기도의 효과를 나타내는 사람들의 아들 신분과 같은 의미로 이해될 수도 없다. 마가에게 예수의 아들 신분은 죽음을 선고받은 신분이다. 마가에게 최대의 역설은 예수를 하나님의 아들로 고백하는 유일한 사람이 바로 로마의 백부장이라는 점이다. 그리고 그가 하나님의 아들이라고 고백한 그 사람은 이제 막 십자가에서 죽었다(15:39).

이것은 마가복음의 또 다른 측면을 현저하게 만든다. 즉 매우 효과적인 예수의 치유와 기적 수행에 대한 기사가 마가복음의 전반부를 주로 지배하고 있다는 사실이다. 우리는 오직 마가복음의 후반부에서만 예수의 예상된 고난에 관해 반복해서 듣는데, 이것은 예수의 수난에 대한 기사에서 절정에 이른다. 이 점은 20세기 중반에 몇몇 학자가 다음과 같이 주장하도록 고무했다. 그들은 마가가 예수에 대해 한쪽으로 치우치고 오해를 일으키는 묘사, 곧 종종 "신적 인간"(*theios anēr*) 그리스도로 표현되는 것으로서 예수를 단순히 신적인 권위로 말하고 신기한 기적을 일으키는 자로 이해하는 것을 교정하기 위해 복음서를 구성했다고 주장했다.[36] 마가는 베드로가 예수를 메시아로 고백했다고 기술할 때 예수가 자신의 임박한 고난에 대해 말했다고 즉시 덧붙인다(8:29-31). 그리고 베드로가 이의를 제기했을 때 예수는 베드로가 심지어 사탄의 대변자라고 공공연히 비난한다(8:32-33). 다시 말해 이것이 함의하는 바는 다음과 같다. 즉 베드로는 대중적인 희망에 따라 예수를 로마의 지배로부터 이스라엘을 곧 해방시킬(*Pss. Sol.* 17.21-24에서처럼) 승리주의자 메시아로 고백했다는 것이다. 이런 논제에 따르면 예수를 고난받고 거절당해야 하는 인자로서 강조하는 것은 예수가 행한 기적들과 그가 가르치면서 보여준 권위에 기초하여 여전히 유포되고 있었던 예수에 대한 견해를 교정하는 기능을 한다.

나는 이런 주장이 별로 납득이 가지 않는다. 그러나 우리가 말할 수 있는 것은 다음과 같다. 즉 가이사랴 빌립보에서 베드로의 고백에 대한 예수의 반응을 기록한 마가의 기사는 그 초점을 메시아 예수로부터 고난받는 사람의 아들 예수로 이동시켰다는 점이다. 이런 이동 전략은 예수가 로마의 지배로부터 이스라엘을 해방시킬 군사적 지도자에 대한 대중의 소망을 성취한다는 측면에서 예수의 중요성이 평가된다는 주장으로부터의 이동을 포함할 것이다. 메시아와 인자로서 예수의 중요성은 그의 죽음과 부활에 대한 언급 없이는 온전히 이해될 수 없었다.

마가의 복음서에서 추가로 중요한 모티프는 예수를 이해하지 못

---

36 T. J. Weeden, *Mark: Traditions in Conflict* (Philadelphia: Fortress, 1971), 52-69을 보라. 그러나 R. T. France(*The Gospel of Mark* [NIGTC; Grand Rapids: Eerdmans, 2002, 『NIGTC 마가복음』, 새물결플러스 역간])는 신적 인간(*theios anēr*)이라는 개념이 1세기에 인식되었던 범주라기보다는 20세기의 구성이라고 정당하게 논평한다(21).

하는 제자들의 실패다.[37] 이것은 마가복음 학계에서 전통적으로 "메시아 비밀"(the Messianic Secret)이라고 알려진 모티프의 일부다. 이 주제는 20세기 대부분의 기간 동안 마가복음을 연구하는 학자들을 매료시켰다.[38] 이 모티프는 예수가 누군가를 치유한 후 곧바로 치유받은 사람에게 아무에게도 말하지 말라고 하는, 곧 예수의 성공적 치유를 비밀로 하라고 명령하는 일화들에서 가장 분명하게 보인다.[39] 마가가 이 모티프를 도입했든지 아니면 단순히 그가 전해 받은 예수 전승의 일면을 강조했든지 간에 이 모티프의 요점은 분명하다. 그것은 예수가 행한 일들로 인해 예수에 대한 그릇된 인상이 쉽게 생겨날 수 있다는 점이다. 심지어 예수의 제자들조차 예수의 사역 현장에서 그를 이해할 수 없었다. 제자들은 예수가 행한 사역의 완료를 목격하기까지, 곧 예수가 죽임을 당하고 죽은 자들로부터 일으킴을 받을 때까지 예수를 이해할 수 없었다. 이에 대한 인식은 마가복음 9:9을 이 모티프의 핵심으로 가리킨다. 예수는 변화산에서 내려오면서 제자들에게 "인자가 죽은 자 가운데서 살아날 때까지는 본 것을 아무에게도 이르지 말라"(9:9)고 명령한다. 반복하자면 메시아 신분을 포함하여 예수의 사역을 이해하는 열쇠는 오직 그의 죽음과 부활에서 발견된다. 바울의 경우와 같이 마가에게도 예수의 죽음과 부활은 복음의 핵심이었고, 예수의 사역 전체를 "기쁜 소식"으로 만드는 것이었다.

---

37 막 4:13; 6:52; 7:18; 8:17, 21; 9:5-6, 32.

38 W. Wrede, *The Messianic Secret* (1901; ET Cambridge: James Clarke, 1971).

39 막 1:25; 34, 44; 3:12; 5:43; 7:24, 36. 또한 8:30과 9:9도 보라.

마가복음이 작성된 시기와 정황

이미 언급한 대로 마가의 저작 시기는 일반적으로 60년대 말이나 70년대 초로 추정된다. 이것은 물론 마가복음을 유대 전쟁(66-70) 기간 또는 그 직후에 위치시킨다. 모든 사항을 고려하지 않아도 마가복음에는 다른 어떤 구절보다도 핵심이 되는 한 구절이 있는데, 마가복음 13:14이다. "멸망의 가증한 것이 서지 못할 곳에 선 것을 보거든 (읽는 자는 깨달을지어) 그때에 유대에 있는 자들은 산으로 도망할지어다." 이 본문은 황제 가이우스 칼리굴라가 자신의 입상을 예루살렘 성전 안에 세우도록 주장함으로써(39년) 야기된 위기를 반영하고 있을 가능성이 높다. 그러나 독자에게 주어진 메모("읽는 자는 깨달을지어")는 마가의 삽입, 회중에게 복음서를 읽어줄 책임을 맡은 사람에게 주는 지시로 보인다. 어떤 경우든지 마가복음이 로마에 대항하는 유대 항쟁이 시작된 후, 아마도 항쟁 동안 살인을 자행하던 분파들이 성전을 장악하고 그들의 잔인한 전법으로 성전을 모독한 후에 기록되었다는 것은 확실히 개연성이 있다. 예를 들어 조엘 마커스(Joel Marcus)는 "이적과 기사를 행하여" 다른 이들을 미혹하는 "거짓 그리스도들과 거짓 선지자들"에 관한 예언(13:22)이 요세푸스가 기록한 유대 전쟁으로 치닫던 시기와 실제 전쟁 기간에 있었던 정황들을 잘 반영한다고 평한다.[40] 그리고 그는 예수가 성전을 정결하게 하는 장면에서 "강도"라는 단어가 사용된 것— "너희는 강도(lēstōn)의 굴혈을 만들었도다"(11:17)—을 언급한다. 아울

---

40   J. Marcus, "The Jewish War and the *Sitz im Leben* of Mark," *JBL* 111 (1992): 441-62(위의 내용은 457-59). Marcus는 요세푸스를 인용한다. *War*, 2.433-434, 444, 652; 6.313; 7.29-31.

러 마커스는 "강도"가 요세푸스의 용어로서 그가 생각하기에 유대 민족을 로마와의 비극적 충돌로 납치하듯 끌어들인 혁명가들을 지칭하는 불명예스러운 이름이었음을 지적한다.[41] 이런 제안들은 펠라 전승(Pella tradition)으로 알려진 것, 곧 예루살렘의 믿는 자들이 로마 군대가 막아서기 전에 예루살렘에서 탈출하여 요단강을 건너 펠라라는 페레아 지역의 도시로 왔다는 초기 기독교 전승과 일치한다.[42] 그것은 마가복음의 저작 시기가 68년이나 69년, 아마도 네로 황제가 죽고 베스파시아누스 황제가 그의 권력을 세우기 전 "난리와 난리의 소문들"(13:7)의 기간이었음을 시사한다.[43]

그렇지 않으면 로마 제국 내의 유대교(와 기독교?) 공동체들이 여전히 그 전쟁의 결과로 휘청거리는 동안 마가복음이 전쟁의 여파 가운데 작성되었다고 상상하는 것은 믿기 어려운 일은 아니다.[44] 예수의 제자들이 감내해야 할 것으로 예상되는 고난(8:34-37; 13:9-13)에 대한 마가복음의 강조는 그런 정황을 동일하게 반영할 수 있다. 그리고 그런 정황들 가운데 마가복음 13:14은 예수가 성전의 멸망을 그렇게 분명하게 예고했다는 위로와 확신으로 기능했을 것이다.

이것이 암시하는 바는 결국 마가복음의 저자와 수신자들이 공유했던 유대 전쟁과 전쟁 이전에 있었던 사건들에 관한 자세한 지식이다. 이

---

41 J. Marcus, *Mark 1-8* (AB 27; New York: Doubleday, 2000), 35.

42 Eusebius, *Ecclesiastical History* 3.5.3; Epiphanius, *Refutation of All Heresies*, 29.7.7-8; 30.2.7; *Treatise on Weights and Measures*, 15.

43 Hengel, *Studies*, 28; R. A. Guelich, *Mark 1-8:26* (WBC 34A; Dallas: Word, 1989, WBC 성경주석 『마가복음 상』, 솔로몬 역간), xxxi-xxxii; Collins, *Mark*, 13-14.

44 요세푸스는 알렉산드리아와 키레네의 유대교 공동체들에서 항쟁을 조장하려는 노력들을 기록한다(*War* 7.409-419, 437-441).

는 이스라엘 땅에 가까운 어느 곳, 아마도 시리아를 가리킬 것이다. 유대 전쟁 기간과 그 직후에 이스라엘-시리아 지역에 있었던 기독교 공동체들에 대한 우리의 지식은 거의 전무하다. 하지만 전쟁 초기의 고난을 견딘 누군가가, 마가복음 13:14에서 독자를 향한 저자의 경고가 여전히 관련성을 가지고 있을 시기에, 아직도 유대 땅에 남아 있으면서 예수를 메시아로 믿는 사람들을 위해 마가복음을 작성했다고 보는 것은 분명히 타당하다. 그것이 아니라면 위와는 달리 전쟁을 경험하고 이 복음서의 경고나 격려에 공감하는 많은 독자나 청중이 존재했을 때 시리아의 더 넓은 지역에서 마가복음이 작성되었을 것이다.

마태와 누가의 복음서들

a. 마태와 누가의 복음서들의 가장 현저한 특성 중 하나는,[45] 한 세기가 넘는 기간에 정당하게 잘 평가되었듯이, 이 복음서들이 마가복음에 많이 의존한다는 점이다. 앞서 지적했듯이 나는 공관복음서의 상호 의존을 오직 문학적 의미로만 이해하는 데 대해 강하게 경고한다. 그럼에도 불구하고 그런 상호 의존은 다음의 가능성으로 가장 잘 설명될 수 있다. 즉 마태 및 누가가 마가와 공유하는 전승의 많은 부분에서 발견되는 거의 동일한 표현들은 그들이 복음서를 작성할 때 문서화된 마가복음을 손에 가지고 있었을 것이라는 높은 가능성을 보여준다는 것이다.[46] 마태

---

45 주된 합의는 이 복음서들이 마가복음이 작성된 지 십 년에서 이십 년 후의 것이라고 추정한다.

46 Dunn, *Jesus Remembered*, ##4.4, 7.3.

와 누가는 분명히 다른 예수 전승을 마가복음과 엮거나 마가복음을 자신의 복음서를 위한 틀로 사용함으로써 복음서를 작성했다. 이는 그렇게 함으로써 **그들이 마가복음의 구조가 확립한 "복음서"(Gospel)의 특성**—확장된 도입부를 가진 수난 내러티브—**을 이어받았다**는 사실을 포함한다.

우리는 마태복음과 누가복음을 살펴볼 때 이 점이 사실임을 발견한다. 이 두 복음서가 단지 마가복음의 구조만을 이어받은 것은 아니다. 이 복음서들은 베드로의 고백이라는 전환점,[47] 수난 예고,[48] 예수의 기적으로부터 너무 손쉽게 도출되는 추론들의 교정, 예수의 마지막 고난과 죽음에 대한 다양한 전조도[49] 넘겨받았다. 이것들은 단순히 "복사하여 붙이기"의 경우가 아니다. 그러나 마태와 누가가 마가의 패턴을 그렇게 자세히 따랐다는 사실, 심지어 예수 전승을 자신만의 방식으로 사용했거나 그들에게 알려진 예수 전승의 다른 판본들을 사용할 때에도 그렇게 따랐다는 것은 그들이 실제로 자신에게 부가한 약속을 강조한다. 즉 그들이 예수의 이야기를 다시 말할 때 **마가복음의 장르를 사용하겠다는 약속**, 그리고 예수의 죽음과 부활이라는 절정을 향한 마가복음의 전개 패턴을 따르겠다는 약속이다.

이런 작성 계획에 필수적인 것은 마가가 제공한 틀에 Q 자료를 섞어 넣는 것이다. 우리는 마태와 누가가 공유하는 비(非)마가 자료를 일

---

47 마 16:13-20; 눅 9:18-21.
48 마 16:21; 17:22-23; 20:18; 눅 9:22, 44; 18:32-33.
49 막 2:20과 병행구; 3:6과 병행구; 6:17-29과 병행구(누가는 제외); 10:38-39과 병행구; 12:6-12과 병행구; 13:9-13과 병행구; 14:8과 병행구(누가는 상이한 판본을 가지고 있다); 14:18-20, 22-24과 병행구; 14:27과 병행구(누가는 제외); 14:33-36과 병행구.

반적으로 Q라고 지칭한다는 것을 기억하고 있다. 이것은 마태와 누가 모두가 두 번째 자료, 곧 동일한 자료를 사용할 수 있었다는 가설에 기초한다. 우리는 Q 자료가 기록된 문서에서 온 것인가에 관한 논란이 되는 문제가 있음도 기억할 것이다. 나는 다음의 사항을 이미 지적했다. 즉 마태와 누가에서 발견되는 거의 동일한 Q 단락들의 유사한 특징은 마가가 관련되었을 때 거의 동일한 단락들에 대한 것과 비슷한 결론을 가리킨다는 점이다. 다시 말해 Q 자료의 일부가 이미 그리스어였으며, 마태와 누가가 그 자료를 사용했을 때 그것은 이미 문서화되었을 가능성이 있다는 것이다. 그러나 본서의 2장에서도 지적했듯이 다양하며 유사함과는 거리가 먼 공유 자료의 공통적인 특색은 마태와 누가가 문서화된 Q 자료에 의존하지 않았음을 보여준다. 공유되었지만 다양하게 표현된 전승의 수수께끼를 위한 더욱 개연성 있는 해결책은 초기 교회들 사이에서 예수 전승의 다양한 구전 판본이 유통되었다는 점과, 그런 단락들에서 마태와 누가는 동일한 전승의 다양한 판본을 알았고 그것들을 사용했다는 것이다.

그러나 여기서 중요한 점은 Q 자료가 마태복음과 누가복음으로부터 분리되었을 때 확장된 도입부를 가진 "수난 내러티브"로 묘사될 수 **없다**는 것이다. Q에는 수난 내러티브가 없다. Q 자료는 거의 전적으로 예수의 가르침으로 구성된다. 더욱이 Q 자료에서는 마가의 특징인 다양한 구성적 특색과 수난 내러티브의 예고들 모두가 거의 발견되지 않는다. 혹자는 실제로 가상의 Q 문서가 마가의 수난 복음서와는 다르고 대조되는 기독론을 표현한다고 주장한다. 나는 이 점을 아직 확신할 수 없다.[50] Q 자료는 예수 전승의 다양한 모음으로서, 예수 전승을 보전하는 책임과 예수의 사역과 가르침의 전통 안에서 회중을 지도하는 책임을 맡은 교사들을 위한 저장고(repertoire)로 기능했다고 보는 것이 더 적절하다. Q 전승은 예수의 죽음과[51] 신원에[52] 관한 암시들을 담고 있다. 이 암시들은 복음 선포와는 다른 역할을 수행했지만 예수의 죽음과 부활에 집중된 선포를 보완했던 자료들과 잘 조화된다.

그러나 핵심적인 사실은 **마태복음과 누가복음에서 Q 자료는 마가가 제공한 구조 안에 집어넣어졌다**는 점이다. 이 두 복음서에서 Q 전승은 수난에서 절정에 이르는 예수의 사역에 관한 서술의 좀 더 완벽한 판본의 일부가 된다. 게다가 Q 자료는 마태와 누가가 대표하고 그들이 쓴 복음서의 대상이 되는 교회들에 의해 단일하고 일관된 자료로서 독립적으로 유지되지 않았다. 하나 또는 그 이상의 정경 복음서를 통해 본 기독교의 교회 생활에는 Q 문서가 복음서들과는 별개로 중요시되었다는 단서가 없다. 구전 형태의 예수 전승에 대한 지식은 여전히 선명하지만 예수의 가르침만으로 이루어진 문서가 교회들에서 귀중하게 간직되었다는 증거는 없다.

이런 연구 결과들은 다음의 중요한 결론들을 산출한다.

---

50 내 *Jesus Remembered*, 147-60을 보라.
51 특히 마 10:38/눅 14:27("누구든지 자기 십자가를 지고 나를 따르지 않는 자도 능히 내 제자가 되지 못하리라"); 마 23:37-39/눅 13:34-35과 마 23:34-36/눅 11:49-51(본문의 함의는 예수가 죽임을 당한 "예언자들과 사자들"에 포함된다는 것); 마 5:11-12/눅 6:22-23(고난이 예언자들과 마찬가지로 제자들의 운명이다). 다음도 보라. J. Kloppenborg Verbin, *Excavating Q: The History and Setting of the Sayings Gospel* (Minneapolis: Fortress, 2000), 369-74.
52 마 10:32/눅 12:8; 마 23:37-39/눅 13:34-35. Kloppenborg Verbin, *Excavating Q*, 374-79도 보라.

- 첫째, 주류 교회들에서 예수의 가르침에 관한 전승은 그의 죽음과 부활에서 절정에 이르는 예수의 사역에 관한 이야기라는 틀 안에서 보존되었다.
- 둘째, 이 교회들에서 예수의 가르침은 오직 마가복음의 수난의 틀 안에 담겨진 대로 "복음" 자체로서 또한 복음서의 일부로서 유지되고 중시되었다.
- 셋째, 만약 마태와 누가가 이어받은 마가의 틀이 복음서가 무엇인지를 결정하고 정의한다면, **가상의 Q 문서를 복음서로 말하는 것은 적절하지 않으며 오해를 야기한다.**
- 초기 기독교 환경 안에서 등장한 다른 문서들, 곧 예수의 것이라고 전해지는 가르침만을 담고 있는 「도마복음」과 「유다복음」과 같은 문서들은 너무 가볍게 "복음서"라고 명명되었다. 마가복음은 "복음서"라는 새로운 장르를 시작했을 뿐만 아니라 무엇이 "복음서"라고 불리는 것이 적절한 것인지도 정의했다. 복음서는 단순히 가르침의 모음집이 아니다. 만약 우리가 초기 기독교가 그랬던 것처럼 마가복음을 따른다면, 예수의 죽음과 부활이라는 수난 내러티브에서 절정에 이르는 예수의 사역과 가르침에 관한 서술만을 "복음서"라고 불러야 한다.

b. 마태복음에 관해 동일하게 우리의 이목을 끄는 것이 있다. 곧 마태는 예루살렘과 성전의 파괴라는 재앙을 이기고 살아남은 유대교와의 지속되는 논쟁에 참여하기 위해 자신의 복음서에 일정한 경향성을 부여했다는 점이다. 이 유대교는 랍비 유대교로서 몇 세대(약 200년) 후에 미쉬나를 통해 자신을 명확하게 드러냈다. 마태 공동체와 70년 이후 랍

비들 사이의 논쟁은 마태복음 23장에서 강하게 암시된다. 마태의 본문 (23장)에서 예수는 분명한 잘못과 그릇된 우선순위 때문에 "서기관들과 바리새인들"을 신랄하게 비난한다. 그러나 주목할 점은 다른 공관복음서의 예수보다 마태복음의 예수가 바리새인들과 훨씬 더 건설적인 토론과 논쟁에 참여한다는 것이다.

마태는 토라에 대한 그(와 그의 공동체)의 충성을 입증하는 데 관심을 가졌음이 분명하다. 예수는 실제로 자신과 갈등했던 바리새인들에게 "우리는 당신들만큼 율법에 충성한다"라고 말한다. "내가 율법이나 선지자를 폐하러 온 줄로 생각하지 말라. 폐하러 온 것이 아니요 완전하게 하려 함이라. 진실로 너희에게 이르노니 천지가 없어지기 전에는 율법의 일점일획도 결코 없어지지 아니하고 다 이루리라. 그러므로 누구든지 이 계명 중의 지극히 작은 것 하나라도 버리고 또 그같이 사람을 가르치는 자는 천국에서 지극히 작다 일컬음을 받을 것이요. 누구든지 이를 행하며 가르치는 자는 천국에서 크다 일컬음을 받으리라"(마 5:17-19). 여기서 주장하는 것은 사실 예수의 추종자들이 율법의 요구에 대해 **더욱** 헌신적이라는 점이다. 아래의 예들을 보자.

- 같은 문단에서 예수는 계속하여 "내가 너희에게 이르노니 너희 의가 서기관과 바리새인보다 더 낫지 못하면 결코 천국에 들어가지 못하리라"(5:20)고 말한다.
- 예수는 마태복음 5장의 나머지 본문에서 다양한 율법 명령의 표현을 파고 내려가 그것들의 보다 깊은 의미에 다다른다. 살인하지 말라는 명령은 형제에 대한 분노와 모욕 및 중상에 대한 경고로(5:21-22), 간음하지 말라는 명령은 음욕에 대한 경고로

(5:27-28) 좀 더 완전하게 이해된다.

■ 힐렐(Hillel)과 같이 마태의 예수는 율법을 한마디로 요약할 준비가 되어 있다. 그는 "그러므로 무엇이든지 남에게 대접을 받고자 하는 대로 너희도 남을 대접하라"(7:12)고 요약한다. 이것은 "황금률"의 긍정적 표현인 반면에 힐렐의 표현은 부정적이다. 이와 유사하게 마태는 마가처럼 예수가 쉐마("네 마음을 다하고 목숨을 다하고 뜻을 다하여 주 너의 하나님을 사랑하라")를 언급함으로써, 그리고 레위기 19:18("네 이웃 사랑하기를 네 자신과 같이 사랑하라")에 특별한 우선성을 부여하기 위해("이 두 계명이 온 율법과 선지자의 강령이니라", 마 22:40) 18절을 19장에 담긴 일련의 명령들로부터 떼어냄으로써 율법과 예언자를 요약한다고 서술한다.

■ 마태복음 15:1-20에서 마태는 마가와 동일한 전승을 이어받는다. 이 본문은 예수가 정결에 관해 가르치는 단락으로서 마음의 정결이 손의 불결보다 더욱 중요하다고 교훈한다. 그러나 이로부터 마가는 예수가 정결한 음식과 부정한 음식의 구분을 철폐했다고 추론하지만(막 7:15, 19), 마태는 단순히 내적인 정결이 음식의 정결보다 한층 더 중요하다는 점을 강조한다(마 15:17-20).

■ 이혼과 관련하여 예수의 가르침에 대한 마태의 판본도 의미심장하다. 마가복음 10:1-9에서 예수는 이혼의 적법성을 부정하는 것으로 보이며, 따라서 이혼을 허락하는 모세의 판결(신 24:1-4)을 무효로 한다. 그러나 마태복음에서 예수의 가르침은 신명기 24:1, 3이 어떻게 해석되어야 하는지에 관한 논쟁에 기여하는 것으로 제시된다(마 19:3-9). 마태의 예수는 실제로 힐렐

학파와 샴마이(Shammai) 학파의 논쟁에 참여하여 이혼은 간음의 경우에만 허락된다는 좀 더 엄격한 샴마이 학파의 편에 선 것으로 보인다.

■ 마태복음 23장의 "서기관들과 바리새인들"에 대한 비난에서 예수는 그의 추종자들에게 "무엇이든지 그들이 말하는 바는 행하고 지키되 그들이 하는 행위는 본받지 말라"(23:3)고 명령한다. 그리고 이후 예수는 서기관들과 바리새인들이 "박하와 회향과 근채의 십일조는 드리되 율법의 더 중한 바 정의와 긍휼과 믿음은 버렸도다. 그러나 이것도 행하고 저것도 버리지 말아야 한다"(23:23)고 비판한다. 이것은 아모스와 미가의 정신과 같은 예언자적 목소리다.

■ 같은 맥락에서 우리는 예수가 오직 마태복음에서만 호세아 6:6을 두 번 인용한다는 점을 주목해야 한다. "너희는 가서 '내가 긍휼을 원하고 제사를 원하지 아니하노라' 하신 뜻이 무엇인지 배우라"(마 9:13; 또한 12:7).

■ 마지막 예는 마태가 마가복음 13:18의 경고("이 일이 겨울에 일어나지 않도록 기도하라")에 덧붙인 것이다. 마태의 판본은 "너희가 도망하는 일이 겨울에나 안식일에 되지 않도록 기도하라"(마 24:20)이다. 이 구절의 명확한 함의는 마태 공동체가 계속하여 안식일을 지켰다는 사실이다. 예수는 안식일 규정을 폐지하라고 말하지 않았다.

이 지점에서 마태의 복음서의 현저한 특색은 그가 독특한 두 단어를 사용한 것이다. 마태는 복음서 저자 중 유일하게 "불법"(*anomia*)에 대해 말한다.[53] 분명히 이것은 마태 자신의 단어다. 마태는 "불법"에 대해 경고하면서 예수가 율법에 대해 충실하다고 명확하게 주장한다. 그뿐 아니라 마태 자신과 그의 복음서도 그와 같이 율법에 충실하다고 주장한다. 마태의 어휘에 독특한 것은 그가 사용하는 "의로움"(dikaiosunē)의 용례다.[54] 다시 5:20을 주목하라. "너희 의가 서기관과 바리새인보다 더 낫지 못하면 결코 천국에 들어가지 못하리라."

동일하게 우리가 주목할 만한 것은 마태가 예수를 새로운 모세로, 또는 신적인 의도에 따라 이스라엘을 위한 목적의 성취로 제시하는 방법이다.

- 아기 예수는 헤롯왕의 흉악한 분노에서 구출된다(마 2:16-18). 이것은 아기 모세가 파라오의 살해 명령으로부터 구출된 것과 같다(출 1-2장).
- 마태는 이집트로부터의 예수의 귀환을 호세아 11:1의 성취로 이해한다. "이집트로부터 내 아들을 불러내었다."
- 예수가 사십 일의 금식 후 광야에서 받은 시험은 신명기 6장과 8장의 단락들에 대한 언급을 통해 해석된다. 이는 이스라엘의 광야 생활과의 유사성을 떠올리게 한다.
- 오직 마태만이 예수의 다양한 가르침을 다섯 개의 큰 단락 또는 설교들로 분류하는데, 그 첫 번째는 산상수훈으로서 예수가 산 위에 올라갔을 때 말한 것이다. 이는 아마도 모세 오경에 대한

---

53 마 7:23; 13:41; 23:28; 24:12.
54 마 3:15; 5:6, 10, 20; 6:1, 33; 21:32.

반향일 것이다.[55]

- 좀 더 넓은 시각에서 우리는 "성경의 성취"라는 주제가 마태복음에서 반복됨을 쉽게 알 수 있다. 여러 사건이 예수에게 일어나고, 그는 "(모세나 한 명 또는 그 이상의 예언자들이) 말한 것을 성취하기 위해" 반복하여 행동한다.[56]

이런 점들은 모두 랍비 유대교가 이미 잘 확립되어 영향력을 확대했던 곳에서 기록된 복음서를 시사한다. 대부분의 학자들은 마태복음이 아마도 약 90년에 유대교와 기독교가 혼재했던 시리아 지역의 공동체들에서 기원했을 것이라고 생각한다.

그렇다면 우리가 주목해야 할 것은 다음과 같다. 즉 마가복음의 구성을 마태가 이어받았다는 것이 그가 예수의 복음을 율법과 상반되는 것으로 보았음을 의미하지는 않는다는 점이다. 마태는 복음과 율법의 대립, 곧 루터의 종교개혁이 너무 손쉽게 바울에게 주입한 대립을 환영하지 않았을 것이다. 그리고 마태는 기독교가 유대교의 유산을 저버렸다는 생각을 환영하지 않았을 것이 분명하다. 그에게 마태복음은 철저히 유대교적 복음이다. 그것은 전적으로 율법과 예언자의 정신 안에 있다. 예수의 추종자들과 랍비들 사이의 의견 대립은 율법과 예언자들이 어떻게 해석되어야 하는가에 관한 문제였다. 그러나 랍비들과의 기본적인 의견 일치가 있었다. 곧 율법과 예언자가 중심이라는 생각이

---

55 이 단락들은 "예수께서 이 말씀/교훈/비유를 마치시매"(7:28; 11:1; 13:53; 19:1; 26:1)라고 말하는 반복되는 결말의 특색을 지닌다.
56 마 1:22-23; 2:5-6, 15, 17-18, 23; 4:14-16; 5:17; 8:17; 12:17; 13:35; 21:4; 26:54, 56; 27:9.

었다. 그리고 이것이 분명하게 함의하는 바는 다음과 같다. 즉 복음서는 예수 자신처럼 율법과 예언자들과의 직접적인 연속선상에 있으며, 율법과 예언자들의 성취로 이해되어야 한다는 점이다. 이 점을 명확하게 하는 것이 마태복음의 주요 목적 중 하나였음은 분명하다.

c. 누가복음은 흥미로운 특색을 많이 가지고 있다. 여기서 나는, 마태복음의 경우처럼, 누가가 명확히 하려고 했던 것, 곧 이스라엘과 복음 간의 긍정적인 연속성에 특별히 집중하려고 한다. 그러나 누가 신학의 다른 측면들에서와 마찬가지로 우리는 누가가 두 권의 책을 썼고 그 책들을 긴밀히 연결된 것으로 간주했음을 기억해야 한다. 더욱이 누가가 복음서를 쓸 때 두 번째 책을 쓰려는 의도를 이미 가지고 있었다는 점도 충분히 명백하다. 즉 마태나 마가는 자신의 복음서를 그 자체로 완결된 것으로 여겼다고 할 수 있지만, 누가는 그의 복음서를 그 자체로 완결된 것으로 하려는 의도가 없었다. 오히려 누가는 그가 쓴 두 권의 책을 하나의 이야기를 구성하는 두 부분으로 보았다. 따라서 그는 자신의 첫 번째 책("내가 먼저 쓴 글")을 "예수가 행하고 가르치기 시작하신 것"에 대한 내러티브로서 언급하면서 두 번째 책을 시작했다(행 1:1). 요점은 주제들과 모티프들이 이 두 책을 관통하여 흐른다는 것이다. 그것들의 발전은 누가복음의 끝까지 오직 반만 완료된다. 결과적으로 만약 우리가 이스라엘의 기대와 예수에 대한 복음 사이의 연속성을 제시하려는 누가의 관심을 온전히 이해하려면, 우리는 누가복음에만 머무를 수 없고 사도행전으로까지 그 연속성을 추적할 준비를 해야 한다.

우리는 이것의 중요성을 누가복음을 시작하는 처음 장들에서 즉시 발견한다.

- 이 장들의 내러티브는 예루살렘 성전에서 시작하고 끝난다(눅 1:5-23; 2:25-50).
- 주요 등장인물들은 유대교적 경건이라는 측면에서 전적으로 칭송할 만하다. 특히 세례 요한의 아버지 사가랴는 아론의 후손이었다. 그는 "하나님 앞에 의인이며 주의 모든 계명과 규례대로 흠이 없이 행했다"(1:5-6). 예수의 어머니 마리아는 "하나님의 은혜를 입었다"(1:30). 시므온은 "의롭고 경건하여 이스라엘의 위로를 기다리는 자"(2:25)였다. 그리고 안나는 "성전을 떠나지 아니하고 주야로 금식하며 기도함으로 섬겼다"(2:37).
- 마리아와 사가랴가 부른 노래들은 전통적인 유대교의 경건을 전형적으로 보여준다. 마리아의 노래인 마리아 찬송(the Magnificat, 눅 1:46-55)은 사무엘상 2:1-10의 한나의 기도와 매우 유사하게 만들어졌다. 그것은 다음의 말로 끝맺는다.

> 그 종 이스라엘을 도우사 긍휼히 여기시고 기억하시되
> 우리 조상에게 말씀하신 것과 같이
> 아브라함과 및 그 자손에게 영원히 하시리로다 하니라.

마찬가지로 사가랴의 노래(the Benedictus, 눅 1:68-79)는 각각의 행에서 시편 저자와 예언자를 반영한다. 예를 들어

> 우리 조상을 긍휼히 여기시며 그 거룩한 언약을 기억하셨으니
> 곧 우리 조상 아브라함에게 맹세하신 맹세라.…
> [세례 요한이] 주 앞에 앞서 가서 그 길을 예비하여

주의 백성에게 그 죄 사함으로 말미암는 구원을 알게 하리니.

■ 마찬가지로 시므온도 자신의 기도인 시므온의 찬송(the Nunc Dimittis, 눅 2:29-32)을 통해 아기 예수 안에서 자신이 본 구원으로 인해 하나님을 찬양한다. 이 구원은 "만민 앞에 예비하신 것이요, 이방을 비추는 빛이요, 주의 백성 이스라엘의 영광"이다. 이것은 이사야가 야웨의 종에게 위임한 것에 대한 반향이다. "너를 세워 백성의 언약과 이방의 빛이 되게 하리니"(사 42:6), "내가 나의 영광인 이스라엘을 위하여 구원을 시온에 베풀리라"(사 46:13), "내가 또 너로 이방의 빛을 삼아 나의 구원을 베풀어서 땅 끝까지 이르게 하리라"(사 49:6). 이런 반향은 분명히 의도적이며 누가가 자신의 두 책을 통해 견지하는 지속적인 주제를 예시한다.

■ 누가는 그의 복음서에서 자신이 전해 받은 예수 전승 안에 현존하는 예수의 사역이 지닌 주제 중 두 가지를 특별히 강조한다. 첫째, "죄인들"(hamartōloi)을 향한 그리고 그들을 위한 예수의 사역이다.[57] 누가가 동료 유대인들을 "죄인들"로 범주화(바리새인들에 의한 범주화?)하는 것에 대한 예수의 저항을 중시했다는 점은 뚜렷하다. 누가는 바리새인인 주인이 "죄인"이라고 거부한 여인에 대한 예수의 수용과 용서를 강조한다(눅 7:39-50). 그리고 그는 잃어버린 양, 잃어버린 동전 및 잃어버린 아들에 관한 세 비유를 소개하고, 바리새인들과 서기관들의 비판("이 사람은 죄인

---

57 눅 5:8, 30, 32; 7:34, 37, 39; 15:1-2, 7, 10; 18:13; 19:7.

들을 환영하고 그들과 함께 먹는다", 15:1-2)에도 불구하고 "죄인들"
이 예수의 말씀을 들으려고 그에게 가까이 왔음을 지적한다.[58]

- 누가가 "가난한 자들"(*ptōchoi*)을 향한 그리고 그들을 위한 예수
  의 사역을 추가적으로 강조한 것도 동일하게 의미심장하다.[59]
  여기서 특별히 주목할 만한 특징적인 면은 누가복음 14:13과
  21절에서 새로운 시대의 연회에 초대된 사람들은 "가난한 자
  들, 몸 불편한 자들, 저는 자들과 맹인들"이라는 점이 반복하여
  강조된다는 것이다. 이 본문의 언어는 쿰란의 제사장적 공동체
  로부터 제외되는 사람들의 목록을 반영하는데,[60] 이 반영은 매
  우 유사하기 때문에 누가가 하나님의 현존으로부터의 그와 같
  은 배제를 예수가 거부한 것으로 기억한다는 점은 설득력 있다
  고 평가되어야 한다. 죄인이나 장애가 있는 사람들 모두가 성도
  들과의 잔치나 천사들과의 예배에 적합하지 않은 자들로 취급
  되지 말아야 한다.

- 누가도 마가처럼 복음이 예수의 수난과 죽음에 초점을 맞추는
  것이라고 강조한다. 마가의 경우와 같이 누가도 예수가 수난
  과 죽음을 통해 자신에게 주어진 역할을 완수했다고 강조한다.
  부활한 예수와 두 제자와의 만남에서, 그 제자들이 "예수는 이
  스라엘을 구원할 자였다"(눅 24:21)라고 말하는 것은 그들의 좌
  절된 희망을 표현한다. 그러나 예수는 그들에게 답하며 성서—

---

58 이 주제와 이어지는 특색은 5장에서 다시 논의된다.
59 눅 4:18(사 61:1 인용); 6:20과 7:22(사 61:1 반향); 14:13, 21; 16:20, 22; 18:22;
    19:8; 21:3.
60 1Q28a 2.3-10; 1QM 7.4-6; 4QCD⁶; 11QT 45.12-14.

율법과 예언서 및 시편을 가리키는—가 "메시아가 고난받고 삼일에 죽은 자들 가운데서 살아날"(24:46) 것을 미리 경고한다고 가르친다. 예수의 수난과 신원은 신적인 목적의 성취라는 의미에서[61] 사도행전의 설교들에서 중요한 주제가 된다.[62] 이런 면에서 그리스에서 진행된 바울의 선교에 관한 서술은 전형적이다. 바울은 "뜻을 풀어 그리스도가 해를 받고 죽은 자 가운데서 다시 살아나야 할 것을 (성경을 통해) 증언"했다(행 17:2-3).

■ 누가의 두 번째 책은 제자들이 부활한 예수에게 "주께서 이스라엘 나라를 회복하심이 이 때니이까?"(행 1:6)라고 질문하는 것으로 시작하는데, 예수는 이 질문이 제기한 관심을 물리치지 않았다. 그리고 이 책은 바울이 자신의 투옥은 "이스라엘의 소망 때문이라"(28:20)고 단언하는 것으로 끝맺는다.

■ 베드로는 예루살렘에서 있었던 그의 첫 설교의 결론에서 아버지 하나님으로부터 오는 성령에 대한 약속이 "너희와 너희 자녀와 모든 먼 데 사람 곧 주 우리 하나님이 얼마든지 부르시는 자들"(2:39)을 위한 것이라고 말한다. "먼 데" 있는 사람들은 아마도 디아스포라 유대인들이며, 이는 이사야 57:19의 반향이다.

■ 베드로는 두 번째 설교에서 "새롭게 하는 때"가 하나님으로부터 오는 것과 하나님이 예언자들을 통해 선언한 "우주적인 회복의 때"를 기대한다(행 3:20-21). 그는 계속하여 예수가 모세가 약속한 모세와 같은 예언자라고 밝힌다(신 18:15-20; 행 3:22-23).

---

61 행 2:23; 3:18; 17:3.
62 행 2:23-24; 3:14-15; 4:10; 5:30; 8:32-33; 10:39-40; 13:28-30.

그리고 베드로는 예루살렘 사람들에게 "너희는 선지자들의 자
손이요, 또 하나님이 너희 조상과 더불어 세우신 언약의 자손
이라. 아브라함에게 이르시기를 '땅 위의 모든 족속이 너의 씨
로 말미암아 복을 받으리라' 하셨"음을 상기시키면서 끝맺는다
(창 12:3; 행 3:25).

■ 베드로는 사도행전 10-11장에서 정결법은 그가 누군가를 속
되다고 하거나 부정하다고 여기는 것을 의미하지 않는다는 점
을 배운다(10:28).

■ 마지막으로 우리는 예수의 동생이자 예루살렘에서 예수-메시
아주의자들의 지도자인 야고보가 비유대인들 곧 할례를 받지
않고 메시아 예수를 믿게 된 자들의 수가 증가하는 문제를 어
떻게 해결하는지에 주목해야 한다. 그는 두 단계에 걸쳐 문제를
해결한다. 첫째, 그는 아모스 9:11-12을 인용한다.

> 이후에 내가 돌아와서 다윗의 무너진 장막을 다시 지으며
> 또 그 허물어진 것을 다시 지어 일으키리니,
> 이는 그 남은 사람들과 내 이름으로 일컬음을 받는
> 모든 이방인들로 주를 찾게 하려 함이라 하셨으니(행 15:16-17).

■ 그다음에 야고보는 "사도 칙령"으로 알려진 것을 공포한다. 이
칙령은 예수를 믿는 이방인들에게 "우상의 더러운 것[우상과의
접촉으로 인해 더러워진 것]과 음행(porneia)과 목매어 죽인 것
(pnikton)과 피를 [유대 정결법에 의해] 멀리하기"를 요구한다.
여기서 흔히 간과되는 것은 "사도 칙령"의 주된 출처가 "거주

이방인"에 대한 법률로 보인다는 점이다. "거주 이방인"은 이스라엘 땅에서 유대 백성 "가운데" 영원히 거주하는 비유대인을 지칭한다(레 17:8-9, 10-14; 18:26).[63] 이것은 누가 자신과 아마도 예루살렘 교회가 인정한 "이방인 문제"에 대한 해결책이었을 것이다. 이것은 믿는 이방인들을 실제로 "거주 이방인들"로 취급하는 것이다. 그들은 이스라엘 백성 가운데 살지만 이방인으로서의 정체성을 간직하는 자들이다.

여기서 누가는 복음이 이스라엘에게 외래적인 것이 아니라고 주장한다. 복음은 이스라엘과 대립적인 것이 아니며 율법에 반대되는 것이 아니다. 오히려 복음은 이스라엘의 회복과 이스라엘의 예언자들이 가졌던 소망이 성취되기를 기대하며, 이방인들이 그 성취된 소망 안에 일부로서 포함되기를 바란다. 마가복음과 달리 누가복음은 이방인들에게 완전히 개방된 메시지와 율법 사이의 불연속성에 초점을 맞추지 않는다. 마태복음과 달리 누가복음은 모세와 예언자들의 유산을 두고 70년 대참사의 와중에 살아남은 랍비들과 싸우지 않는다. 누가에게 **복음서(Gospel)는 이스라엘의 소망의 성취를 위해 이방인을 그 소망에 포함시킴으로써 일하지 않는다면 복음(gospel)이 아니다.**

다른 유일한 정경 복음서인 요한복음은 더욱 복잡하다. 이는 너무 복잡하여 별도로 더 광범위한 논의가 요구된다. 이 과업을 위해 이제 네 번째 강의인 4장으로 넘어가자.

---

63 다음의 내 연구도 보라. *Beginning from Jerusalem*, 461-69.

제4장

매우 다른 판본!
역사적 예수를 위한 자료로서의 요한복음

첫째, 나는 이 일련의 강의들을 예수가 그의 제자들에게 상당한 영향을 미쳤다고 주장하는 것으로 시작했다. 내가 생각하기에 이 영향은 복음서들의 예수 전승을 보면 분명하다. 그리고 바로 그 전승 안에도 어느 정도 표현되어 있다. 우리는 예수가 남긴 인상—첫 세 복음서가 공유하는 전승을 통해 처음 표현된—으로부터 그런 영향을 끼친 사람과 그가 행한 사역의 선명한 윤곽을 알아낼 수 있다. 둘째, 우리는 마태복음과 마가복음 및 누가복음 곧 공관복음서가 공유한 전승을 자세히 살펴보았다. 공관복음서 전승의 "동일하지만 상이한"이라는 특징이 표현하는 것처럼 우리는 예수가 얼마간 다양하게 기억된다는 점을 알았다. 공유된 예수의 영향은 상이하게 표현되었다. 공유된 전승은 같은 자료를 다양하게 말하는 가운데 서로 다른 양식을 띠게 되었다. 셋째, 아마도 기독교 복음서 중 가장 오래된 마가의 복음서가 공유된 전승에 "복음서"라는 형태를 부여했거나 그 형태를 확립했음을 살펴보았다. 마가는 예수의 이야기가 확장된 도입부를 가진 수난 내러티브라고 말했다. 그는 예수를 단순히 위대한 선생이나 훌륭한 기적 수행자로만 기억하지 않았다. 그는 예수의 수난과 죽음 그리고 (그리스도인들이 믿었던 것으로서)

부활이라는 절정을 향해 꾸준히 나아가는 이야기를 기억했다. 이것이 "복음서의 형태"였다. 마가는 아마도 이 새로운 양식의 전기(biography)에 "복음"(Gospel)이라는 표제를 붙인 최초의 사람일 것이다. 그는 새로운 장르를 창조했다. 이런 점에서 두 개의 다른 공관복음서인 마태복음과 누가복음도 마가를 뒤따랐다. 각각의 복음서 저자는 확장된 도입부를 가진 수난 내러티브로서의 예수에 대한 기억을 "복음"(Gospel)으로 불릴 기억의 양식으로 확립하는 데 자기만의 방법으로 기여했다. 예수가 행하거나 가르친 것을 기억하는 데 어떤 다른 양식이 사용되든지 간에 예수의 죽음과 부활이라는 절정이 없다면 그것은 "복음"(Gospel)이아니다.

그렇다면 나머지 신약 복음서(제4복음서 곧 요한복음)의 경우는 어떤가? 요한복음은 신약의 사복음서 중 가장 후대의 것이며 아마도 90년대의 어느 시점에 기록되었다는 것이 일반적으로 동의되는 사항이다. 약한 세기 전에 발견된 파피루스 문서 중 가장 흥미로운 것은 이집트에서 발견된 것으로 125년경으로 연대를 추정할 수 있는 요한복음의 파편이다. 이것은 요한복음이 매우 넓고 빠르게 복사되어 유포되었음을 암시한다. 그러나 우리는 이 복음서를 살펴볼 때 곧바로 몇몇 문제에 부딪친다. 그것은 요한복음이 나머지 세 복음서와는 다르기 때문이다. 공관복음서 전승을 잘 묘사하는 어구("동일하지만 상이한")는 요한복음과 나머지 신약 복음서들의 관계에서 요한복음에는 잘 들어맞지 않는다. 분명히 "다르다." 그러나 "동일하다?" 분명히 다른데 어떤 의미에서 다른가? 아니면 어느 정도로 "동일"한가? 어떻게 생각해보아도 신약성서의 첫세 복음서와 네 번째인 요한복음의 차이는 현저하다. 이는 아래의 표에서 사용된 용어들을 통해 예시될 수 있다. 이런 차이점을 조화롭게 설명하려는 오래된 노력들은 영민하게도 요한복음이 공관복음서가 그런 것처럼 역사적이라고 주장했다. 따라서 그런 설명들은 이 차이점들을 예수의 상이한 청중이라는 측면에서 설명하려고 노력했다. 예를 들어 공관복음서는 무리를 향한 예수의 가르침을 기억하는 반면 요한복음은 제자들을 향한 예수의 가르침을 회상한다는 것이다.[1] 그러나 예전에 이미 지적되었듯이[2] 요한복음에서 예수의 연설 형식은 일관적이다. 예수가 니고데모나 우물가의 여인, "유대인들" 또는 그의 제자들에게 말하든지 상관없이 말이다. 그리고 그 연설의 형식은 요한1서의 형식과 유사한 만큼이나 세례 요한의 연설 형식과도 매우 유사하다. 그 형식은 예수의 것이라기보다 복음서 저자(요한) 또는 그가 사용한 전승이 지닌 형식이라는 추론이 불가피하다.[3]

---

1 참조. 예. 다음의 내 연구에서 언급된 것들을 보라. "Let John Be John," in P. Stuhlmacher, ed., *Das Evangelium und die Evangelien* (WUNT 28; Tübingen: Mohr Siebeck, 1983), 309-39 (위의 내용은 314쪽 각주 11); P. N. Anderson, *The Fourth Gospel and the Quest for Jesus* (London: T. & T. Clark, 2006), 61. 좀 더 분석적인 연구는 다음 연구를 보라. C. L. Blomberg, "The Historical Reliability of John," in R. T. Fortna and T. Thatcher, eds., *Jesus in the Johannine Tradition* (Louisville: Westminster John Knox, 2001), 71-82. 요한복음 안의 역사와 신학의 관계는 다음 연구의 주요 주제다. P. N. Anderson et al., eds., *John, Jesus, and History*, vol. 1, *Critical Appraisals of Critical Views* (SBLSyms 44; Atlanta: Society of Biblical Literature, 2007).

2 D. F. Strauss, *The Life Critically Examined* (ET 1846; Philadelphia: Fortress, 1972), 384-86.

3 이는 Anderson이 인식한 것과 같다(Anderson, *Fourth Gospel*, 58-59). 다음도 보라. J. Verheyden, "The De-Johannification of Jesus: The Revisionist Contribution of Some Nineteenth-Century German Scholarship," in Anderson et al., *John, Jesus, and History*, 1.109-20.

공관복음서	요한복음
마태와 누가는 동정녀 수태/예수의 탄생으로 시작함.	요한은 선재하는 말씀/로고스의 육화로 시작함.
예수는 자신의 사역의 마지막 주에 예루살렘으로 감. 단지 한 번의 유월절만 언급됨.	예수는 자신의 사역 대부분을 유대에서 활동함. 그의 사역은 세 번의 유월절에 걸쳐 진행됨.
예수는 자신에 관해 거의 말하지 않음. 요한의 "나는 ~이다"와 같은 것이 없음.	예수는 자신에 관해 많이 말함. 특히 "나는 ~이다" 진술들[4]
예수는 하나님에 대한 믿음을 촉구함.	예수는 자신에 대한 믿음을 촉구함[5]
예수가 행한 연설의 중심 주제는 하나님 나라임.[6]	하나님 나라는 예수의 연설에서 거의 보이지 않음.
예수는 회개와 죄 사함에 관해 자주 말함.	예수는 20:23을 제외하고는 회개와 죄 사함에 대해 말하지 않음.
예수는 전형적으로 경구들과 비유들을 통해 말함.	예수는 긴 대화와 우회적인 토론에 참여함.
예수는 영생에 관해 단지 가끔 말함.	예수는 영생에 관해 자주 말함.[7]
예수는 가난한 자들과 죄인들을 위한 강한 관심을 보여줌.	예수는 가난한 자들과 죄인들을 위한 관심을 거의 보여주지 않음.[8]
예수는 축귀라는 그의 사역으로 알려짐.	요한은 축귀에 대해 이야기하지 않음.

---

4 특히 요 6:35, 41, 48, 51; 8:12, 58; 10:7, 9, 11, 14; 11:25; 14:6; 15:1, 5; 18:6.
5 예. 요 3:15-18; 5:46; 6:29, 35, 40; 7:38; 8:24; 9:35; 11:25-26; 12:44, 46.
6 5장의 각주 3을 보라.
7 막 10:30과 병행구; 마 25:46; 요 3:15-16; 4:14, 36; 5:24, 39; 6:27, 40, 47, 54, (68); 10:28; 12:25, 50; 17:2-3.
8 다음과 같은 본문들(마 5:3/눅 6:20; 마 11:5/눅 7:22; 마 10:21, 12:42-43["가난한 자들"]; 막 2:15-17과 병행구; 마 11:19/눅 7:34["죄인들"])은 지난 두 세대의 역사적 예수에 대한 논의의 대부분에서 이것들이 예수의 강한 관심사였음을 충분히 보여주었다. 요 12:5-8, 13:29, 9:16, 24-25, 31은 그런 인상을 전혀 제시하지 않는다.

우리는 이것을 어떻게 이해할 수 있는가? 가령 만약 공관복음서 전승이 예수가 끼친 영향을 위한 좋은 증거를 제공한다면, 우리는 어떻게 요한복음의 다른 특징을 가장 잘 설명할 수 있는가? 만약 공관복음서 전승이 연설 형식―예수의 첫 제자들이 그에 대한 초기 기억들을 형성한―에 대해 그리고 예수 전승이 초기 교회들에서 사용되고 전수된 방식에 대해 좋은 증거를 제공한다면, 요한복음에서 예수의 연설 형식이 지닌 **매우 다른** 특성을 우리는 어떻게 이해할 수 있는가? 만약 첫 세 복음서를 "예수에 대한 기억"으로 평가할 수 있다면, 요한복음도 동일하게 예수에 대한 **기억**이라고 말할 수 있는가? 이에 관한 논쟁은 복잡하다. 나는 복음서를 통해 요한이 의도한 것을 질문하기 전에 오직 세 가지 특색에만 초점을 맞출 수 있다. 우리는 다음에 주목해야 한다.

- 첫째, 요한복음은 마가가 제공한 복음서 형식을 사용한다는 점에서 마태와 누가를 따른다.
- 둘째, 요한복음에서 예수의 담론들이 공관복음서에서 예수가 가르친 방법과 매우 다르지만, 우리는 요한복음의 담론들이 공관복음서와 유사한(Synoptic-like) 전승에 뿌리박고 있음을 알 수 있다.
- 셋째, 요한복음이 다른 복음서들이 남긴 일부 공백을 메운다는 점은 점점 분명해진다.

복음서 형식

요한복음과 공관복음서의 차이점들을 고려하면, 요한이 마가가 예수 전승에 부여한 **동일한 복음서 형식**을 사용했다는 점은 매우 인상적이다. 요한의 "확장된 도입부"는 공관복음서의 "확장된 도입부"와는 그 내용과 특성 면에서 매우 다르지만, 요한은 자신의 복음서를 확장된 도입부를 가진 수난 내러티브라는 동일한 틀 안에 넣었다. 만약 "수난 내러티브"를 예수의 예루살렘 입성으로부터 시작하여 예루살렘에서 보낸 예수의 마지막 주간 그리고 예수의 재판과 처형 및 부활에서 절정에 이르는 내용으로 본다면, 요한의 수난 내러티브는 요한복음 12장에서 시작하여 복음서 끝까지 이른다. 다시 말해 수난 내러티브가 요한복음 전체의 약 40퍼센트를 차지한다.

우리는 이로부터 무엇을 추론할 수 있는가? 그것은 일부 학자들이 주장하듯이 요한이 마가복음을 알았다는 것이 아니다. 공관복음서 자료에서 상당 부분의 문학적인 상호 의존을 가리키는 유사한 단락들의 부재는 여전히 여기서 중대한 고려 사항으로 남는다. 아마도 그것이 의미하는 바는 다음과 같을 것이다. 즉 예수가 행한 사역의 전체 이야기를 유앙겔리온, 곧 복음(Gospel)이라고 명명하는 마가의 조치는 빠르게 예수의 사역 이야기에 관한 확립된 사고방식이 되었다는 것이다. 마가의 예를 따르는 마태복음과 누가복음은 동일한 개연성을 증언해준다. 이두 "복음서"는 예수 전승을 사용하고 그것에 대해 숙고하는 방식이 "복음서"(Gospel)의 내러티브 형식이었다는 확신을 더욱 강화시키고 좀 더 널리 유포했을 것이다.

이는 더더욱 의미심장하다. 왜냐하면 우리가 아래에서 보듯이 요한이 예수 전승에 대해 제공하는 상이한 서술은 손쉽게 다른 방향으로 나아갈 수 있었기 때문이다. (본질적으로) 계시자로서 왔으며 긴 담론이라는 가르침의 특성을 보여주는 예수는 그에 대한 복음서의 표현을 정확하게 이런 특색들에 집중하도록 하거나 아니면 이런 특색들에 한정시켰을 수 있다. 우리가 예수의 가르침에 대해 이후의 영지주의가 제시하는 것에서 볼 수 있는 것처럼 말이다.[9] 그러나 요한은 자신보다 앞선 "복음서들"이 확립한 형식을 따르면서 예수의 사역과 계시에 대한 그의 판본을 공관복음서와 동일한 틀에 넣었다. 이 틀은 세례 요한으로 시작하고 예수의 수난과 부활에서 절정에 이른다. 예수에 관한 자신의 묘사에서 제4복음서 저자가 보여준 모든 자유로움을 보면, 요한복음은 공관복음서와의 모든 차이점들에도 불구하고 외경 복음서들보다는 공관복음서에 더욱 가깝다.

요한이 자신의 서술 전체를 예수의 임박한 수난으로 채운 방식은 요한복음에서 한층 더 눈에 띄는 점이다. 요한의 "확장된 도입부"는 마가보다 한층 더 예수의 죽음과 부활이라는 절정을 예고하고 준비한다.

- 요한복음 전승에서 독특하게 세례 요한은 자신에게 온 그 사람을 "세상 죄를 지고 가는 하나님의 어린양"으로 부른다(1:29, 36). 또한 요한은 예수의 처형이 성전에서 유월절 어린양을 잡는 때에 일어났다고 기록하며(18:28), 예수의 죽음을 유월절 어린양의 죽음과 명시적으로 동일시한다(19:36; 출 12:46).[10] 이는

---

9   예. P. Perkins, *Gnosticism and the New Testament* (Minneapolis: Fortress, 1993), 9장도 보라.

10 군인들이 십자가에 달린 예수의 다리를 부러뜨릴 필요가 없었다는 사실은(요 19:33) 성

요한이 예수의 죽음을 유월절 희생—지금은 속죄제라고도 이해되는—이라는 측면에서 보았음을 의미하는 것이 분명하다.[11]

■ 요한은 아마도 예수의 "성전 정화" 사건에 대한 기사를 예수의 사역 전체를 위한 표제로 삼기 위해 예수의 사역에서 매우 초기에 위치시킨다(요 2:13-22). 이 기사에서 요한은 성전의 멸망에 대해 말한 예수에 관한 기억을 포함시킨다(참조. 막 13:2; 14:58). "너희가 이 성전을 헐라. 내가 사흘 동안에 일으키리라"(요 2:19). 그러나 요한은 예수가 "성전 된 자기 육체를 가리켜", 곧 자신의 죽음과 부활에 관해 말했다는 설명을 덧붙인다(2:21).

■ 수난이라는 절정을 가리키는 다른 초기 신호들은 아래의 내용을 포함한다.

- 가나의 혼인잔치에서 물이 포도주로 바뀐 기적은 "사흘째 되던 날" 일어났다(2:1).

- 부활과 생명의 근원으로서의 예수에 대한 이야기(5:21-29)

- 예수 자신이 오천 명 급식 사건을 "생명의 떡"이라는 측면에서 해석한다. 생명의 근원인 예수의 살과 피를 먹고 마셔야 한다(6:32-58).

- 예수를 제거하려는 노력이 늘어난다. 이것은 좀 더 임박한

경이 응한 것이다. "그 뼈가 하나도 꺾이지 아니하리라"(19:36). 이것은 유월절 어린양에 대한 규정 중 하나다. "너는 그것의 어떤 뼈도 꺾지 말라"(출 12:46).

11 유월절은 본래 속죄제로 생각되지 않았으나, 아마도 겔 45:18-22에서 속죄와 이미 관련되었다. 그리고 공관복음서에서 제자들과 함께한 예수의 최후 만찬은 유월절과 연관되었고, 예수의 "피가 많은 사람들을 위해 흘려졌다"는 생각과도 연관되었다(막 14:24과 병행구).

위기에 관한 인식을 강화하며,[12] 자신의 임박한 고별에 대한 예수의 언급이 점증한다는 점과 조화된다.[13]

- 수난 내러티브에 가까워질수록 예수가 양 떼를 위해 목숨을 버리는 선한 목자에 대해(10:11, 15, 17-18), 자신의 임박한 장례에 대해(12:7), 그리고 많은 열매를 맺으려면 밀알이 죽어야 한다는 것에 대해(12:24) 말한다는 점은 놀랍지 않다.

- 특히 주목할 것은 "때"에 관한 예수의 언급이 강하게 연속된다는 점이다.[14] 처음에는 예수의 때가 아직 멀었거나 아직 일어나지 않은 것처럼 들린다. 즉 특정한 결말들은 예수의 때가 "아직 이르지 않았기 때문에" 일어날 수 없었다.[15] "때"가 무엇을 초래할 것인지에 대한 단서들이 있지만, 오직 수난 내러티브가 시작되고서야 "그때"가 예수의 죽음의 시간이라는 점이 분명해진다. "예수께서 대답하여 이르시되 '인자가 영광을 얻을 때가 왔도다. 내가 진실로 진실로 너희에게 이르노니 한 알의 밀이 땅에 떨어져 죽지 아니하면 한 알 그대로 있고 죽으면 많은 열매를 맺느니라'"(12:23-24).[16] 꾸준히 절정을 향해 올라가는 드라마를 놓치지 말아야 한다.

- 동일하게 주목할 만한 것은 예수의 "영화"(glorification, *doxasthēnai*)라는 개념에 대한 요한의 각색이다. 요한의 각색은 예

---

12 요 5:18; 7:1, 19-20, 25, 30, 32, 44; 8:37, 40; 10:31-33, 39; 11:8, 52-54, 57.

13 요 7:33; 8:14, 21; 13:3, 33, 36; 14:4, 28; 16:5, 10, 17.

14 요 2:4; 7:30; 8:20; 12:23, 27; 13:1; 17:1.

15 요 2:4; 7:30; 8:20; 다른 표현으로는 예수의 카이로스(*kairos*, "중요하거나 알맞은 때", 7:6, 8).

16 요 12:27; 13:1; 17:1도 보라.

수의 "영화"가 단지 예수가 사후에 높임을 받는 것을 의미하지 않는다는 사실이 지속적으로 더욱더 분명해지는 곳에서 발견된다. 우리가 발견하는 것은 예수가 죽음 **그리고** 부활에서 "영화"를 얻게 되는 것이다.[17] 이것은 특히 12:23-24에서 드러난다. 그리스도의 "영광"(과 "영광을 받음")이 요한복음의 중요한 특색이기 때문에,[18] 물이 포도주로 변한 "이적"(2:11)과 죽음에서 생명으로 바뀌는 "이적"(11:4)에서 그 영광이 가장 선명하게 드러난다는 점도 주목해야 한다. 이 이적들은 예수의 죽음과 부활의 영광, 그리고 그것들이 성취하는 것을 예시하는 행동들이다. 이 요소는 예수의 영광에 관한 모든 언급에 영향을 미치는데, 요한의 증언과 같이 "아버지의 독생자의 영광"이라는 첫 번째 언급부터 영향을 미친다(1:14). 제자들이 목격한 독생자의 "영광"은 공관복음서가 기록하는 예수의 변화 장면(막 9:2-8과 병행구)에 나타나지 않는다. 요한에게 아들의 영광은 예수의 죽음과 부활에서 가장 선명하게 입증된다. 그의 복음서는 단순히 성육신의 복음서가 아니라 성육신-죽음-부활의 복음서다.

■ 예수의 "들림"(*hypsōthēnai*)에 관한 요한의 서술에서도 동일한 점이 제기된다. 이제는 일반적으로 인정되듯이, 요한은 이 단어를 단지 예수가 십자가 위에서 들리는 것뿐만 아니라 그가 하늘로 들리는 것, 곧 그의 승천을 의미하는 것으로도 사용한다.[19] 요한

---

17 요 7:39; 12:16, 23; 13:31-32; 17:1.

18 요 1:14; 2:11; 8:50, 54; 12:41; 14:13; 16:14; 17:1, 5, 10, 22, 24.

19 요 3:14; 8:28; 12:32-34. 예. 다음 연구를 보라. R. E. Brown, *The Gospel according to John* (2 vols.; AB 29; New York: Doubleday, 1966), 1.145-46.

에게 죽음, 부활 그리고 승천이라는 예수의 결정적인 구원 행위는 단일한 개념적 통일체였다. 하강할 뿐만 아니라 상승하는 인자에 관한 이야기를 포함하는 인자 전승에 관한 요한의 각색도 이것과 관련시켜야 한다.[20] 하강과 상승 모두가 요한복음의 틀 안에서 함께하지 않는다면, 예수는 타당하게 이해될 수 없음이 분명하다.

어디서 복음서의 틀을 가져왔든지 간에 요한은 더욱 특유한 자신의 묘사가 들어갈 구조인 그 틀에 확고하게 몰두했음이 분명하다. 그는 예수를 하나님과 천상의 신비들을 위한 위대한 계시자로 묘사할 수 있었다. 이 제4복음서 저자는 예수의 가르침을 그가 실제로 가르쳤던 것보다 더욱 확장하여 제시하기 위해 자신의 방법을 발전시킬 수도 있었을 것이다. 그는 예수를 높은 곳에서 내려온 신적인 대리자로서 육체로 태어나 어둠에 갇힌 사람들에게 인간 존재에 대한 비밀스러운 의미를 전하는 자로 묘사할 수도 있었을 것이다. 다른 사람들은 그런 견해를 취했다. 그러나 요한에게는 예수가 처형되었고 죽은 자들로부터 일으킴을 받았다는 점이 그가 고취하려는 메시지에 필수적이었다. 요한은 예수의 죽음과 부활을 예수의 삶에 있었던 하나의 일화 또는 예수의 계시에 부수적으로 일어난 일로서 고취하려고 하지 않았다. 반대로 예수의 죽음과 부활은 예수의 메시지에서 핵심이었고 그 메시지의 근본적인 요소였다. 이 요소 없이는 그 메시지가 제대로 이해될 수 없었으며 오히려 오용될 수 있었다. 현재의 논의에서 비록 요한이 명사(*euangelion*)와 동사

---

20 요 3:13; 6:62; 또한 20:17도 보라. 참조. 1:51.

(*euangelizesthai*)를 전혀 사용하지 않았다 할지라도 우리는 요한이 예수에 관한 자신의 메시지에 필수적인 것을 복음(Gospel)으로 단언했고 강하게 강조했다고 정당하게 말할 수 있다.

요한복음의 예수의 담론들

요한복음에서 예수의 교훈 자료들은 요한복음과 공관복음서 간의 가장 현저한 차이점들을 보여준다. 공관복음서는 예수를 전형적으로 메샬림 (*meshalim*), 즉 경구들과 비유들을 사용하여 가르치는 현자로 묘사한다. 이에 반하여 요한복음은 예수가 여러 상황에서 긴 논쟁에 참여하는 것으로 묘사한다. 그러나 사실 요한복음의 거의 모든 장에서 특별한 발언들 또는 부분적인 발언들이 발견되는데, 이 발언들은 공관복음서 자료를 반영하거나 아니면 공관복음서 전승의 다른 판본들을 형성한다.[21] 혹자는 이 증거를 통해 요한이 자신보다 앞선 하나 또는 그 이상의 복음서를 알았다고 본다. 그러나 내 견해로는 요한복음과 공관복음서 사이의 문학적인 의존이라는 논제는 인쇄 시대 이후의 문학적 사고방식을 보여주는 또 다른 예다. 이런 사고방식은 전적으로 시대착오적이다. 그것은

---

21 다음의 내 연구를 보라. "John and the Oral Gospel Tradition," in H. Wansbrough, ed., *Jesus and the Oral Gospel Tradition* (JSNTS 64; Sheffield: Sheffield Academic Press, 1991), 351-79(위의 내용은 356-58). 이는 특히 다음의 연구를 의지한다. C. H. Dodd, *Historical Tradition in the Fourth Gospel* (Cambridge: Cambridge University Press, 1963). 다음도 보라. C. M. Tuckett, "The Fourth Gospel and Q", E. K. Broadhead, "The Fourth Gospel and the Synoptic Sayings Source," in Fortna and Thatcher, *Jesus in the Johannine Tradition*, 280-90과 291-301. 요한복음의 담론 중 약 일흔 절이 공관복음서에 병행구를 가지고 있다고 한다.

어떤 병행구도 문학적 의존으로 (타당하게) 설명될 수 있다고 가정한다. 그리고 초기 기독교 공동체들을 포함한 고대 사회의 구전적 특징을 너무 가볍게 여긴다. 내가 보기에 그런 병행은 요한이 구전 형태의 예수 전승, 곧 공관복음서 같은 자료의 전승을 알았다는 측면에서 가장 잘 설명된다.[22] 우리가 구전 형태의 예수 전승이 요한 이전의 복음서들로 문서화되기 전 더욱더 광범위하게 알려졌다고 가정하는 것은 안전하다. 그리고 이 전승은 요한 이전에 문서화된 복음서들에 관한 지식과 사용이 더욱 넓게 퍼지면서 계속하여 좀 더 광범위하게 알려졌음이 틀림없다. 물론 제4복음서 저자와 그의 교회(들)는 이전의 문서 복음서들과는 별도로 예수 전승을 알았다. 게다가 정확하게 공관복음서와 병행되는 발언들로 인해 우리가 요한복음에서 그런 전승을 인식할 수 있다는 사실은 예수 전승의 많은 내용이 구두 전수 및 사용의 과정 안에서 일정하게 유지되었음을 가리킨다. 나는 다음과 같이 주장한다. 즉 요한복음의 담론들은 예수가 자신의 사역 동안 갈릴리나 유대에서 가르친 것에 관한 기억들에 뿌리박고 있다.

내 주장을 입증할 몇 가지 예는 다음과 같다.[23]

- 예수는 하나님 나라에 들어가는 것이 거듭/위로부터 나는 것에 달렸다고 말한다(요 3:3, 5). 이것은 마태복음 18:3의 전승을 보다 날카롭게 표현한 것으로 보인다. 마태의 본문에서 하나님

---

22 이 논의를 위해서는 특히 다음을 보라. D. M. Smith, *John among the Gospels: The Relationship in Twentieth-Century Research* (Minneapolis: Fortress, 1992).

23 요 2:18; 6:30; 4:35-38, 44; 12:15; 13:20, 21, 38; 20:23에 대한 간략한 논의를 위해서는 내 다음 연구를 보라. "John and the Oral Gospel Tradition," 369-73.

나라에 들어가는 것은 아이들과 같이 되는 것에 달렸다. 흥미롭게도 요한복음 3:3, 5은 요한복음에서 하나님 나라에 대한 유일한 언급이며 공관복음서의 하나님 나라 모티프에 가깝다.

■ 예수의 현존은 신랑의 현존에 비유된다(요 3:29). 이것은 예수와 세례 요한의 차이점이다. 여기서 우리는 마가복음 2:19과 그 병행구(와 막 2:21-22과 병행구)의 반영을 발견한다.

■ 생명의 떡 담론("나는 생명의 떡이다", 요 6:26-58)은 최후의 만찬 석상에서 예수의 말("이것[떡]은 나의 몸이다", 막 14:22-25과 병행구)을 반영하는 것으로 분명히 이해되어야 한다. 요한은 이 일화의 시기를 유월절로 잡지만(요 6:4), 그의 묘사는 예수의 말에서 유월절의 중요성에 집중하기보다는 모세 및 광야의 만나와의 대조에 집중한다.

■ 요한복음 10장에서 선한 목자 주제는 예수가 자신의 가르침에서 자주 사용한 동일한 이미지에 대한 기억을 이어받은 것이 분명하다.[24]

■ 하나님을 계시하는 육화된 말씀으로서 예수를 가장 온전하게 제시하는(요 1:14-18) 요한복음의 주된 주제는 예수가 말한 담론의 지속적인 주제를 형성한다.

　－ 예수는 자신에 대해 아버지 하나님의 **아들**이라고 반복하여 말하는데, 이것은 "아바"인 하나님께 기도하던 예수에 관한 훨씬 더 제한된 초기 기억의 심화라는 점이 명백하다. 이 초기 기억은 아마도 공관복음서 전승 안에서 이미 심화되었을

24　마 18:12/눅 15:4; 막 6:34; 마 10:6; 15:24; 눅 12:32.

것이다.[25]

- 이와 유사하게 자신이 아버지로부터 **보냄을 받았다**는 예수 의 반복되는 진술은(요 4:34; 5:24, 30, 37; 6:38-39, 44 등) 유사한 용어로 표현된 예수의 자기 언급에 대한 기억의 심화임이 분 명하다.[26]

- 예수의 것임이 틀림없는 "인자"에 관한 발언에 예수의 **하 강과 상승**(요 3:13; 6:62; 참조. 1:51), 그리고 **들려져 영화롭게 된다**는(3:14; 8:28; 12:23; 13:31) 생각을 덧붙임으로써 그 발언 을 심화한 것도 이와 유사하다.

- 요한은 "아멘, 아멘"(진실로 진실로-개역개정)을 예수가 말한 가르침의 도입구로 자주 사용한다. 이것은 예수가 발언을 시 작하면서 "아멘"이라고 말했다는 공관복음서에서 잘 알려진 전승에서 유래했음이 분명하다[27].

- 요한복음의 "나는 ~이다"라는 주목할 만한 표현은[28] 분명 히 요한 이전의 공관복음서 전승에는 알려지지 않았다. (어 느 복음서 저자가 예수의 그런 말을 생략할 수 있었겠는가?) 그러나

---

25 Jeremias는 예수의 말 가운데 하나님을 "아버지"로 언급하는 것이 예수 전승 안에서 놀 랍도록 증가했음을 주목했다. 마가복음 3회, Q 자료 4회, 누가 특수 자료 4회, 마태 특수 자료 31회, 요한복음 100회(J. Jeremias, *The Prayers of Jesus* [ET London: SCM, 1967], 30, 36).

26 막 9:37과 병행구; 12:6과 병행구; 마 15:24; 눅 4:18; 10:16.

27 다음도 보라. R. A. Culpepper, "The Origin of the 'Amen, Amen' Sayings in the Gospel of John," in Fortna and Thatcher, *Jesus in the Johannine Tradition*, 253-62. 본서의 1장 도 보라.

28 요 6:35, 41, 48, 51; 8:12, 24, 28, 58; 10:7, 9, 14; 11:25; 13:19; 14:6; 15:1, 5; 18:5-8.

경외심을 불러일으키는 예수의 몇몇 확언에 관한 기억이(막 6:50과 병행구; 요 6:20) 요한복음의 특유한 형태를 자극했다는 점도 동일하게 설득력이 있다.[29]

요한복음 담론들의 근원은 공관복음서 전승을 반영하고 그것과 병행하는 전승 안에서 이 담론들을 이해할 수 있는 가장 개연성 있는 방법을 암시한다. 즉 **요한복음 담론들에서 대다수는 아닐지라도 많은 주요 주제들은 예수의 특정한 발언들이나 그가 말하고 행한 것의 특징적인 모습에 대한 오랜 숙고의 열매다.** 이는 요한과 요한 계열 교회들의 발전된 기독론으로부터 등장하여 그 기독론을 표현할 뿐만 아니라 예수가 말하고 가르쳤던 것들에 대한 숙고—예수의 부활과 승귀(exaltation)가 그들에게 열어놓은 보다 풍부한 기독론을 고려한[30]—를 표현하는 담론들과 주제들이다. 다시 말해 이 담론들과 주제들은 단지 예수 전승의 전달만이 아니라 그 전승이 뒤이어 일어났던 일들에 비추어 예수에 대한 이해를 자극했던 방법을 예시한다.

요한은 바로 이 과정을 증언하고 정당화한다.

■ 요한은 두 번에 걸쳐 다음을 명시적으로 언급한다. 즉 제자들

---

29   참조. Anderson, *Fourth Gospel*, 56-58.

30   Tom Thatcher, "The Riddles of Jesus in the Johannine Dialogue," in Fortna and Thatcher, *Jesus in the Johannine Tradition*, 263-77. Thatcher는 요한복음의 대화들에서 상당한 분량의 수수께끼에 주목한다. 수수께끼들은 널리 증거가 발견되는 구전 양식이기 때문에, 그는 이 발언들 중 적어도 얼마는 제4복음서가 집필되기 전 요한 계열의 그룹에서 구전으로 유포되었고, 좀 더 큰 대화들의 일부도 수수께끼 단락들(그는 특히 요 8:12-58을 지칭한다)로서 구두로 유포되었을 것이라고 제안한다.

은 예수가 말하거나 행하고 있는 것을 이해하지 못했지만 그 세부 사항들을 기억했으며 나중에 예수의 부활과 영화에 비추어 그것들을 이해했다는 사실이다.[31] 이것은 예수에 관한 선언들이 부활이 예증하듯이 예수 자신의 사역에 뿌리내리고 있음을 정확히 보여준다. 예수의 직계 제자들은 예수의 사역 동안 그에 대한 참된 지식을 이미 가지고 있었으나(요 6:69; 17:7-8), 그것을 온전히 이해하지 못했다. 그들의 지식은 아직 불완전했다.[32]

■ 성령/보혜사에게 전가된 역할도 마찬가지다. 예수의 사역 동안 "성령이 아직 그들에게 계시지 않았다"(7:39). 다시 말해 아마도 성령은 아직 주어지지 않았다. 그러나 성령이 오면 제자들을 가르쳐 예수가 그들에게 말한 것을 기억나게 할 것이다(14:26). 성령은 제자들을 진리 가운데로 인도할 것이며, 제자들은 아직 전할 수 없는 더 많은 예수의 진리를 선포할 것이다(16:12-13). 이것은 이미 주어진 계시와 보다 완전한 미래의 계시 사이의 동일한 균형이다. 미래의 계시는 이미 주어진 계시를 보다 명확하게 하고 좀 더 온전하게 납득되도록 한다.[33]

---

31 요 2:22; 12:16; 유사하게 13:7; 14:20; 16:4.

32 요 8:28, 32; 10:6, 38; 13:28; 14:9. 다음도 보라. T. Thatcher, "Why John Wrote a Gospel: Memory and History in an Early Christian Community," in A. Kirk and T. Thatcher, eds., *Memory, Tradition, and Text: Uses of the Past in Early Christianity* (Semeia Studies 52; Atlanta: SBL, 2005), 79-97(특히 82-85); Thatcher의 다음 연구도 보라. *Why John Wrote a Gospel: Jesus—Memory—History* (Louisville: Westminster John Knox, 2006), 24-32.

33 계시라는 요한복음의 개념의 변증법은 아낭겔로(*anangellō*)라는 말로 요약될 수 있다. 요한은 이 단어를 16:13-15에서 세 번 사용한다. 이 말은 "다시 공포하다", "다시 선포하다"를 뜻하지만, 16:13에서는 새로운 정보/계시의 공포도 의미한다. Arthur Dewey, "The Eyewitness of History: Visionary Consciousness in the Fourth Gospel," in Fortna

요약하면 **예수의 가르침에 대한 요한의 판본은 공관복음서 전승이 입증하는 것처럼 예수의 가르침이 지닌 특징으로서 기억된 경구, 비유, 모티프 및 주제들의 심화였음**을 의심하기 어렵다. 동시에 요한의 판본은 순수한 창작이 아니었으며, 오직 부활 신앙에서만 나온 것도 아니었다. 오히려 그것은 예수가 말한 것으로 기억되는 전형적인 것들의 심화였다. 후대의 "복음서들"(Gospels)과는 다르게 요한은 예수가 누구였는가에 대한 보다 완전한 통찰이 예수의 부활 후 몇 사람에게 주어진 비밀스러운 가르침에서 기인한다고 생각하지 않았다. 오히려 요한은 이 통찰을 예수 전승 안에 뿌리박게 하는데, 이는 요한이 다른 교회들과 공유하며 예수의 사역에 대한 기억에 뿌리를 내리고 있는 전승이다. 요한에게는 이것이 예수에 대한 진리였다. 이는 공관복음서 같은 전승의 현학적 반복이 아니라 확장된 담론이 끌어낸 전승의 중요성이다. 이 담론들은 요한 또는 그의 전승이 공관복음서 전승에서 예시된 예수 전승의 구체적인 특색들에서 가져온 것이다. 요한의 방법을 인정할 수 없는 것이라고 비판한다면, 그것은 복음서 저자의 과업을 예수의 사역 동안 있었던 언행들을 단순히 기록하는 것으로 제한하는 것이다. 그러나 요한은 분명히 자신의 과업을 그보다는 더 큰 것으로 보았다. 그는 예수의 언행이 지닌 보다 완전한 의미를 끌어내는 것을 자신의 과업으로 여겼다. 이를 위해 요한은 예수가 제자들에게 말한 것을 **상기시키고** 예수의 부활과 승천이 만들어낸 **진리에 대한 더욱 완전한 이해로 그들을 인도하는** 성령으로 보다 완전한 이해를 제시했다.

---

　　and Thatcher, *Jesus in the Johannine Tradition*, 59-70. Dewey는 "미리 내다본 기억"(anticipatory memory)을 말한다(65-67).

몇몇 빈틈 메우기

요한이 메우는 가장 주목할 만한 빈틈은 **예수 자신의 사역의 시작**과 관련된다(요 1-3장). 요한은 초기 복음서 저자들이 한쪽으로 미루어놓았거나 알지 못했던 전승을 사용할 수 있었던 것으로 보인다. 다른 복음서들은 헤롯 안티파스가 세례 요한을 투옥한 **후에**(막 1:14과 병행구) 예수가 사역을 시작한 것으로 기술한다. 이것은 아마도, 내가 이미 제안했듯이, 그들이 예수의 사역이 세례 요한의 제자 그룹 안에서 시작된 것을 얼마간 당혹스럽게 여겼기 때문일 것이다. 이와 대조적으로 제4복음서 저자는 세례 요한이 투옥되기(요 3:24) 이전의 시기에 대한 언급을 포함하는 것을 주저하지 않는다. 그 시기 동안 **예수의 사역은 세례 요한의 사역과 중첩되었다**(3:22-36). 더욱이 요한은 예수 자신이 세례를 베푼 것을 애써 부정하지만(4:2),[34] 예수의 사역은 세례 요한의 사역과 동일한 성격을 가졌음이 분명하다(3:22-26). 이 전승은 거의 확실하게 예수의 첫 제자들에게로 거슬러 올라간다. 왜냐하면 이 전승은 **예수 자신의 주요 제자 중 일부가 먼저 세례 요한의 제자였다**는 세부 사항을 포함하기 때문이다(1:35-42).[35] 예수 전승의 다른 곳에서 드러난 당혹감 곧 예수가 세례 요한의 제자로 여겨질 수 있다는 당혹감의 정도를 감안하면, 세부 정보나 강조점 모두 창작된 것은 아닐 것이다.[36]

---

34 A. T. Lincoln, "'We Know That His Testimony Is True': Johannine Truth Claims and Historicity," in Anderson et al., *John, Jesus, and History* 1.179-97. Lincoln은 "예수가 세례를 베풀었다는 문제에 관한 논의는 제4복음서 저자의 창조성 또는 그의 전승의 결과"라는 가설에 "어려움이 좀 더 적을 것이라고" 제안한다.

35 다음도 보라. Dodd, *Historical Tradition*, 279-87, 302-5.

36 특히 마 3:14-15을 주목하라. 그리고 본서의 3장도 보라.

초기 기독교 전승이 세례 요한과 예수의 관계를 다룬 상이한 방식은 매우 흥미롭다. 공관복음서는 그 전승의 사소하지 않은 측면을 생략했다. 이것은 아마도 두 사역 간의 혼동을 방지하고 예수의 사역이 지닌 독특함을 강조하기 위한 조치였을 것이다. 요한의 복음서는 예수가 세례 요한의 그룹에서 나왔다는 기억과 두 사역이 중첩된 기간에 대한 기억을 보존한다. 그러나 요한은 예수와 그의 중요성에 대해 분명하고도 솔직하게 증언하는 자인 세례 요한의 역할에 초점을 맞춘다(1:6-9, 19-34; 3:25-36). 그래서 우리는 공관복음서 전승이 요한의 전승보다 언제나 더 신뢰할 만하다는 가정을 가지고서는 앞의 세 복음서와 제4복음서 사이의 긴장을 확실히 해소할 수 없다. 이 경우에 분명히 우리는 요한의 전승이 첫 제자들에게도 소급될 수 있다고 충분히 확신할 수 있다. 실제로 요한은 그 중첩되는 기간에 대해 우리가 공관복음서 전승으로부터 추론할 수 있었던 것보다 더 선명한 기억을 간직한다.

공관복음서와 요한복음의 현저한 차이점 중 또 다른 하나는 공관복음서가 갈릴리에서의 예수의 사역에 집중하는 반면, 요한복음의 내러티브 중 상당 부분은 **유대와 예루살렘에 초점을 맞춘다**(2:13-3:36; 5:1-47; 7:10과 이후 계속)는 것이다. 예수가 공관복음서 전승이 말하는 것보다 더 많이 유대와 예루살렘을 방문했고 거기서 더 많은 시간을 보냈을 가능성이 없는 것은 아니다.

- 세례 요한과 예수의 사역이 중첩되는 초기는 유대에서의 처음 사역을 시사한다(참조. 요 3장).
- 누가는 마리아와 마르다가 예수와 가까운 제자라고 기록한다(눅 10:38-42). 누가는 그들을 예루살렘으로 가는 길 위의 마을

에 위치시키지만, 요한은 그 마을이 예루살렘에 가까운 베다니
였다고 분명히 말한다(요 11:1, 18; 12:1-8).[37]

- 요한의 지리적인 위치들은 일반적으로 확고한 역사적 기원
  에 대한 증거로 평가된다. 예를 들어 요한복음 1:28(요단강 건너
  베다니), 3:23(살렘 근처 애논), 5:2(다섯 행각이 있는 베데스다 연못),
  그리고 11:54(에브라임으로 불리는 마을) 등이다.
- 예수의 예루살렘 입성을 위한 나귀(막 11:2-3과 병행구)와 최후의
  만찬을 위한 방(막 14:12-16과 병행구)을 제공한 (비밀스러운?) 제
  자들은 예수가 예루살렘 또는 그 근방에 가까운 제자들을 두었
  음을 암시해준다.

그런 경우에 왜 공관복음서 전승은 더 이른 시기에 있었던 예수의
예루살렘 방문을 도외시하거나 한쪽으로 밀어놓았는가? 그들이 세례
요한과 중첩되는 기간을 의도적으로 배제했다는 사실은 그들에게 그렇
게 할 수 있는 자유가 있었음을 보여주는 충분한 증거다. 아마도 마가복
음이나 마가가 사용한 전승은 (마지막) 예루살렘 방문을 예수 이야기의
절정으로 만들기를 원했다. 그리고 마태와 누가는 단순히 마가(또는 그들
의 전승의 주류)를 따라 그렇게 했다. 메시아 예수를 믿는 자들로 구성된
매우 이른 시기의 예루살렘 공동체의 지도력은 모두 갈릴리 사람들이었

---

37 예수는 그의 마지막 주간에 베다니에서 묵었다(막 11:11-12과 병행구; 14:3과 병행
구). 요 12:1-2에서 마르다와 마리아에 관한 묘사(마르다는 섬기고 마리아는 예수에
게 집중했다)는 눅 10:39-42의 유사한 묘사를 되풀이한다. 보다 완전한 이야기는 요
12:1-8이다. 다음을 보라. Dodd, *Historical Tradition*, 162-73. 그리고 내 다음 연구도
보라. "John and the Oral Gospel Tradition," 365-67.

기 때문에, 우리는 그들이 시작하고 가르친 전승이 갈릴리 사역에 집중된 이유를 이해할 수 있다.

물론 요한복음의 전반부에서 예수의 갈릴리 출입이 어색하게 보이지만, 요한은 갈릴리 사역을 도외시하지 않는다.[38] 그 자료에 포함된 두 가지 기적은 실제로 공관복음서의 기적 전승과 매우 가깝다. 즉 왕의 신하의 아들을 치유한 것(요 4:46-54; 참조. 마 8:5-13/눅 7:2-10)과 오천 명 급식(요 6:1-13; 참조. 막 6:32-52과 병행구)이다. 그러나 다음의 가능성이 요한복음을 관통하면서 증가한다. 곧 요한은 예수의 사역에 관한 자료를 갖고 있었고, 그 자료가 베드로의 기억과 다르거나 아니면 베드로의 기억에 추가되었을 가능성이다. 나는 여기서 "예수가 사랑하시는 자"(요 13:23; 19:26; 21:7)라는 말이 가리키는(그리고 은폐하는) 인물을 염두에 둔다.[39] 만약 그 제자가 1:35-39에서도 언급된다면, 그는 세례 요한의 사역과 예수의 사역이 중첩되는 시기(세례 요한의 제자들을 예수의 추

---

38 요 2:1, 12, 13; 4:1-3, 43-46; 5:1; 6:1, 59; 7:1, 9, 10.

39 특히 다음을 보라. R. Bauckham, *Jesus and the Eyewitness: The Gospels as Eyewitness Testimony* (Grand Rapids: Eerdmans, 2006, 『예수와 그 목격자들』, 새물결플러스 역간), 358-411; 또한 "The Fourth Gospel as the Testimony of the Beloved Disciples," in R. Bauckham and C. Mosser, eds., *The Gospel of John and Christian Theology* (Grand Rapids: Eerdmans, 2008), 120-39. M. Hengel, *The Johannine Question* (ET London: SCM, 1989). Hengel은 제4복음서 저자가 예루살렘 거주민이었으며, 예수의 죽음을 목격한 자였고, 초기 공동체 구성원으로서 60년대 초에 소아시아로 이주하여 학교를 세웠다고 주장한다. 이 복음서 저자는 그곳에서 노년에 복음서를 집필했는데, "그 안에는 전형적인 '유대 팔레스타인'의 회고들이 좀 더 '헬레니즘적이고 열광주의적'이며 심지어 바울적인 접근들과 합쳐져서 하나의 위대한 통합을 이루었으며, 이 안에서 초기 기독교의 기독론적인 교리의 발전이 절정에 이르렀다"(134). 다음도 보라. R. A. Culpepper, *John: The Son of Zebedee: The Life of a Legend* (Edinburgh: T. & T. Clark, 2000), ch. 3; T. Thatcher, "The Legend of the Beloved Disciple," in Fortna and Thatcher, *Jesus in the Johannine Tradition*, 91-99; Lincoln, "We Know," 180-83.

종자로 받아들이는 것을 포함하는)를 알려주는 좋은 자료가 될 수 있었을 것이다. 이와 유사하게 만약 그 제자가 18:15-16에서도 언급된다면, 그는 예루살렘에 좋은 연고자들을 가진 것이 된다(그는 대제사장에게 알려진 인물이었다). 이는 이 제자가 일화들이나 연고자들, 곧 니고데모와 아리마대 요셉의 경우와 같이 한두 번의 짧은 예루살렘 방문 기간에 있었던 예수의 사역에 관한 기억을 알 수 있거나 간직했을 수 있었음을 암시한다. 공관복음서는 예수의 사역에서 예루살렘 사건들을(앞서 말한 니고데모와 아리마대 요셉의 경우와 같은) 대부분 도외시하는데,[40] 왜냐하면 갈릴리 전승이 보다 친숙하고 그 자체로 매우 완전하기 때문이다.[41] 유대에서 진행된 예수의 사역에 관한 요한의 증언만으로, 또한 예수의 전체 사역에 대한 기억을 제시하는 전승을 사용하는 데 대한 요한의 자유를 감안할 때, 확실한 결론을 도출하는 것은 어렵다. 그러나 가장 설득력 있는 설명은, 비록 요한이 비유적이거나 상징적인 자신만의 독특한 언어로 처리했다고 할지라도, 그는 한두 번 아니면 몇 번 있었던 예수의 예루살렘 방문에 대한 분명한 기억에 의존했다는 것이다.

---

40 요셉은 모든 복음서의 마지막에 언급된다(막 15:43과 병행구; 요 19:38). 그러나 니고데모는 오직 요한복음에만 나타난다(3:1-9; 7:50; 19:39).

41 사마리아에서 있었던 선교(요 4장)에 관해서도 유사하다. 반면 공관복음서는 왜 그런 선교가 배제될 수 있었는지를 보여준다(마 10:5; 눅 9:52-54). O. Cullmann(*The Johannine Circle* [London: SCM, 1976])은 여기서 요 4:38을 강조한다(47-49).

요한의 기독론

제4복음서 저자가 자신의 복음서를 통해 시도했던 것을 이해하는 데 가장 도움이 되는 방법은 요한복음을 후기 제2성전기 유대교, 아니면 아마 더욱 정확하게 제2성전기 유대교 이후 또는 초기 랍비 유대교의 맥락에 위치시키는 것이다. 우리는 요한의 복음서가 어디서 왔는지 확실히 알 수 없다. 그러나 요한복음은 유대의 첫 번째 대로마 항전의 비극 이후 수십 년이 지난 시기의 갈릴리 북부나 시리아 남부의 정황을 반영할 수 있다. 우리가 아는 것은 요한복음이 대변하는 공동체들이 유대교 당국과 적대적이거나 분열되는 정황에 처했다는 점이다. 요한복음에서 "유대인들"에 대한 언급의 절반은 적대적이거나, 아니면 깊은 불신을 반영한다. "회당에서 축출"(aposynagōgos, 요 9:22; 12:42; 16:2)되었거나 축출될 것으로 예상되는 요한 그룹에 관한 복수의 진술이 발견된다. 하지만 "유대인들"에 대한 언급의 나머지 반의 대부분은 예수 및 그의 중요성에 대해 논쟁하는 유대인의 무리에 대한 것이다. 예수는 어디에서 왔는가?[42] 그는 메시아인가?[43]

이로부터 아마도 두 가지 추론을 생각할 수 있을 것이다. 하나는 요한복음이 아마도 70년 이후 예수를 메시아로 믿는 유대인들이 적어도 일부 (아마도 많은) 회당에서 점점 더 받아들여지지 않았던 정황을 반영한다는 추론이다. 우리는 신흥 기독교와 70년 이후의 랍비 유대교 사이의 "갈림길"을 이미 깨끗하게 갈라져 마무리된 것으로 상상하지 말아

---

42 요 7:26-27, 41-42, 52; 8:48; 9:29; 19:9.
43 요 4:25-29; 7:27-31, 41-42; 10:24; 12:34.

냐하면 신적인 계시에 관한 유사한 관심들이 후기 제2성전기 유대교에
널리 퍼져 있었기 때문이다. 다시 말해 우리는 아마도 이 주제를 통해
요한의 그리스도인들과 동시대 유대인들(랍비 지도자들과 좀 더 일반적으로
는 그들의 동료 유대인들 모두) **사이에 있었던 논의/논쟁에서 중심이 되는
사안**을 볼 수 있을 것이다. 나는 요한복음을 그것의 역사적 맥락 안에서
살펴보는 이 방법을 좀 더 상세하게 서술하려고 한다.[45] 나는 다음의 세
가지 관찰로 시작한다.

첫째, 유대교 묵시문헌들과 메르카바 신비주의(merkabah mysticism)
는 모두 천상의 신비—환상을 통해서나 아니면 좀 더 빈번하게는 하늘
로의 상승을 통해—에 대한 직접적인 지식을 주장한다는 특징이 있다.
이런 상승은 에녹이나 아브라함뿐만 아니라 아담, 레위, 바룩 그리고 이
사야가 경험한 것으로 여겨진다.[46] 이 하늘로의 상승에 대한 보고는 대
부분 요한복음과 거의 동시대 또는 앞선 시기에 속한다.[47] 또한 시내산
에서 모세가 상승한 일에 대한 기록(출 19:3; 24:18)은 유대교 안의 몇몇
그룹으로 하여금 그 일을 하늘로 오르는 승천으로 보도록 자극했다.[48]

---

45 나는 다음의 내 연구를 의지했다. "Let John Be John—a Gospel for Its Time," in *Das
    Evangelium und die Evangelien* (ed. P. Stuhlmacher; Tübingen; J. C. B. Mohr), 309-
    39="Let John Be John: A Gospel for Its Time," in P. Stuhlmacher, ed., *The Gospel and
    the Gospels* (Grand Rapids: Eerdmans, 1991), 293-322.

46 에녹—*1 En.* 14.8-25; 39.3-8; 70-71; *2 En.* 3-23.
    아브라함—*T. Ab.* 10-15; *Apoc. Ab.* 15-29.   아담—*Life of Adam and Eve* 25-29.
    레위—*T. Levi* 2-8.   바룩—*2 Bar.* 76; *3 Baruch*.   이사야—*Ascen. Isa.* 7-10.

47 더 충분한 세부 사항을 위해서는 다음을 보라. A. F. Segal, "Heavenly Ascent in
    Hellenistic Judaism, Early Christianity, and Their Environment," *ANRW* 2.23.2 (Berlin:
    De Gruyter, 1980), 1352-68.

48 Philo, *On the Life of Moses* 1.158; *Questions and Answers on Exodus* 2.29, 40, 46;
    Josephus, *Antiquities* 3.96; *2 Bar.* 4.2-7; Ps-Philo 12.1; *Memar Marqah* 4.3, 7; 5.3;

메르카바 신비주의의 수련도 이와 유사하다. 메르카바 신비주의자들은 특별히 에스겔 1장의 병거 환상(과 다른 환상들, 특히 사 6장과 단 7:9-10)에 대한 묵상을 통해 그들 자신이 신비적인 상승이나 하나님의 보좌의 계시를 경험하기를 열망했다. 그런 신비주의의 실행 자체는 우리가 고찰하는 시대에 이미 잘 확립되었던 것으로 보인다. 그것은 「에녹1서」 14장에 이미 반영되었고, 「집회서」 49.8에서 암시되며, 이른바 쿰란의 「안식일 희생제사의 노래」(Songs of the Sabbath Sacrifice, 4Q400-407))라고도 불리는 천사의 예식(angelic liturgy)에 분명히 기록되어 있다.[49] 여기서 특히 중요한 것은 이 환상들 중 일부에서 영광스러운 천상의 존재가 등장하는 것과, 상승한 사람—특히 모세, 이사야 그리고 특별히 에녹—이 천사와 같은 형체로 변화하는 모티프다.[50] 우리가 다니엘 7:13-14의 "인자와 같은 이"에 대한 환상이 동일한 시기(70년 이후)에 유대교와 기독교 묵시문학 모두에서(4 Ezra 13; 계 1:13) 사색의 초점이 되었음을 발견한다는 것은 필시 의미심장하다.[51] 다니엘의 환상에서 사람과 같은 인물은

참조. Ezekiel the Tragedian in Eusebius, Preparation for the Gospel 9.29.5-6; 4 Ezra 14.5; 2 Bar. 59. Targum Neofiti에는 신 30:12-14이 다음과 같이 진술된다. "율법은 하늘에 없으니 사람은 말하기를 '하늘로 올라가 우리에게 그것을 가져다줄 예언자 모세와 같은 이가 우리에게 있겠는가' 할 것이다."

49   J. Strugnell, "The Angelic Liturgy at Qumran," in VTSup 7 (1959), 318-45; C. A. Newsom, Songs of the Sabbath Sacrifice (Atlanta: Scholars, 1985); J. R. Davila, Liturgical Works (Grand Rapids: Eerdmans, 2000), 83-167.

50   모세—Sir. 45.2; Josephus, Antiquities 3.96-97; 4.326.   이사야—Ascen. Isa. 9.30. 에녹—Jub. 4.22-23; 1 En. 12-16; 2 En. 22.8.

51   아마 1 En. 37-71장도 마찬가지일 것이다. 왜냐하면 "에녹의 비유들"(Similitudes of Enoch)이 사해 사본에 나타나지 않으며, 초기 예수 전승은 에녹의 비유들이 지닌 특징인 "인자"를 알고 있다는 증거를 보여주지 않기 때문이다. 그러나 이 쟁점은 유대교와 기독교 학계에서 큰 논란이 된다.

끔찍한 고통 후에 신원된 지극히 높으신 하나님의 성도들을 상징했다. 예루살렘 멸망의 여파 속에서 유대교 묵시론자들이 70년의 재앙 이후 영감을 얻기 위해 다니엘서의 인자와 같은 인물을 바라보는 것은 자연스러울 것이다. 이런 경우들에서 공통 관심은 환상과 천상으로의 상승이 제공하는 **신적인 신비의 계시**였다.

둘째, 우리는 **초기 기독교와 야브네의 현자들 모두가 유대교 내에서 그런 경향들의 영향을 받지 않은 것은 아니라는 점도 주목해야** 한다. 셋째 하늘로의 환상적인 상승에 관한 바울의 기술은(고후 12:2-4) 바울 자신이 메르카바 신비주의에 친숙했다고 보는 견해를 뒷받침할 수 있다.[52] 그리고 선견자 요한의 환상(계 1:13-16)은 그보다 앞선 에스겔 1장, 다니엘 7:9-14 및 다니엘 10: 5-6의 환상들과 현저한 연결점을 갖고 있다. 랍비들에 관해 말하자면, 70년 이후 야브네에서 처음에 랍비 유대교를 다시 일으키는 데 있어 지도적인 역할을 수행한 요하난 벤 자카이(Yohanan ben Zakkai)가 에스겔 1장의 병거 단락에 큰 흥미를 가졌고 아마도 그것에 대한 묵상을 실천했을 것이다(t. Hagigah 2.1ff과 병행구).[53] 더욱 눈에 띄는 것은 "두 권세 이단"이 거의 동일한 시기에 속한 것으로

---

52 J. Bowker, "'Merkabah' Visions and the Visions of Paul," *JSS* 16 (1971), 157-73. 다음도 보라. J. D. Tabor, *Things Unutterable; Paul's Ascent to Paradise in Its Greco-Roman, Judaic, and Early Christian Contexts* (Lanham, MD: University Press of America, 1986). 그러나 다음 연구의 경고성 발언도 보라. P. Schäfer, "New Testament and Hekhalot Literature: The Journey into Heaven in Paul and Merkavah Mysticism," *JJS* 35 (1985), 19-35.

53 다음을 보라. J. Neusner, *A Life of Johanan ben Zakkai* (Leiden: Brill, ²1970), 134-40; I. Gruenwald, *Apocalyptic and Merkabah Mysticism* (Leiden: Brill, 1980), 75-86; C. Rowland, *The Open Heaven: A Study of Apocalyptic in Judaism and Early Christianity* (London: SPCK, 1982), 282-305.

추정되는데, 유명한 아키바를 포함하여 (아마도) 네 명의 랍비가 본 하나님의 병거 보좌 환상까지 거슬러 올라간다는 표시다(b. Hagigah 15a; t. Hagigah 2.3-4). 네 랍비 중 하나인 엘리샤 벤 아부야(Elisha ben Abuyah)는 보좌 위의 영광스러운 인물을 하늘의 두 번째 권세로 보았다.[54] "두 권세 이단"의 출발점 중 하나는 다니엘의 환상(단 7:9)에 나오는 복수의 "보좌들"에 대한 사색이었던 것으로 보인다. 왜냐하면 심지어 아키바조차 다니엘 7:9의 두 번째 보좌 위의 인물에 대한 사색 때문에 비난을 받았다는 전승이 있기 때문이다(b. Hagigah 14a; b. Sanhedrin 38b). 이 증거는 위에서 제안한 가설을 강화한다. 두 번의 유대 전쟁 사이에(70-132년) 다니엘 7:9-14의 환상(들)은 상당한 사색의 초점이었는데, 이는 그 시대 동안 유대교를 막아선 위기 속에서 다니엘의 환상들이 통찰과 영감의 출처가 될 수 있다는 희망 때문이었다.

셋째, 우리는 **묵시적이고 메르카바 신비주의적인 사색의 이런 일부 경향에 저항하는 강한 반발이 이미 유대교와 기독교 그룹 모두에 존재했다**는 사실을 알고 있다. 「집회서」 3.18-25은 환상 체험이 연루된 명상을 자제하라는 권고로 쉽게 이해될 수 있다.[55] 「제4에스라서」 8.20-21은 하나님의 보좌를 보고 묘사할 수 있다는 주장에 저항하는 것으로 보인다.[56] 그리고 미쉬나는 병거에 관한 에스겔서의 단락을 회당에서 예언적인 문서로 사용하는 것과(m. Megillah 4.10), 현자가 이미 그 주제에

---

54 다음을 보라. R. T. Herford, *Christianity in Talmud and Midrash* (London: Williams and Norgate, 1903), 262-66; A. F. Segal, *Two Powers in Heaven: Early Rabbinic Reports about Christianity and Gnosticism* (Leiden: Brill, 1977).

55 Gruenwald, *Apocalyptic and Merkabah Mysticism*, 17-18.

56 Rowland, *The Open Heaven*, 54-55.

친숙하지 않다면 심지어 개인적으로 토론하는 것도 금지한다(*m. Hagigah* 2.1). 기독교에 관해 말하자면 우리는 히브리서 1-2장 및 아마도 골로새서 2:18에서[57] 천사 숭배를 반대하는 강한 경고와, 요한계시록에 너무 많은 권위를 부여하는 것을 주저하는 초기 교회의 모습을 떠올릴 수 있다. 이와 유사하게 천사론에 관한 랍비들의 반론은 이 시기까지 거슬러 올라간다.[58] 그리고 엘리샤 벤 아부야의 배교는 랍비 전승의 다른 곳에서 악평이 자자한 사건이다.[59] 또한 우리는 미님(*minim*)에 대한 뒤이은 랍비들의 반론이 유일신론, 곧 하나님의 통일성에 대한 변호를 얼마나 자주 이루고 있는지를 주목해야 한다.[60]

이런 맥락 안에서 예수에 대한 제4복음서의 묘사, 정확하게 말하면 신적인 계시라는 측면에서의 묘사는 명백하게 중요하다.

예를 들어 요한복음의 서문은 예수의 계시적인 중요성에 대한 가장 고조된 주장으로 끝맺는다. "본래 하나님을 본 사람이 없으되…독생하신 하나님이 나타내셨느니라"(요 1:18). 이 주장은 바로 보이지 않는 하나님이 예수 안에서 그리고 예수를 통해 자신을 보여주셨다는 주장이다. 추가로 주목할 만한 것은 3:1-15의 세부 사항이다. 호의적인 "이

---

57 골 2:18은 천사 숭배를 가리키는 것으로, 아니면 그보다 더 개연성 있는 것으로서 아마도 *Songs of the Sabbath Sacrifice*, *T. Job* 48-50, *Ascen. Isa.* 7.13-9.33의 경우에서처럼 천사들이 하나님 숭배에 참여하는 것을 가리키는 것으로 이해할 수 있다. 다음의 내 연구를 보라. *Colossians and Philemon* (NIGTC; Grand Rapids: Eerdmans, 1996), 177-85.

58 P. S. Alexander, "The Targumim and Early Exegesis of 'Sons of God' in Gen 6," *JJS* 23 (1972), 60-71.

59 예. Rowland, *The Open Heaven*, 331-39.

60 예. Herford, *Christianity in Talmud*, 291-307. 다음도 보라. E. E. Urbach, *The Sages: Their Concepts and Beliefs* (Jerusalem: Magnes, 1979), 24-30.

스라엘의 선생"인 니고데모와 나눈 대화는 어떻게 사람이 "하나님 나라를 보고 그 나라에 들어갈"(3:3, 5) 수 있는가에 관한 것이다. 그러나 예수는 하늘로 올라감으로써 그런 지식을 얻을 수 있음을 명백하게 부정한다. "아무도 하늘에 올라간 자가 **없느니라**"(3:13). 이 결정적인 단언은 병거에 대한 명상이나 다른 방법을 통해 승천이 가능하다는 당시 유통되던 믿음에 대한 반론 이외의 다른 것일 수 없다.[61] 요한복음의 예수의 주장에 따르면, 천상의 것들에 대한 지식은 **오직** 하늘로부터 **내려온** 자신, 곧 인자**만** 가능하다(3:13). 유사한 대조가 요한복음 6장에서 발견되고 더욱 강조된다. 예수를 단순히 또 다른 예언자로, 심지어 모세와 같은 예언자로 생각하는 것은 그 대조의 요점을 놓치는 것이다. 그런 예언자는 천상의 회의에서 "듣기" 위해 하늘로 오른다고 생각할 수 있다.[62] 그러나 "하나님이 보내신 자"인 예수는 승천을 통해 하나님에 대한 지식을 얻지 않는다. 예수의 지식은 그가 하늘로부터 내려왔기 때문에 그의 것이다. "위로부터 온" 자로서, 신적인 신비에 대한 예수의 계시는 예언자들의 그것을 넘어선다. 세례 요한의 계시도(3:31) 심지어 모세의 계시도 넘어선다. 유일하게 "하나님으로부터 온 자"는 "아버지를 보았고"(6:46) 하늘로부터 온 생명의 떡이다(6:41-51).

예수에 대한 요한의 주장들은 그가 예수를 지혜로 묘사하는 데서 가장 명확하다. 요한복음 서문의 언어는 제2성전기 유대교의 지혜 신학

---

61 예. H. Odeberg, *The Fourth Gospel* (Uppsala: Almqvist & Wiksell, 1929), 72-98; W. A. Meeks, *The Prophet-King: Moses Traditions and the Johannine Christology* (NovTSup 14; Leiden: Brill, 1967), 295-301.

62 다음도 보라. J. A. Bühner, *Der Gesandte und sein Weg im 4. Evangelium* (Tübingen: Mohr Siebeck, 1977).

에 상당 부분 의존한다는 점이 오래전부터 알려졌다. 요한은 신적인 말씀(*logos*)에 대해 말한다. 그러나 그 언어는 로고스에 대한 필론의 사상과 마찬가지로 이스라엘 현자들의 지혜 사상을 반영한다.

- 잠언 8장과 「지혜서」 9.9의 지혜와 마찬가지로 요한의 로고스는 태초에 하나님과 함께 있었다(요 1:1).
- 「에녹1서」 42장에서 지혜가 사람의 자녀들 사이에서 거할 장소를 찾았으나 찾지 못했던 것처럼, 요한의 로고스도 "자기 땅에 오매 자기 백성이 그를 영접하지 아니하였다"(1:11).
- 「집회서」 24.8에서 지혜가 "야곱 안에 자신의 장막을 쳤"듯이 요한의 로고스도 "우리 가운데 그의 장막을 쳤다"(1:14).
- 하늘로부터 내려온 예수에 대한 요한의 진술은 그와 같은 지혜 단락들에서 가장 긴밀하게 병행된다.[63]
- 요한복음의 예수가 말한 "나는 ~이다"라는 선언들은 잠언 8장과 「집회서」 24장에서 지혜가 1인칭 단수로 말한다는 점과 긴밀하게 병행된다.
- 지혜는 단지 또 다른 중재자 또는 천사와 같은 대리자가 아니라 하나님의 자기 계시 안에서 하나님 자신에 대해 말하는 방식이라는 사실이 요한복음 12:45과 14:9 이면에 숨어 있다. "나를 보는 자는 나를 보내신 이를 보는 것이니라"(12:45). "나를 본 자는 아버지를 보았다"(14:9).
- 유사한 맥락에서 12:41은 이사야가 "그의 영광을 보았고 그

---

63 Wis. 9.16-17; Bar. 3.29; *1 En.* 42.

에 대해 말했다"라고 말한다. 예수는 하나님의 영광/쉐키나 (Shekinah), 곧 성전 안에서 이사야에게 보였던 하나님의 임재(사 6장)와 동일시된다.

- 따라서 요한복음에서 예수에 대해 "유대인들"이 제기한 혐의는 예수가 자신을 하나님과 동등으로 삼고(요 5:18), 사람이면서도 자신을 하나님이라고 한다(10:33)는 것이다.

우리가 이 모든 사항에서 발견하는 것은 요한이 그의 많은 동료 유대인들과 함께 과연 하나님은 그의 백성에게 자신을 계시하는지의 여부에 대해, 만약 계시한다면 어떻게 계시하는가에 관한 숙고에 참여하고 있다는 점이다. 그들 중 많은 이들은 모세와 예언자들의 증언에 안주하는 것에 만족했다(5:46). 예수를 통한 은혜와 진리는 모세를 통해서 온 율법을 초월한다(1:17). 생명의 물은 야곱의 우물물보다 더 지속적인 만족을 주었다(4:5-14). 생명의 떡은 하늘로부터 와서 광야의 만나를 크게 초월했다(6:31-40). 많은 사람이 묵시적 환상이나 천상으로의 여행을 통한 더 깊은 계시를 추구했다. 요한은 하나님에 관한 참된 지식을 가져오는 자는 하늘로 올라간 자들이 아니라 하늘에서 내려온 자, 곧 예수라고 답한다. 현자들은 하나님이 세계를 창조한 신적인 지혜, 하나님이 자신의 백성에게 제공한 신적인 지혜의 정체를 금방 밝혀냈다. 그들은 하나님의 지혜를 **토라**와 동일시했다. "이 모든 것[자기 자신을 찬양하는 지혜의 찬송]은 지극히 높으신 하나님의 언약의 책, 모세가 우리에게 명한 율법이다"(Sir. 24.23). "그녀[지혜]는 하나님의 명령의 책, 영원히 지속될 율법이다"(Bar. 4.1). 요한은 이 신적인 지혜는 토라에서 발견되기보다는 **예수** 안에서 찾을 수 있다고 주장한다(요 1:14-18). 우리는 이스라엘의 현자들이 지혜를 토라 안에 **경전화**했다고 말할 수 있다. 반면에 요한은 지혜를 예수 안에 **육화**시켰다. 현자들이 토라 이외의 어떤 곳에서도 하나님의 지혜가 보다 분명하게 표현된 것을 발견하지 못한 것처럼, 요한의 그리스도인들도 동일한 지혜가 예수 안에서보다 더 분명하게 표현된 것은 아무 곳에서도 발견하지 못했다고 주장했다.

그렇다면 우리는 제4복음서가 다른 세 개의 신약 복음서와 왜 그렇게 다른지를 알 수 있다. 공관복음서 저자들은 복음서의 틀 안에 예수의 가르침과 사역에 대한 기억들을 기록했다. 그들은 예수가 가르친 것과 그 가르침의 방법이 예수의 죽음과 부활이라는 복음의 온전한 일부임을 보여주는 데 관심을 가졌다. 다시 말해 그들은 예수가 행한 것과 예수가 어떻게 그것을 행하였는가가 온전히 복음의 일부임을 보여주고자 했다. 예수의 사역과 가르침에 대한 그들의 해석은 그들의 전승을 조직하는 것과 우리가 "연행 변화"(performance variation)라고 부를 수 있는 것에 주로 한정되었다. 왜냐하면 예수의 사역과 그의 가르침이 지닌 특성이 복음과 전적으로 일치한다는 점을 보여주는 것이 중요했기 때문이다. 곧 예수의 죽음과 부활의 복음은 그의 사역에 관한 이야기와 함께 하지 않고서는 온전히 진술될 수 없음을 보여주는 것이 중요했다.

그러나 요한복음의 경우는 다르다. 우리는 처음의 세 복음서가 그들의 주장을 밝히고 그것을 확고하게 수립했다고 말할 수 있다. 갈릴리에서 있었던 예수의 사역과 가르침은 그의 죽음과 부활 및 하나님 우편으로의 승귀에 대한 복음과 분리될 수 없었을 것이다. 그러나 공관복음서가 말해주는 것처럼 예수 이야기의 반복된 연행은 예수의 사역이 지닌 온전한 중요성을 드러나게 할 수가 없었다. 하나님이 자신을 온전하게 드러내는지 또는 시내산 모세의 경우보다 더 온전하게 계시하는지에 대해, 하나님이 하늘의 신비들을 신비가들과 신비주의자들에게 어떻게 계시하는지에 대해 새로운 질문들이 제기되면서 더욱 많은 것이 말해질 수 있었고 이야기되어야 했다. 따라서 우리는 제4복음서 이면의 동기를 상상할 수 있다. 이 동기는 마가가 제공했던 복음서의 틀을 포기하는 문제가 결코 아니었다. 그러나 그것은 새로운 정황에 대해 말하는 것, 하나님과 하늘의 비밀들을 좀 더 완전하게 알기를 추구하는 사람들에게 들려주기 위해 복음의 틀을 바꾸는 것에 관한 문제였다. 그것은 예수가 말하고 행한 것에 관한 기억들을 도외시하거나 뒤에 남겨두고 잊어버리는 것에 관한 문제였던 적이 없다. 오히려 그것은 예수의 기적들이 위대한 중요성을 지닌 "이적들"(signs)이라는 점을 입증하는 문제였으며, 예수의 가르침이 하나님에 대해 더욱 알기 원하는 자들에게 책망조로 또한 솔깃하게 이야기하는 깊이를 가졌다는 사실을 입증하는 문제였다. 그것은 예수를 육화된 하나님의 로고스로, 가장 온전한 형태를 띤 하나님의 자기계시로 묘사하는 문제였다. 이전에 토라가 지혜를 가장 온전히 구체화하는 것으로서 지혜와 동일시되었다면, 이제 요한은 예수를 하나님의 지혜에 대한 더욱 완전한 동일시로서, 지혜 안에서 하나님의 자기 계시의 육화로서 제시할 수 있었다.

이런 시도는 대담한 것이었다. 우리는 그것이 대부분의 유대인들에게는 두 권세 이단만큼 너무 멀리 나간 것이었다고 말할 수 있다.[64] 그

---

64 D. Boyarin, *Border Lines: The Partition of Judaeo-Christianity* (Philadelphia: University of Pennsylvania Press, 2004). Boyarin은 기독교가 로고스 기독론을 발전시킨 것은 유대교(타르굼)의 메므라 신학(Memra theology, 메므라=logos)과 긴밀하게 병행되는 것으로 보아야 한다고 주장한다. 실제로 그는 "로고스 신학(과 따라서 삼위일체론)은 오직 양측 모두의 이단학자들의 활동을 통해서만 유대교와 기독교의 차이점으로 부상한다"라고 주장한다. 랍비 신학은 하나님에 대한 전통적인 로고스(또는 메므라) 교리였던 것을 이

러나 요한복음이 집필된 시기에 이 복음서는 70년 이후 유대교 내부에서 아직 해결되지 않았던 논쟁의 일부였다. 그 논쟁의 해결은 만일 선한 의지가 좀 더 양자에게 계속되었다면 가능했을 만큼 만족스럽지는 않았을 것이다. 또한 입장이 견고해지고 비난과 출교가 뒤따르기 전에 그 논쟁으로 돌아가는 것이 아마도 양측 모두에게 유익한 의미가 있었을 것이다. 리브가의 자녀들은 일반적으로 인식되는 것보다 숙고하고 공유해야 할 것을 훨씬 더 많이 갖고 있었을 것이다.[65]

그리스도인들이 복음서 간의 차이점들에 직면하여 사복음서의 표제들이 "마태의 복음", "마가의 복음", "누가의 복음" 그리고 "요한의 복음"이 아님을 기억하는 것은 언제나 중요하다. 그 표제들은 "마태에 따른 복음", "마가에 따른 복음", "누가에 따른 복음", 그리고 "요한에 따른 복음"이다. 이것들은 상이한 복음서들(Gospels)이 아니라 동일한 복음(gospel)이다. 네 개의 복음서가 있더라도 그리스도인들에게는 오직 하나의 복음만이 있다. 그리고 그것은 요한복음과 나머지 복음서들 간의 독특한 변형을 포함한다. 그것은 여전히 동일한 복음으로서 이제 요한이 그만의 독특한 방법을 통해 표현한 것이다. 중요한 점은 복음이 완고한 형식이나 형태가 아니라는 점이다. 복음에 대해 성서적으로 단일하며 타당한 형식은 존재하지 않는다. 예수 그리스도의 복음, 그리고 그에

단(a heresy)으로, 사실 그 이단(the heresy), 곧 전형적인 "하늘의 두 권세" 이단으로 부르기로 결정했고, 따라서 사실상 기독교를 이단으로 낙인찍었다. 기독교 이단학자들은 그들 나름대로 단일신론(Monarchianism)과 양태론(Modalism)을 "유대교"라고 부르면서 이단으로 명명했다!(92, 145-46)

65 A. F. Segal, *Rebecca's Children: Judaism and Christianity in the Roman World* (Cambridge, MA: Harvard University Press, 1986). Boyarin은 더욱 강하게 이렇게 주장한다. "유대교는 기독교의 '어머니'가 아니다. 그들은 엉덩이가 연결된 쌍둥이다"(*Border Lines*, 5).

대한 복음은 새롭고 이전에는 보지 못했던 정황들과 쟁점들이 생겨나기 때문에, 계속하여 다양하게 표현될 필요가 있다. 복음은 그것의 형식과 전달을 지속적으로 바꿈으로써 동일하게 유지된다. "요한에 따른 복음" 보다 그것을 더욱 분명하게 보여주는 복음서는 없다.

제2부

예수로부터 바울까지

제5장

예수의 선포로부터
바울의 복음까지

서론

예수와 바울 사이의 간극은 지난 2세기 동안 신약성서와 기독교의 기원에 대해 공부하는 학생들에게 점증하는 문제였다. 거의 18세기 동안 기독교 역사에는 아무 간극이 없었기 때문에 문제가 없었다. 예수로부터 바울에 이르는 연속성은 일직선으로 곧았으며 단절이 없었다. 바울 신학의 그리스도는 복음서의 예수와 손쉽게 동일시되었다. 그러나 이후에 의문들이 생겨나기 시작했다. 왜 바울은 팔레스타인에서 있었던 예수의 사역에 대해 거의 말하지 않는가? 만약 우리가 예수의 생애와 사역에 대해 알기 위해 바울을 의지해야 한다면, 우리가 아는 것은 얼마나 적겠는가? 그리고 예수에 대한 우리의 그림은 얼마나 단순하겠는가? 바울은 예수의 사역에 대해 얼마나 알았는가? 바울은 예수의 사역에 대해 얼마나 많은 것을 알려고 했는가? 그것은 바울에게 얼마나 중요했는가?

이 문제는 역사적 예수에 대한 탐구가 주요 관심사가 되었을 때 심각해지기 시작했다. 왜냐하면 예수의 메시지가 바울의 복음과 매우 다르게 보였기 때문이다. 그리고 예수의 유대인 됨(Jewishness)이 역사적 예수 탐구에 참여한 사람들에게 점차 더욱 분명해지면서 이 문제는 더욱 더 심각해졌다. 왜냐하면 예수는 특징적으로 유대교의 측면—예언자로서의 예수,[1] 유대교 선생으로서의 예수, 이스라엘의 회복을 위한 사역에 참여한 예수로서[2]—에서 이해될 수 있었기 때문이다. 반면에 바울은 유대교라는 그의 과거와 결별한 자로, 토라를 포기한 자로, 유대인의 메시아 종파로 시작된 것을 이방인이 주가 되는 종교로 바꾸어놓은 자로, 예수의 매우 유대교적인 메시지를 그리스어의 관용구와 철학의 언어로 뒤바꾼 자로, 예수의 도덕성을 피의 희생과 구속의 종교로 변형시킨 자로 특징적으로 이해되었다.

예수와 바울 사이의 이 간극, 또는 우리가 심연이라고 불러야 할 이 틈은 다음과 같은 몇몇 측면에서 사실로 입증될 수 있다.

1. **예수는 하나님 나라를 선포했다. 반면에 바울은 예수를 설파했다.** 첫 세 복음서에서는 예수가 자신이 전한 메시지의 중심에 있지 않다. 예수의 메시지는 하나님 나라에 집중하는데, 이는 마가의 표제로 요약될 수 있다. "때가 찼고 하나님의 나라가 가까이 왔으니 회개하고 복음을 믿으라"(막 1:15).[3] 그러나 바울에게

---

1   역사적 예수 탐구의 주요한 기여자 중 하나인 다음 학자의 간략한 논의를 보라. J. P. Meier, "From Elijah-like Prophet to the Royal Davidic Messiah," in D. Donnelly, ed., *Jesus: A Colloquium in the Holy Land* (New York: Continuum, 2001), 45-83.

2   이스라엘의 회복은 최근 연구들의 중요 주제가 되었다. B. F. Meyer, *The Aims of Jesus* (London: SCM, 1979); E. P. Sanders, *Jesus and Judaism* (London: SCM, 1985, 『예수와 유대교』, 크리스천다이제스트 역간); N. T. Wright, *Jesus and the Victory of God* (London: SPCK, 1996, 『예수와 하나님의 승리』, 크리스천다이제스트 역간).

3   "하나님 나라"는 공관복음서에서 예수의 입에 자주 오른다. 마가복음 13회, Q 9회, 마태 특수자료 28회, 누가 특수자료 12회이며, 총 105회 정도다.

하나님 나라는 전혀 특징이 되지 못하며,[4] 그의 복음은 십자가에 달렸다가 죽은 자들로부터 일으킴을 받은 그리스도,[5] 주(Lord)로서의 예수[6], 그리고 "그리스도 안에"[7] 있음의 심대한 중요성에 집중한다.

2. **예수의 메시지는 본질적으로 이스라엘을 위한 것이었다. 반면에 바울의 사역은 본질적으로 이방인들을 위한 것이었다.** 예수는 그가 마주친 이방인 한두 사람에게는 긍정적으로 반응했다. 그러나 그는 제자들을 오직 "이스라엘 집의 잃어버린 양들을 향한"(마 10:6) 선교를 위해 파송한 것으로 기억되며, 수로보니게 여인에게 "나는 오직 이스라엘 집의 잃어버린 양에게만 보내심을 받았다"(마 15:24)고 말한 것으로 기록된다. 그러나 바울은 자신을 정확히 "이방인의 사도"(롬 11:13)로 이해했고 또한 그렇게 기억된다. 이방인을 향한 그의 선교는 예루살렘 모교회의 심장 가까이에 생긴 곪은 상처가 되었다. 이는 바울의 마지막 예루살렘 방문에 대한 누가의 기술이 증언한다. 예루살렘에서 주의 형제 야고보는 바울이 이스라엘을 배신한 **배교자**라는 예루살렘 신자들 사이의 공통된 견해를 바울에게 알린다(행 21:20-21).[8]

---

4   이는 바울 서신에서 14회 등장하는데, 주로 "하나님 나라의 유업을 받는 것"에 대한 정형화된 표현(고전 6:9-10; 15:50; 갈 5:21; 참조. 엡 5:5)에서 또는 유사한 종말론적 언급과 함께 사용된다(살전 2:12; 살후 1:5; 참조. 골 4:11; 딤후 4:1, 18).

5   본서의 3장 각주 9를 보라.

6   바울의 진정 서신(즉 에베소서와 목회 서신이 제외된)에서 퀴리오스(*kyrios*)는 예수에 대해 약 200회 사용된다.

7   바울의 저작에서 "그리스도 안에서"는 83회 등장하고, "주 안에서"는 47회 등장한다. 많이 언급된 "그 안에"도 이 용례에 포함되어야 한다.

8   나는 6장과 7장에서 이 문제를 다시 논의한다.

3. 예수는 한 지방의 유대인 선생이었다. 반면에 바울은 그 당시의 종교 및 정치에 영향을 받았다. 19세기 말 자유주의는 예수를 하나님과 이웃을 사랑하라는 단순한 메시지를 설파한 것으로 특징지었다.[9] 종교사학파는 바울이 예수를 죽었다가 살아난 구원자 또는 영지주의 신화의 신적인 구속자로 선포하기 위해 신비종교의 죽었다가 살아나는 신에 관한 신화를 차용했다고 주장했다.[10] 20세기 말의 자유주의는 선배들의 논제를 새로운 모습으로 되살렸다. 예수는 근본적으로 지혜 교사로서 갈릴리 촌락들 안에서 공동체적 조화를 회복시키려고 애썼다.[11] 바울은 이제 지중해 세계의 도시들이라는 매우 상이한 환경에서 일한 것으로, 또한 예수를 로마 황제의 통치에 직접적으로 도전하는 주(Lord)로 제시했다고 특징적으로 그려진다.[12]

따라서 위에 제기된 쟁점들은 바울에 관한 빌리엄 브레데(William Wrede)의 유명한 서술로 잘 요약될 수 있다. 곧 바울은 "기독교의 두 번째 설립자"로서 "그 첫 번째 설립자와 비교하면 모든 의심을 뛰어넘어

---

9   A. Harnack, *What Is Christianity?* (London: William and Norgate, 1900; ET 1901, ³1904).

10   H. Gunkel, *Zum religionsgeschichtlichen Verständnis des Neuen Testaments* (Göttingen: Vandenhoeck & Ruprecht, 1903); R. Bultmann, *Theology of the New Testament*, vol. 1 (London: SCM, 1948; ET 1952).

11   특히 J. D. Crossan, *The Historical Jesus: The Life of a Mediterranean Jewish Peasant* (San Francisco: Harper, 1991, 『역사적 예수』, 한국기독교연구소 역간).

12   특히 R. A. Horsley, ed., *Paul and Empire: Religion and Power in Roman Imperial Society* (Harrisburg, PA: Trinity, 1997, 『바울과 로마제국』, CLC 역간); *Paul and Politics: Ekklesia, Israel, Imperium, Interpretation* (Harrisburg, PA: Trinity, 2000); *Paul and the Roman Imperial Order* (Harrisburg, PA: Trinity, 2004).

더 나은 것은 아니지만 더욱 강력한 영향력을 행사했다."[13] 그렇다면 바울이 기독교의 실제 설립자인가? 그리고 예수의 메시지와 사역은 바울의 우연한 선례, 곧 바울이 영구적인 형태를 부여한 기독교와는 실제로 관련이 없는 선례인가?

그렇지 않다면 예수와 바울의 연속성은 무엇인가? 바울의 복음은 어느 정도로 예수의 사역과 메시지에 의해 형성되었는가? 바울은 오직 예수의 죽음과 부활에서만 영감을 받았는가? 아니면 수난 이전의 예수의 사역에서도 영감을 받았는가? 나는 이에 대해 일반적으로 생각하는 것보다 더 많은 것을 말할 수 있다고 확신한다. 여기서 나는 이 둘의 메시지 모두에서 중요한 특색 세 가지에 집중한다. 그리고 둘의 유사한 강조점은 우연한 것이 아니라, 죽음과 부활에 앞서 예수가 행한 사역이 끼친 항구적인 영향을 통해 가장 잘 설명된다고 주장한다.[14]

1. 하나님의 은혜가 지닌 개방성

1.1. 예수의 메시지가 지닌 독특한 점들

이미 지적되었듯이 예수는 하나님 나라, 하나님의 왕정(王政)을 선포했

---

13 W. Wrede, *Paul* (London: Philip Green, 1907), 180.

14 내 초점은 예수의 메시지와 가르침에 있다. 함축된 기독론이 예수의 사역에서 식별될 수 있는가라는 쟁점은(메시아성, 하나님의 아들이라는 의미, 예수의 권위에 대한 문제들) 내가 다음의 연구에서 계속하는 논의의 단계에 속한다. *The Partings of the Ways between Christianity and Judaism* (London: SCM, 1991, ²2006), ch. 9.

음이 틀림없다. 이것은 그 자체로 예수 시대의 유대교 안에서 독특했다. 물론 예수의 동시대 유대인들에게 왕으로서의 하나님과 하나님 나라에 대한 이미지는 친숙했다. 그러나 구약성서와 제2성전기 유대교 문서에서 "하나님 나라"라는 표현은 거의 발견되지 않으며, 하나님의 왕권이라는 주제도 특별하게 눈에 띄지 않는다.[15] 따라서 예수가 하나님 나라에 초점을 맞춘 것은 그 자체로 독특하다. 하지만 그가 전한 메시지의 진짜 독특한 특색은 다음 세 가지다.

a. **예수는 자신의 사역 안에서 그리고 자신의 사역을 통해 하나님의 왕정이 이미 경험되고 있다고 가르쳤다.** 하나님 나라가 곧 임할 것이라는 희망은 특이한 것이 아니었다. 실제로 예수가 가르친 기도의 두 번째 탄원인 "당신의 나라가 임하게 하소서"(마 6:10/눅 11:2)는 유대교 카디쉬 기도의 초기 형태로 추정되는 것, 곧 "평생에 그의 나라가 다스리게 하시옵소서.…그리고 이스라엘의 집 전체의 일생에, 빠르게 곧"[16]을 되울린다. 그러나 이와는 대조적으로 예수의 강조점은 이스라엘의 오랜 희망이 **이미** 성취되고 있다는 것이며, 이것이 그의 메시지를 눈에 띄도록 만들었다. 예수는 "때가 찼다"고 선포했다(막 1:15). 예수가 섬긴 사람들은 축복을 받았는데, 왜냐하면 그들은 많은 예언자가 보고 듣기를 고대할 뿐이었던 것을 실제로 보고 듣고 있었기 때문이었다. "오실 그이가 당신입니까?"라는 세례 요한의 질문에 예수는 다음과 같이 답한다. "너희가 가서 듣고 보는 것을 요한에게 알리되 맹인이 보며 못 걷

---

15   1장 각주 21을 보라.

16   좀 더 상세한 논의는 내 연구를 보라. *Christianity in the Making*, vol. 1, *Jesus Remembered* (Grand Rapids: Eerdmans, 2003), 409-10.

는 사람이 걸으며…못 듣는 자가 들으며 죽은 자가 살아나며 가난한 자에게 복음이 전파된다 하라"(마 11:3-5/눅 7:19-22). 이런 일들은 특히 이사야가 표현했던 것과 같이 다가올 시대를 위한 희망이었다.[17] 그러나 예수의 사역에서 그런 일들은 이미 일어나고 있었다. 예수의 축귀는 "하나님의 나라가 너희에게 임하였다"(마 12:28/눅 11:20)는 증거였다. 하나님 나라의 현재적 실체, 곧 하나님의 왕정을 지금 이곳에서 실제로 체험하는 것은 하나님 나라에 관한 예수의 선포를 특징지었고 그의 사역을 진정한 의미에서 독특하게 만들었다.

b. **죄인들을 위한 기쁜 소식.** 예수는 "나는 의인을 부르러 온 것이 아니요, 죄인을 부르러 왔노라"(막 2:17과 병행구)라고 선언한 것으로 기억된다. 이것은 예수가 세리 및 죄인들과 함께 먹는다고(막 2:16) 어떤 바리새인들이 비판한 데 대해 그가 답한 것이다. 이것은 분명히 예수의 사역이 지닌 특색이었다. 예수는 이 특색 때문에 악평을 얻었는데, 이는 예수를 직접 겨냥한 대중적 험담이 다음과 같이 보여준다. "보라, 먹기를 탐하고 포도주를 즐기는 사람이요, 세리와 죄인의 친구로다"(마 11:19/눅 7:34). 그리고 누가복음은 "이 사람이 죄인을 영접하고 음식을 같이 먹는다"(눅 15:2)는 바리새인들의 불평에 대한 답으로 예수가 잃어버린 것들(잃은 양, 잃은 동전 및 잃어버린 아들)에 관한 비유를 말했다고 회상한다.

지금 이것의 중요성은 자주 간과된다. 그것이 우리의 주제에 무척 중요하기 때문에, 비록 여기서는 어느 정도 단순하게 말할 수밖에 없다

---

17 사 26:19; 29:18; 35:5-6; 42:7, 18; 61:1.

고 할지라도, 나는 그 중요성을 길게 말할 것이다.[18] 물론 "죄인들"은 단순히 법을 어겼거나 지키지 않은 사람들이다.[19] 그러나 이것은 예수가 범죄자들과 어울린 것으로 인해 악평을 얻었음을 의미하지 않는다. 단서는 예수가 "나는 **의인**을 부르러 온 것이 아니요, **죄인**을 부르러 왔다"(막 2:17)라고 말할 때 "의인"과 "죄인" 간의 대조를 통해 제시된다. 이것은 "죄인"이 예수 당시 제2성전기 유대교의 **당파적 용어**였다는 사실을 우리에게 알려준다.

제2성전기 유대교는 상이한 분파들의 존재를 특징으로 하며, 그 분파들로 인해 거의 조각나 있었다. 가장 현저한 분파는 사두개파, 바리새파, 에세네파였다. 거의 모든 사람이 가정하듯이 쿰란 공동체는 에세네파의 가지였다. 게다가 우리는 에녹 문헌에 그들의 견해가 표현된 상당히 일관된 운동과[20] 「솔로몬의 시편」(*Psalms of Solomon*) 이면에 있는 다른 사람들도 포함해야 한다. 무엇이 이 그룹들을 제2성전기 유대교 안에서 독특한 분파들로 만들었는가? 그것은 그들의 확신이었다. 곧 이스라엘이 되는 것, 하나님의 언약 공동체가 의미하는 것에 대한 **그들의** 이해가 **유일하게** 정확한 이해라는 확신, 따라서 오직 그들만이 신실한 이스라엘인들이 행해야 하는 대로 처신하고 있다는 확신이었다. 그들 각자는 자신만의 방법으로 율법을 해석했고 각자의 해석에 따라 율법을 실천했다. 우리가 기억하기로 할라카(*Halakhah*)는 "걷다"라는 뜻을 가진

---

18 좀 더 충분한 논의는 내 책을 보라. *Jesus Remembered*, #13.5.

19 예. 출 23:1; 신 25:2; 시 1:1, 5; 10:3; 28:3; 37:32; 50:16-18; 71:4; 82:4; 119:53, 155; 잠 17:23; 겔 33:8, 11, 19; Sir. 41.5-8.

20 특히 다음 책에서 강조된다. G. Boccaccini, *Beyond the Essene Hypothesis* (Grand Rapids: Eerdmans, 1998).

할라크(*halakh*)에서 유래한다. 그들의 할라코트(*halakhoth*, 해석에 관한 판정들)는 그들이 어떻게 걸어야 하는지, 어떻게 그들의 삶을 살아야 하는지를 결정했다. 필연적으로 그들은 다른 해석들에 동의하지 않았고 어떤 경우에는 그들의 동료 유대인들에게 자신들의 특정한 해석 곧 **그들의 할라코트**의 정확함을 설득하려고 노력했다. 사해 사본 중 4QMMT로 알려진, 이스라엘의 지도자들에게 보내는 종파의 편지는 이런 사실에 대한 좋은 예다. 이 편지는 예를 들어 정결과 희생제사를 규정하는 자신들의 특정한 판정들 곧 그들의 할라코트를 이스라엘의 지도자들에게 알리기 위해 초기 분파주의자들이 집필한 것이다. 그들의 판정들은 예루살렘에서 준수되는 율법과 맞지 않았기 때문에 그들은 나머지 이스라엘 사람들과 자신들을 분리시켰다(4QMMT C7). 편지를 쓰면서 그들은 자신들의 종파가 내린 판정들, 곧 자신들의 "율법의 행위"(C26-27)의 정확함에 대해 예루살렘 지도자들을 설득하기를 바랐다. 그들은 만약 지도자들이 편지에 설득되고 자신들의 종파가 이해하는 대로 "율법의 행위"를 행하기 시작한다면 그렇게 행하는 사람들은 의롭다고 여겨질 것이라고 확신했다(C28-32).

더욱 중요한 사항으로서 그런 분파들은 자신들을 자연스럽게 "의인들"로 여기는 경향이 있었다. 그들은 율법이 준수되어야 하는 대로 그것을 지키기 때문에 의로웠다. 그러나 필연적인 결과는 그런 분파적 할라코트에 동의하지 않는 자들, 따라서 율법을 올바르게 행하지 않는 자들은 율법을 범하는 자들 곧 "죄인들"이라는 점이다. 우리는 그런 용례가 「마카베오1서」[21] 이후 시기의 문헌에 널리 퍼진 것을 발견한다. 에

---

21   1 Macc. 1.34; 2.44, 48.

녹 종파주의자들도 자신들을 "의롭다"고 여겼다. 그들은 다른 역법으로 유대교의 절기를 계산하는 사람들을 "죄인들"로 여겼다.[22] 사해 사본들은 그들의 적대자인 다른 유대인들을 유사한 용어로 지칭한다.[23] 그리고 「솔로몬의 시편」에서 "의인들"은 성전 제사를 통제하는 하스몬 가문의 사두개인들로 추정되는 "죄인들"을 반복하여 비난한다.[24] 이 모든 경우에 "죄인들"이라는 용어는 모든 사람에게 율법을 범한 자로 여겨질 사람들 곧 율법을 지키지 않으며 거부하는 유대인들을 지칭하지 않는다. 그것은 위 문서들의 집필자가 속한 분파와는 **다르게** 유대교를 실천하는 유대인들을 가리킨다. 그들은 "죄인들" 곧 범법자들이었다. 그러나 이는 오직 분파적 관점에서 그리고 율법에 대한 종파주의자들의 해석이 판단한 죄인일 뿐이었다.

이제 우리는 예수가 무엇에 대해 고발당했는지를 이해할 수 있다. 그는 명백한 범법자들이 아니라 "의로운" 바리새인들에게 율법에 충실하지 않다고 평가받는 사람들과 식탁 교제를 나누었다. 그리고 우리는 왜 예수가 "나는 의인을 부르러 온 것이 아니요, 죄인을 부르러 왔노라"(막 2:17)라고 말했는지를 더 잘 알 수 있다. **그는 바리새인의 분파주의에 대항했다.** 예수 당시의 분파들은 이스라엘 내부에 경계선을 설정했다. 그들은 누가 언약 백성의 충실한 성원으로 간주될 것인가에 관한 정의를 설정함에 있어 다른 사람들을 배제하고 자신들 주위로 더욱 단단히 설정했다. 그들은 배제된 이들이 하나님의 언약의 은혜를 받

---

22   *1 En.* 1.7-9; 5.4, 6-7; 22.9-13; 82.4-7; 94-104 등등.
23   1QpHab 5.1-12; 1QH 10.10-12; 12.34; CD 2.3; 11.18-21; 19.20-21; 4QFlor (4Q174) 1.14.
24   *Pss. Sol.* 1.8; 2.3; 7.2; 8.12-13; 17.5-8, 23.

는다는 것을 실제로 부정했다. 예수는 이에 대해 강하게 반발했다. 그는 그런 태도에 동의하기를 거절했다. 그는 바리새인들이 실제로 이스라엘 내부에 세우고 있었던 경계선을 돌파했다. 여기서 우리는 "바리새인"이라는 이름이 필시 일종의 별명이었으며, "분리된 사람들"을 의미하는 페루쉼(*perushim*)에서 시작되었음도 기억해야 한다. 페루쉼은 "분리하다"의 뜻을 가진 히브리어 파라쉬(*parash*)에서 유래했다.[25] 페루쉼은 부정하게 만드는 곧 거룩하지 못하게 방해하는 사람들로부터 자신들을 분리했다. 그들은 음식을 먹을 때 마치 자신들이 성전의 제사장들인 것처럼 먹었다.[26] 거룩해지기 위해 곧 하나님께로 구별되기 위해 그들은 자신들을 분리했고 다른 사람들과 떨어져서 먹어야 했다. 예수는 이것에 반대한 것이었다. 곧 율법에 대한 충실함이 그런 분리를 요구한다는 바리새인들의 믿음과, 할라코트를 지키지 않는 것은 사람들을 하나님의 언약의 자비로부터 끊어낸다는 그들의 확신에 대한 반대다. 예수에게는 하나님의 은혜가 **열려 있다**는 사실, 무엇보다 종교적인 자들이 하나님의 은혜 밖에 있다고 여기는 사람들에게 열려 있다는 사실이 근본적으로 중요했다. 그는 하나님의 은혜를 이스라엘 내부로 제한하는 분파들 사이의 경계선들을 뚫고 나아갔다. 예수는 의인들이 "죄인들"로 평가하는 종교적이지 않은 사람들과 식탁 교제를 나누었다.[27]

---

25 다음을 보라. E. Schürer, *The History of the Jewish People in the Age of Jesus Christ* (rev. and ed. G. Vermes and F. Millar; 4 vols.; Edinburg: T. & T. Clark, 1973-87), 2.396-97; S. J. D. Cohen, *From the Maccabees to the Mishnah* (Philadelphia: Westminster, 1987), 162; A. J. Saldarini, *Pharisees, Scribes, and Sadducees in Palestinian Society* (Edinburgh: T. & T. Clark, 1988), 220-25.

26 특히 다음 학자가 강조한다. J. Neusner, *From Politics to Piety: The Emergence of Rabbinic Judaism* (Englewood Cliffs, NJ: Prentice-Hall, 1973). 추가로 8장의 각주 2도 보라.

27 Dunn, *Jesus Remembered*, #14.8.

c. **가난한 자들을 위한 기쁜 소식.** 예수의 사역이 지닌 세 번째 독특한 특색은 그가 가난한 자에게 하나님 나라의 기쁜 소식을 전하는 것을 자신이 우선적으로 해야 할 일 중 하나로 여겼다는 점이다.[28] 가난은 여기서 팔복 중 첫째 복에 대한 마태의 판본이 암시하는 것처럼("심령이 가난한 자는 복이 있나니", 마 5:3) 영적으로 이해되어서는 안 된다. 누가에게는 예수의 축복이 가난한 이들, 곧 물질적으로 가난한 이들을 위한 것임이 분명하다. "가난한 자는 복이 있다"(눅 6:20). 그러나 마태와 누가의 차이점은 과도하게 강조되지 말아야 한다. 왜냐하면 가난에 많은 차원—물질적·사회적·영적—이 있다는 것은 이스라엘이 오랫동안 경험해온 것이기 때문이다. 이는 이스라엘의 예언자들이 물질적으로 가난한 자들을 무시하고 착취했던 부자들의 무자비함과 냉혹함을 비난한 이유다. 또한 그것은 시편 저자가 하나님을 특별하게 가난한 자들을 위한 분으로[29] 확신할 수 있었던 이유이자 시편 저자와 그의 공동체가 자신들을 가난하고 궁핍한 자들이라고[30] 밝히는 이유이기도 하다.

예수의 선포 속에 담긴 이사야 61:1의 반향을 보면 예수는 이사야의 본문으로부터 자신의 사역에 대한 이해를 가져왔음이 분명하다.[31] 누

---

28 이후의 논의는 내 연구를 의지했다. *Jesus Remembered*, #13.4.

29 시 9:18; 10:14, 17; 12:5; 14:6; 22:24-26; 35:10; 40:17; 41:1; 68:5, 10; 69:33; 70:5; 72:12-13; 102:17; 113:7; 132:15. 다음도 보라. 삼상 2:8; 삼하 22:28; 욥 34:28; 36:6; 잠 3:34; 사 11:4; 14:32; 29:19; 41:17; 49:13; 61:1; 렘 20:13; Sir. 21.5; *Pss. Sol.* 5.11; 15.1.

30 "나는 가난하고 궁핍합니다"(시 40:17; 70:5; 86:1; 109:22). 다음도 보라. 시 18:27; 37:14; 68:10; 69:32; 72:2, 4; 74:19, 21; 140:12; 사 54:11. 다음도 보라. E. Gerstenberger, *TDOT* 11.246-47, 250.

31 마 5:3-4/눅 6:20-21과 마 11:5/눅 7:22은 모두 사 61:1-2을 분명하게 되울린다. 다음도 보라. *Jesus Remembered*, 516-17, 662.

가는 나사렛의 회당에서 예수가 말한 설교를 묘사하면서 단순히 이것을 좀 더 명확하게 표현했을 뿐이다. 거기서 누가는 예수가 이사야서의 말씀, "주 여호와의 영이 내게 내리셨으니, 이는 여호와께서 내게 기름을 부으사 가난한 자에게 아름다운 소식을 전하게 하려 하심이라"(사 61:1)를 읽었음을 우리에게 전한다. 그리고 예수는 계속하여 "오늘날 이 성경이 너희들의 귀에 응하였다"(눅 4:17-21)고 말한다. 예수가 말한 팔복 중 첫 번째 복이 분명하게 보여주듯이 가난한 자들을 위한 기쁜 소식은 "하나님의 나라가 너희의 것이다"라는 점이다(마 5:3/눅 6:20). 하나님 나라가 걸인들을 위한 것으로 보이지 않는다면 하나님 나라는 잘못 이해되는 것이다.[32] 그리고 예수의 사역 중 다른 일화들도 동일한 점을 말한다. 부자 청년에게 예수는 "가서 너의 소유를 팔아 가난한 자들에게 주라. 그리하면 하늘에서 보화가 너에게 있을 것이다"(막 10:21)라고 말한다. 그리고 계속하여 "재물이 있는 자는 하나님의 나라에 들어가기가 심히 어렵다"(막 10:23)고 경고한다. 다른 본문에서 예수는 "네 보화가 있는 곳에 네 마음도 있다"(마 6:21/눅 12:34)라고 말하며, "한 사람이 두 주인을 섬기지 못할 것이니 혹 이를 미워하고 저를 사랑하거나 혹 이를 중히 여기고 저를 경히 여김이라. 너희가 하나님과 재물을 겸하여 섬기지 못하느니라"(마 6:24/눅 16:13)라고 경고한다. 요점은 분명하다. 정확하게 말하면 부는 잘못된 안정감을 만들기 때문에 오직 하나님만을 신뢰해야 한다.[33] 부는 너무나 빠르게 자주 하나님을 대신하는 가장 심각한

---

32 *Jesus Remembered*, #13.4도 보라.

33 "맘몬"은 'mn(신뢰하다)에서 유래하는 것으로, 곧 (하나님과 대조되어) 의존하는 어떤 것이라고 일반적으로 설명된다. "이 말은 '자원', '돈', '재산', '소유물'을 뜻한다"(W. D. Davis and D. C. Allison, *The Gospel according to Saint Matthew* [ICC; Edinburgh:

대안이 된다. 가난한 자들을 위한 기쁜 소식과 부자들에 대한 경고는 동전의 양면이다.

1.2. 바울의 복음이 지닌 독특한 점들

바울의 복음이 지닌 독특한 점들은 예수의 메시지가 지닌 특이한 점들과 쉽게 상응한다.

a. **하나님은 죄인들을 지금 의롭게 하신다.** 하나님 나라를 예수의 메시지가 지닌 독특함으로 볼 수 있듯이, 많은 사람들에게 바울의 복음이 지닌 독특함은 그의 **이신칭의** 신학에서 가장 분명하다. 칭의의 이미지는 법정의 이미지다. 재판장은 범죄로 인해 고발된 자들을 무죄로 선언하여 그들을 의롭게 한다. 이스라엘의 경전에서 최고 재판장이라는 하나님의 이미지에 관한 가장 흔한 용례는 최후 심판에 대한 언급과 함께 나온다. 이스라엘의 희망은 다음과 같다. 즉 최후 심판에서 하나님의 언약과 율법에 대한 이스라엘의 신실함이 인정되며, 이스라엘 사람들은 무죄 선고를 받고 다가올 시대의 삶에 들어가는 것이다. 바울은 이런 이미지를 잘 알고 있다. 그는 다양한 곳에서 이 이미지에 의존한다. 예를 들어 바울은 "진노의 날"을 과신하는 자들을 향해 "진노의 날 곧 하나님의 의로우신 심판이 나타날 때…하나님께서 각 사람의 행위에 따라 보응하시되[34]…하나님 앞에서는 율법을 듣는 자가 의인이 아니요, 오직 율

T. & T. Clark, 1988], 1.643). 다음도 보라. J. P. Meier, *A Marginal Jew*, vol. 3, *Companions and Competitors* (New York: Doubleday, 2001), 589, nn. 92, 93.

34   시 62:12과 잠 24:12의 인용이다. 그러나 이 주제는 유대교 문헌에서 자주 다루어진다.

법을 행하는 자라야 의롭다 하심을 얻으리니"(롬 2:5-13)라고 경고한다. 여기서 우리는 이미 예수가 그의 시대의 "의인들"에게 던진 경고를 발견하는데, 그것은 하나님 나라에 관한 예수의 메시지는 그 "의인들"에게 기쁜 소식이 아니라는 경고다. 그러나 여기서 내가 강조하기 원하는 것은 하나님의 칭의가 지니는 뜻밖의 **현재성**이다.

바울은 고린도 사람들에게 편지를 쓰면서 예수가 그랬던 것처럼 이사야를 인용한다. "은혜의 때에 내가 네게 응답하였고 구원의 날에 내가 너를 도왔도다"(사 49:8). "보라, 지금은 은혜 받을 만한 때요. 보라, 지금은 구원의 날이로다"(고후 6:2). 그는 로마의 그리스도인들에게는 다음과 같이 썼다. "그러므로 우리가 [이미] 믿음으로 의롭다 하심을 받았으니 우리 주 예수 그리스도로 말미암아 하나님과 화평을 누리자. 또한 그로 말미암아 우리가 믿음으로 서 있는 이 은혜에 들어감을 얻었도다"(롬 5:1-2). 그들은 **이미** 의롭게 되었다. 그들은 이미 하나님이 임재하시는 지성소에 들어갈 수 있었다. 지성소는 대제사장이 일 년 중 하루(속죄일)만 들어갈 수 있는 장소였으며, 그곳에 들어가는 것은 일반적으로 이스라엘 사람들에게는 오직 미래에 대한 환상적 희망일 뿐이었다. 그리고 나중에 로마서에서 바울은 최후의 법정에 대한 자신의 그림을 그린다. 그는 조소하듯 다음과 같이 말한다. 그날에 "누가 능히 하나님께서 택하신 자들을 고발하리요? 의롭다 하신 이는 하나님이시니 누가 정죄하리요? 죽으실 뿐 아니라 다시 살아나신 이는 그리스도 예수시니, 그는 하나님 우편에 계신 자요, 우리를 위하여 간구하시는 자시니라"(롬

더 자세한 논의를 위해서는 내 연구를 보라. *Romans* (WBC 38; Dallas: Word, 1988, WBC 성경주석 『로마서』, 솔로몬 역간), 85, 97-98.

8:33-34). 여기서 문제는 이미 해결되었다. 그리스도의 죽음과 부활에서 이미 일어난 일은 결정적이다.

다시 말해 예수의 메시지와 바울의 복음 사이에는 **강한 유사성**이 존재한다. **예수**는 하나님의 왕정이 그의 사역 안에서 그리고 그의 사역을 통해 이미 유효하다고 말했다. **바울**은 예수의 죽음과 그를 죽은 자들로부터 일으킨 하나님의 행동이 그의 시대까지도 단지 미래의 일로만 생각되었던 사건―죽은 자들의 부활과 최후 심판(단 12:1-3)―을 유사하게 실현했다고 판단했다. 예수의 사역 안에 하나님 나라가 이미 현존했듯이, 예수의 부활 안에서 **마지막** 부활은 이미 시작되었고 마지막 심판을 결정지을 사건은 이미 일어났다. 예수의 사역을 통해 일어난 하나님의 은혜가 지닌 개방성은 예수의 죽음과 부활을 통해 더더욱 넓어졌다. 이런 일치는 우연일 수 없다. 그것은 은혜의 동일한 개방성, 동일한 실현이었다. 곧 지금까지 단지 소망하기만 했던 것이 이미 존재하며 활동하고 있고 지금 이곳에서 경험될 수 있는 것으로 실현되었다. 그리고 그것은 동일한 예수였다. 따라서 예수의 사역에 대한 메시지와 예수의 죽음 및 부활의 의미 사이의 연속성은 분명하다.

b. **이방 죄인들을 위한 기쁜 소식.** 기독교의 발전을 위한 바울의 중요한 기여, 아마도 가장 중요한 기여는 그가 이방인들을 향한 선교를 열었다는 점이다. 바울이 없었다면 나사렛 사람들의 메시아 종파는 유대교 내부의 갱신 종파로서 몇 세대 후에 점차 사라졌거나, 아니면 랍비 유대교에 다시 흡수될 운명으로 남았을 것이다. 비유대인들을 향한 선교를 통해 이 유대교 종파를 인종적인 다양성을 지닌 종교로, 대부분이 이방인으로 구성된 종교로 변화시킨 사람은 누구보다 바울이다. 이 주장은

내가 지금 여기서 말할 수 있는 것보다 훨씬 더 상세한 논의를 요구한다. 여기서 내가 강조하고자 하는 것은 이방인을 향한 바울의 선교가 죄인들을 위한 예수의 사역과 매우 유사하며, 따라서 예수의 사역에 관한 지식이 하나님의 아들에 대한 복음을 이방인들에게 전하라는 소명(갈 1:16)에 대한 바울의 이해에 영향을 끼쳤음이 거의 확실하다는 점이다. 예수의 경우와 마찬가지로 핵심이 되는 두 가지 특색은 "죄인들"이라는 용어의 등장과 죄인들과의 식탁 교제가 지니는 중요성이다.

다른 위법한 **유대인들**을 "죄인들"로 여기는 의로운 자들에게 "죄인들"이라는 명칭이 더욱더 합당한 사람들은 **이방인들**이었다. 이방인들은 정의상 선택된 백성 밖에 있었다. 에베소서의 표현을 빌리면 그들은 "이스라엘 나라 밖의 사람이고 약속의 언약들에 대하여는 외인"이었다(엡 2:12). 이방인들은 정의상 이스라엘의 경계를 정하는 율법 밖에 있었다. 그들은 문자적으로 율법이 없는 자들이었다. 따라서 정의상 그들은 "죄인들"이었다.[35] 위법한 유대인들을 "죄인들"로 정죄하는 바리새인들에게 반발한 예수의 방식과 똑같은 방식으로 바울은 "이방인 죄인들"을 향한 유대인들의 태도에 저항했다. 이것은 바울이 갈라디아서 2:11-17에서 회상하는 안디옥 사건에서 가장 명확하게 드러난다.[36]

안디옥 교회에서 베드로는 새롭게 믿게 된 이방인 신자들과 기꺼이 함께 먹었다. 그러나 바울에 따르면 예루살렘의 야고보로부터 사람

---

35 시 9:17; Tob. 13.6; *Jub.* 23.23-24; *Pss. Sol.* 1.1; 2.1-2; 눅 6:33 (*hoi hamartōloi* = 마 5:47 (*hoi ethnikoi*); 막 14:41과 병행구. 참조. K. H. Rengstorf, *TDNT*, 1.325-26, 328. 8장 각주 12도 보라.

36 나는 이 단락에 대해 삼십 년 동안 숙고했고 내가 발견한 것을 다음의 내 연구에 요약했다. *Christianity in the Making*, vol. 2, *Beginning from Jerusalem* (Grand Rapids: Eerdmans, 2009), ##27.4-5.

들이 왔을 때, 베드로와 다른 유대인 신자들은 이방인 신자들로부터 자신들을 "분리했다"(갈 2:12). "분리하다"라는 단어가 다시 등장한다. 바울은 베드로가 "복음의 진리"를 왜곡시키고 그것으로부터 떠났다고 공개적으로 책망했다. 왜 그렇게 했는가? 그는 베드로가 실제로 "이방인들에게 유대인들처럼 살도록 강요하려" 했기 때문이라고 말한다(2:14). 바울은 베드로에게 다음과 같이 호소한다. "우리는 본래 유대인이요 이방 죄인이 아니지만 사람이 의롭게 되는 것은 율법의 행위로 말미암음이 아니요 오직 예수 그리스도를 믿음으로 말미암는 줄 안다"(2:15-16). 쟁점은 분명하다. 베드로는 이방인들이 본래 죄인들이라는 견해로, 그리고 유대인들은 언약에 신실한 자로 남기 위해 이방인들로부터 분리되어야 한다는 견해로 돌아갔다. 그것은 특히 이방인들과 구분되어 먹는 것, 정결법(레 20:22-26)을 지키는 것,[37] 이방인의 우상숭배에 대한 흔적 또는 오점을 피하는 것을 의미했다. 따라서 또다시 말하지만 **식탁 교제**가 하나님의 은혜가 지닌 개방성에 대한 인식과 그것의 실천을 위한 시험대가 되었다. 사람들이 같은 식탁에서 먹을 수 있는가, 다른 사람을 온전히 받아들이는가, 그리고 하나님의 사랑을 자신의 잘못된 한계들로 너무 협소하게 만들어 하나님의 자비의 폭을 제한하지 않는가는 복음이 제기하는 시험이었다.[38]

요약하면 예수가 이스라엘 **내부의** 경계선을 돌파했듯이 바울은 이스라엘 **둘레의** 경계선을 돌파했다. 그리고 다시 말해 율법과 전통이 얼마나 신성하든지 간에 그것을 지키지 않는 것이 누군가를 하나님의 은

---

37 8장에서 인용된다.
38 나는 다음의 찬송시를 반복한다. Frederick William Faber, "There's a Wideness in God's Mercy."

혜 밖에 위치시키는 것은 아니었다. 그리고 그와 동일하게 바울은 종교 적인 전통주의자들이 배제하는 사람들과 함께 음식을 나눔으로써 그 경계선을 돌파했다. 이것은 분명 우연이 아니다. 그것은 예수와 바울의 분명한 연속성을 증명한다.

c. **가난한 자들을 도울 책임.** 바울 역시 가난한 사람들을 돕는 것이 중요하다고 강조한다. 이것은 바울에 대한 논의에서 종종 무시된다. 그러나 우리는 그것이 예루살렘 공의회에서 바울이 주저 없이 합의한 책무 중 하나임을 알고 있다(갈 2:10). 그것은 합의한 복음에 덧붙여진 것이 아니라 그 복음에 필수적인 사항이었다. 그리고 우리는 예루살렘의 가난한 이들을 위해 바울이 교회로부터 모금한 것이 그의 선교의 마지막 단계에서 중요한 관심사였음을 알고 있다.[39] 이는 자신의 목숨에 위협이 됨을 알면서도(롬 15:31) 바울이 모금을 전하기 위해 예루살렘으로 돌아간 유일한 이유였다. 그 여행은 실제로 바울의 목숨을 희생시켰다. 바울이 편지에서 모금의 주제와 관련하여 자신의 복음을 특징짓는 단어들을 사용한 것은 인상적이다. 모금에 기여하는 것은 카리스(*charis*) 곧 "은혜"의 행위가 될 것이다.[40] 그것은 코이노니아(*koinōnia*), 즉 그 은혜에 관한 "공유된 경험"의 표현이 될 것이다.[41] 로마서에서 바울은 "나누기/베풀기" 그리고 "자비의 행위"를 그리스도의 몸의 기능인 은사에 포함시킨다(롬 12:8). 그리고 갈라디아서 6:2에서 바울은 "서로의 짐을 지는

---

39 롬 15:25-28; 고전 16:1-3; 고후 8-9장. 더 자세한 논의는 다음을 보라. *Beginning from Jerusalem*, #33.4.
40 고후 8:1, 4, 6, 7, 9, 16, 19; 9:8, 14, 15(또한 고전 16:3).
41 고후 8:4; 9:13.

것"을 "그리스도의 법"을 성취하는 것으로 간주한다. 이것을 보면 바울은 이 기독교 공동체들이 그리스도에 대해 알았던 것 곧 예수의 율법 해석을 언급하고 있는 것이 거의 확실하다. "그리스도의 법"은 아마도 예수 자신의 우선 사항, 곧 가난한 자들에게 기쁜 소식을 가져오는 것에 대한 그들의 지식을 언급하는 바울의 방법이었을 것이다.

2. 종말론적 긴장과 성령

2.1. 예수의 메시지가 지닌 특징

나는 하나님 나라에 관한 예수의 선포, 곧 하나님 나라가 예수의 사역 안에서 그리고 그의 사역을 통해 이미 현존하고 활동한다는 선포를 예수의 복음이 지닌 독특성으로 강조했다. 그러나 우리가 아울러 살펴보았듯이 예수는 하나님 나라의 미래적 도래, 아마도 하나님의 왕정이 온전히 드러나는 미래적 상황도 기대했다. 그는 제자들에게 "당신의 나라가 임하게 하소서"(마 6:10/눅 11:2)라고 기도하도록 가르쳤다. 지금 주목할 것은 예수가 하나님 나라에 대한 자신의 메시지에서 견지한 하나님 나라의 종말론적 긴장이다.

　　a. **다가오는 하나님 나라의 관점으로 살기.** 예수의 선포가 지닌 양면성은 큰 혼란을 야기했다. 어떻게 예수는 하나님 나라가 이미 현존하지만 여전히 도래할 것이라고 선포할 수 있었는가? 많은 학자들에게 이두 가지 강조점은 조화될 수 없었기 때문에, 그들은 이 둘 중 하나를 후

대가 예수 전승에 부가한 것으로 여겨야 했다.[42] 그러나 이와 같은 해결책은 단순히 은혜의 특징, 곧 이미 충분히 주어졌지만 더욱 완전한 실현을 언제나 지향한다는 특징을 인식하는 데 실패한 것이다. 자식은 성숙을 기대하면서도 늘 부모의 사랑을 확신한다. 따라서 우리는 예수가 하나님의 통치의 보다 풍요로운 완성을 기대하면서도 그의 사역을 통해 일어나고 있었던 성취를 인식하는 데 어려움이 없었다고 추론할 수 있다. 이것은 실제로 성취된 희망(막 1:15)에 관한 예수의 선포와 그가 제자들에게 하나님 나라가 임하도록 구하라고 가르친 기도(마 6:10) 사이의 긴장을 해석하는 가장 명확한 방법이다. 예수는 자신의 사역에서 자신의 삶과 관계들을 **하나님 나라에 비추어** 살아냄으로써 그런 긴장을 해소했다. 우리는 가난한 자들과 죄인들에 대한 예수의 관심을 이미 언급했다. 우리는 여기에 용서받고 용서해줄 필요에 대한 예수의 인식(마 6:12, 14-15)을 덧붙일 수 있다.[43] 또한 최후 심판은 배고픈 자들이 먹을 것을 받았는가, 목마른 자들이 마실 것을 받았는가, 나그네들이 환영받았는가, 헐벗은 자들이 입을 것을 받았는가, 그리고 아프거나 옥에 갇힌 자들이 방문을 받았는가(마 25:31-46)를 고려할 것이라는 예수의 단언을 추가할 수 있다. 하나님 나라의 가치에 따라 사는 것은 삶의 방식에 광범위한 영향을 미쳤다.

---

42 예. E. Käsemann, "The Beginnings of Christian Theology," in *New Testament Questions of Today* (London: SCM, 1969), 82-107. Käsemann은 이 두 강조점 사이의 조화될 수 없는 모순이 오직 "이미 여기"가 본래적이며 "여전히 도래할 것"은 초기 공동체들의 가르침을 반영한다고 가정함으로써만 설명될 수 있다고 주장했다(101-2).

43 Dunn, *Jesus Remembered*, #14.6.

b. **하나님 나라의 현재적 능력으로서의 성령.** 예수는 분명히 성령에 대해 많이 말하지 않았다. 그러나 그가 말한 것은 여기서 핵심을 가리킨다. 왜냐하면 예수가 하나님의 왕적 통치가 자신의 사역 안에서 이미 활동한다고 말했을 때 그는 우선적으로 자신의 사역을 통해 일하는 하나님의 영을 생각하고 있었기 때문이다. 이 점은 이미 언급된 단락들, 곧 예수는 성령으로 기름 부음을 받았고 따라서 가난한 자들에게 기쁜 소식을 선포할 사명을 받았다(사 61:1)고 믿었음을 가리키는 단락들에서 암시된다. 예수의 사역을 위해 그에게 능력을 준 것은 이 성령의 기름 부음이었다(행 10:38). 우리는 예수가 요단강에서 세례 요한에게 세례를 받은 후에 기름 부음을 받은 것을 생각할 수 있다(막 1:10과 병행구). 예수의 사역이 드러낸 성취의 시작을 알리는 것은 이 성령의 기름 부음이었다. 이미 활동하고 있는 하나님 나라와 하나님의 영 사이의 연결은 예수가 자신의 성공적인 축귀를 성령에 의한 것이라고 말할 때 가장 분명하게 드러난다(마 12:27-28과 병행구). 예수는 그 당시 다른 성공적인 몇몇 축귀사가 있었음을 인정한다(12:27). 그러나 그는 자신이 행하는 사역의 **독특함**이 성령의 능력으로 귀신을 쫓아낸다는 점이라고 강조한다. 그리스어에서 이 강조점은 첫째와 마지막 어구에서 발견된다. "내가 **하나님의 성령**을 힘입어 귀신을 쫓아내는 것이면 **하나님의 나라**가 이미 너희에게 임하였느니라"(12:28). 성령의 능력은 하나님 나라의 현존, 이미 분명하게 보이는 하나님의 왕적 통치다.

2.2. 바울의 "이미 그러나 아직"

동일한 이중 강조가 바울의 가르침에도 존재한다. 이것은 구원의 과정에 대한 그의 이해에서 "이미 그러나 아직"으로 자주 표현된다. 구원 자체는 그 과정의 끝이다.[44] 그 과정 중에 있는 사람들은 "구원을 받고 있는 자들"이다.[45] 결정적인 시작은 이미 일어났다. 그것은 세례가 말하는 모든 것, 곧 그리스도와 함께 죽고 장사되는 것이다(롬 6:3-4). 그러나 아직 아닌 것도 있다. 곧 옛 본성을 폐기하는 과정에서 그리스도의 죽음이 성취하는 것과 마지막에 그리스도의 부활에 참여하는 것이다.[46] 그러나 또다시 종종 간과되는 것은 이미 그러나 아직에 대한 바울의 강조가 **예수의 사역에서와 같이 동일한 종말론적 긴장**이 되는 정도다.

a. **칭의의 미래 시제.** 개혁신학에서 차지하는 바울의 중심적 위치는 우리가 앞서 간략하게 논의했던 칭의에 대한 바울의 가르침에서 이미(already)라는 측면에만 초점을 맞추는 경향이 있었다. 그렇게 하면서 개혁신학은 칭의의 **미래** 시제를 무시하는 경향도 있었다. 우리가 살펴보았듯이 바울은 믿음을 통해 우리가 칭의를 알 수 있다고, 곧 지금 여기에서 하나님의 수용(acceptance)을 알 수 있다고 강조하지만 최후 심판이 있을 것이라는 점도 강조한다. 그리고 최후 심판이 적어도 어느 정도는 신자들을 포함하여 각자가 어떻게 살았는가에 달렸다고 강조한다. "우리는 모두 그리스도의 심판의 보좌 앞에 서야 한다. 따라서 각자는, 선한 것이든 악한 것이든, 몸으로 행한 것에 대한 보응을 받는다."[47] 이

---

44 롬 5:9-10; 11:26; 13:11; 빌 1:19; 2:12; 살전 5:8-9.

45 고전 1:18; 15:2; 고후 2:15.

46 예. 고후 4:16-5:5; 빌 3:10-11. 내 다음 연구도 보라. *The Theology of Paul the Apostle* (Grand Rapids: Eerdmans; Edinburgh: T. & T. Clark, 1998), #18.

47 롬 2:12-13; 고후 5:10. 내 다음 연구도 보라. *The New Perspective on Paul* (WUNT 185; Tübingen: Mohr Siebeck, 2005; revised, Grand Rapids: Eerdmans, 2007), ch. 1,

"모두"는 분명히 신자들을 포함한다! 예수에게 그렇듯이 바울에게도 최후 심판은 "행위에 따라"[48] 이루어질 것이다. 예수와 마찬가지로 바울에게도 성취 또는 선한 행위(일)에 대한 상급이라는 이미지는 부족하지 않다.[49] 바울에게도 예수의 경우처럼 구원(영생)이 어느 정도 신실함에 달려 있다.[50] 바울과 예수는 **동일한** 이중 강조, **동일한** 종말론적 긴장을 공유한다. 그것은 우연의 결과인가? 아니면 우리는 예수의 사역이 미친 추가적 영향의 증거를 보고 있는가? 즉 더 이상 우리에게 분명하지 않은 경로들을 통해 예수를 넘어 바울에게 도달한 예수 사역의 특성과 강조점들을 보는가?

b. **아라본**(*arrabōn*)**과 아파르케**(*aparchē*)**로서의 성령.** 바울을 예수에게로 연결하는 한층 더 현저한 특색은 성령이 이미와 아직 사이의 긴장을 이해하는 열쇠라는 동일한 자각이다. 왜냐하면 성령의 임함과 함께—우리는 누가의 오순절 이야기를 생각할 수 있다(행 2장)—또 다른 이스라엘의 종말론적 희망이 성취되었기 때문이다. 예언자들이 기대했듯이 성령은 종말의 날에 부어졌다.[51] 예수의 부활이 마지막 때에 있을 부활의 시작을 나타냈듯이, 오순절의 성령 세례는 하나님의 백성을 위한 그분의 마지막 목적의 성취를 나타냈다. 바울은 초기 그리스도인들

##4.2(10), 4.3(11).

48 마 16:27; 요 5:28-29; 롬 2:6-11; 고전 3:8; 고후 5:10; 11:15; 골 3:25; 계 20:11-15.

49 예. 마 6:1-6; 10:41-42; 25:34-40; 고전 3:14; 9:24-25; 빌 3:14; 골 3:24; 딤후 4:8.

50 예. 막 13:13; 롬 8:13; 고전 15:2; 갈 6:8; 골 1:23.

51 행 2:17-21은 욜 2:28-32을 인용한다. 다음도 보라. 사 32:15; 44:3; 겔 39:29.

중 어느 누구 못지않게 성령 안에서 기뻐했다. 그러나 바울은 이것에 관해 너무 흥분한 나머지 개인이 성령의 부으심을 경험했을 때 종종 일어나는 광란의 영적 열광주의로 나아가지는 않았다. 왜냐하면 바울은 성령이 아라본(*arrabōn*) 즉 잔금을 모두 치를 것을 약속하는 보증금(고후 1:22)이라고, 또한 아파르케(*aparchē*, 롬 8:23) 곧 마지막 수확의 시작을 알리는 첫 열매라고 강조했기 때문이다. 바울에게 성령은 신자들을 그들의 주(Lord)가 지닌 이미지로 점차 변화시키는 하나님의 능력이다(고후 3:18). 성령은 예언자들이 희망한 대로[52] 율법을 성취하고(롬 8:4) 변화된 성품의 열매를 맺는(갈 5:22-23) 순종을 가능하게 하는 능력이다. 성령은 종말에 우리의 수치스러운 몸을 바꾸어 그리스도의 몸이 지닌 영광에 일치시키는 평생에 걸친 구원의 과정을 완성하는 능력이다.[53]

이것은 틀림없이 다른 초기 그리스도인들처럼 바울에게도 하나님의 영이 이제 **그리스도의 영**으로 인식될 수 있는 이유다.[54] 왜냐하면 예수에게 기름을 부은 능력, 곧 예수의 사역에 힘과 유효성을 준 능력은 신자들이 지금 체험하는 능력과 **동일한** 능력이기 때문이다. 이 능력은 예수의 성품을 지니며, 신자들 안에서 길러지고 자라는 예수의 성품에 의해 거짓되거나 미혹하는 영적인 힘들과 구분된다. 바울에게 "영들 분별함"(고전 12:10), 곧 성령의 선물을 시험하는 것(살전 5:21)은 언제나 필요했다. 그리고 이 주된 시험은 성령의 나타남, 즉 성령의 작용이 성품 면에서 그리스도를 닮았는가와 효과 면에서 그리스도를 형성하는가에 관

---

52 렘 31:31-34; 겔 11:19; 36:26-27.
53 롬 8:11; 고전 15:42-49; 빌 3:21.
54 롬 8:9; 갈 4:6; 빌 1:19. 고전 15:45도 보라. "생명을 주는 영"은 하나님의 영이다.

한 것이었다.[55] 만약 바울이 그의 서신들이 드러내는 것보다 예수의 사역에 대해 훨씬 더 많이 알지 못했다면 그런 시험을 결코 사용할 수 없었을 것이다. 그리고 틀림없이 성령이 예수에게 미친 영향력에 관한 바울의 지식은 그의 성령론을 형성하고 결정하는 데 도움이 되었다. 이는 바울 자신이 다음과 같이 말하는 것에서 드러난다. "우리를 너희와 함께 그리스도 안에서 굳건하게 하시고 우리에게 기름을 부으신(또는 우리를 귀히 여기신) 이는 하나님이시니, 그가 또한 우리에게 인치시고 보증(*arrabōn*)으로 우리 마음에 성령을 주셨느니라"(고후 1:21-22). 바울에게 있어서, 요단강에서 예수에게 기름을 부은 성령은 신자들에게 기름을 붓고 그들을 그리스도의 형상으로 만들어내는 성령과 동일하다. 바로 이런 언어가 암시하는 것은 바울이 예수가 성령으로 기름 부음을 받았음을 또한 예수가 기름 부음을 받은 것과 믿는 자들에게 주어진 성령의 열매 사이의 연속성이 확고하고 중단되지 않았음을 잘 알고 있었다는 것이다.

3. 사랑의 계명

예수와 바울 사이에 직접적인 연결선을 그릴 수 있도록 하는 세 번째 특색은 율법에 관한 그들의 공통된 태도와, 율법은 이웃을 자신과 같이 사랑하라는 계명 안에 요약된다는 그들의 공통된 주장이다.

---

55 내 다음 연구도 보라. *Theology of Paul*, 263, 594-98.

3.1. 예수와 율법

역사적 예수에 대한 탐구의 가장 억압적인 모습 중 하나는 일련의 학자들이 예수를 그의 유대교적 배경으로부터 떼어놓으려고 시도한 것이다. 이것의 고전적인 표현은 에르네스트 르낭(Ernest Renan)의 『예수의 생애』 (*Life of Jesus*)였다. 이 책에서 우리는 다음과 같은 주장을 발견한다. "근본적으로 예수에 대해서는 유대교적인 것이 아무것도 없었다." 예루살렘을 방문한 후 예수는 "더 이상 유대교의 개혁가가 아닌 유대교의 파괴자로 보인다.…예수는 더 이상 유대인이 아니었다."[56] 핵심 쟁점은 율법에 대한 예수의 태도였다. 여기서 여러 바리새인과 벌인 예수의 논쟁들, 특히 안식일과 정결에 관한 논쟁들에[57] 기초하여 예수가 실제로 율법을 폐기했다고 추론하는 것은 손쉬운 일이었다. 따라서 율법과 예언자들은 세례 요한까지이며, 지금 예수에게 그것은 과거에 속했다고 주장되었다.[58]

　이런 주장이 관심을 모으는 이유는 그것이 부분적으로 예수로부터 바울에 이르는 선명한 선을 그을 수 있게 했기 때문이었다. 전통적으로 바울은 무엇보다 율법과 결별하고 율법이 기독교와 전혀 관련이 없다고 주장한 사람으로 이해되었다. 예를 들어 더럼에서 내 가까운 이웃인 찰스 크랜필드(Charles Cranfield)는 예수가 자신을 텔로스 노무(*telos nomou*), 즉 바울이 로마서 10:4에서 말한 "율법의 마침"으로 알았다고 주장하면

56　E. Renan, *The Life of Jesus* (London: Truebner, 1863; ET 1864). 이 책은 다음 연구에서 인용되었다. S. Heschel, *Abraham Geiger and the Jewish Jesus* (Chicago: University of Chicago Press, 1998), 156-57.

57　막 2:23-3:5; 7:1-23.

58　J. Becker, *Jesus of Nazareth* (Berlin: De Gruyter, 1998), 227.

서 예수와 바울 사이의 직접적인 선을 연결하는 데 주저하지 않았다.[59]

그러나 이런 주장은 전혀 타당하지 않다. 우선 그 주장은 예수와 율법에 관한 마태의 묘사를 예수를 다시 유대화시키려는 후대의 시도로 치부한다. 마태는 예수가 다음과 같이 말했다고 기록한다.

> [17]내가 율법이나 선지자를 폐하러 온 줄로 생각하지 말라. 폐하러 온 것이 아니요 완전하게 하려 함이라. [18]진실로 너희에게 이르노니 천지가 없어지기 전에는 율법의 일점일획도 결코 없어지지 아니하고 다 이루리라. [19]그러므로 누구든지 이 계명 중의 지극히 작은 것 하나라도 버리고 또 그같이 사람을 가르치는 자는 천국에서 지극히 작다 일컬음을 받을 것이요, 누구든지 이를 행하며 가르치는 자는 천국에서 크다 일컬음을 받으리라 (마 5:17-19).

따라서 우리는 율법에 관한 예수의 가르침이 많은 역사적 예수 연구자들이 주장하듯이 그렇게 부정적이고 율법을 무시하는 태도를 보이는지를 질문해야 한다. 마태는 예수의 가르침을 왜곡했는가? 아니면 예수는 율법에 관한 가르침에서 더 모호하거나 미묘했는가? 예수는 하나님과 그의 백성의 관계에서 가장 중요한 것으로 파고들기 위해 율법을 사용했는가? 그는 율법을 우상이라기보다 성상(icon)으로 생각했는가? 곧 예수는 율법을 그 자체로 목적이 되어서 관심을 집중시키는 대상이라기보다 하나님이 그의 백성에게 진실로 원하는 것이 무엇인지를 알기 위해 들여다보는 창문으로 생각했는가? 토라를 자신의 백성을 위한

---

59   C. E. B. Cranfield, *St. Mark* (Cambridge: Cambridge University Press, 1959), 244.

하나님의 영원한 선물로 경외하는 것은 하나님 나라가 가까이 온 때와 장소에서 율법의 기능의 우선순위를 새롭게 정하는 것과 동시에 진행될 수 있는가?[60]

　그 답은 해당 주제에 대한 다른 복음서 전승들을 살펴보면 더욱 분명해지기 시작한다. 안식일 논쟁은 예수가 안식일의 거룩함을 무시하거나 논박하는 것이 아니라 도리어 어떻게 그 거룩함이 가장 잘 유지되고 찬양될 수 있는지를 질문했음을 보여준다. 따라서 안식일은 배고픔을 해결하기 위해 안식일 이외의 날들에 허용되는 방법을 배제하지 않는다. 그리고 안식일은 선을 행하거나 생명을 구하는 일을 불가능하게 하지 않는다. 도리어 그렇게 할 수 있는 기회를 제공한다(막 2:23-3:5). 또한 정결 논쟁에 관한 마태의 판본은 예수가 실제로 제의적 정결에 관한 모든 율법을 물리쳤는지 아니면 자신을 비판하는 자들에게 마음의 정결함이 손의 깨끗함보다 훨씬 더 중요하다는 점을 상기시켰는지에 관한 질문을 제기한다(마 15:16-20). 또한 산상수훈에서 예수는 살인과 간음을 금하는 명령들과 같은 계명들을 어떻게 하는가? 예수는 그 계명들을 버리지 않는다. 그는 그것들의 깊이를 더한다. 살인을 금지하는 계명은 단지 살인뿐만 아니라 정당하지 않은 분노나 모욕을 배제하기 위한 것이다. 간음을 금하는 계명은 단순히 간음만이 아니라 음탕한 시선과 욕

60　율법에 대한 그런 이해에 대해서는 다음을 보라. R. Deines, *Die Gerechtigkeit der Tora im Reich des Messias: Mt 5,13-20 als Schlüsseltext der matthäischen Theologie* (WUNT 177; Tübingen: Mohr Siebeck, 2004). 동일 저자의 다음 논문도 보라. "Not the Law but the Messiah: Law and Righteousness in the Gospel of Matthew—an Ongoing Debate," in D. M. Gurtner and J. Nolland, eds., *Built upon the Rock: Studies in the Gospel of Matthew* (Grand Rapids: Eerdmans, 2008), 53-84.

망을 배제하는 의도를 담고 있다(마 5:21-22, 27-28).[61]

이 모든 것 중 가장 주목을 끄는 것은 예수가 율법을 가장 큰 두 가지 계명으로 요약하는 방법이다.

> [29]예수께서 대답하시되 "첫째는 이것이니 '이스라엘아 들으라. 주 곧 우리 하나님은 유일한 주시라. [30]네 마음을 다하고 목숨을 다하고 뜻을 다하고 힘을 다하여 주 너의 하나님을 사랑하라' 하신 것이요. [31]둘째는 이것이니 '네 이웃을 네 자신과 같이 사랑하라' 하신 것이라. 이보다 더 큰 계명이 없느니라"(막 12:29-31).

여기서 주목할 것은 자신의 백성에 대한 하나님의 언약적 책임들을 계명으로 요약하기를 예수가 거절하지 않았다는 점이다. 그의 두 계명 중 첫째는 물론 이스라엘의 교리적 고백 곧 쉐마였다. "이스라엘아, 들으라. 우리 하나님 여호와는 오직 유일한 여호와이시니…네 하나님 여호와를 사랑하라"(신 6:4-5). 따라서 예수의 동료 유대인들은 그의 첫째 계명을 가장 우선된 것으로 인식하는 데 어려움이 없었을 것이다. 하지만 둘째 계명은 전적으로 뜻밖이었다. "네 이웃 사랑하기를 네 자신과 같이 사랑하라." 이것도 토라의 명령이다(레 19:18b). 그러나 이 계명은 레위기 19장에서 근본적으로 상이한 일련의 명령들 속에 위치한다. 예수는 분명하게 이 명령들로부터 특정 계명을 추출하여 율법을 해석하는 핵심적 역할을 부여했다. 우리는 예수 이전에 그와 같이 행한 전례가 없는 것으로 보인다는 사실을 놓치지 말아야 한다. 레위기 19:18에 대

---

61   다음의 내 연구도 보라. *Jesus Remembered*, #14.4.

한 명백한 언급들은 예수 이전의 유대교 문헌에서는 보이지 않는다. 그리고 레위기 19:18이 "토라의 가장 큰 일반 원칙"(레 19:18에 관한 시프라 [Sifra])이라는 의견은 (2세기 초의) 랍비 아키바의 것이라고 나중에 생각되었지만, 그곳에 있는 레위기 19:18에 대한 암시들은 그 본문에 특별한 중요성을 부여하지 않는다. 레위기 19:18을 뽑아내어 율법 안의 각별한 지위를 부여한 것은 필시 예수 자신이었다.[62] 그리고 상당히 가능성 있는 것은 랍비 아키바가 토라를 해석하는 데 있어 유사한 핵심적 역할을 레위기 19:18에 부여하면서 의식적이거나 무의식적으로 예수의 영향을 받았다는 것이다.

이것은 안식일에 대한 예수의 태도와, 다양한 바리새인과 벌인 다른 논쟁들―우리가 앞서 살펴보았듯이 죄인들에 대한 예수의 개방성 문제를 포함하여―에서 발견되는 그의 태도를 설명하는 데 기여한다. 그것은 예수 자신이 사랑의 계명을 따라 살았기 때문이다. 예수에게 이웃을 자신과 같이 사랑하지 않는 한 마음을 다해 하나님을 사랑하는 것은 불가능했다. 이와 마찬가지로 온전하게 이웃을 자신과 같이 사랑하는 것은 먼저 하나님을 온전히 사랑하지 않는 한 불가능하다고 예수가 주장했다는 것은 의심의 여지가 없다.

3.2. 바울과 율법

동일한 문제가 바울과 율법에 관한 학계의 이해를 대부분 지배해왔다. 루터 계열의 학풍은 전통적으로 복음과 율법을 날카로운 대립 속에 놓

---

62 다음의 내 연구도 보라. *Jesus Remembered*, #14.5.

았고, 그런 대립을 전적으로 바울의 것이라고 여겼다. 율법과 복음은 극과 극이다. 율법이 있는 곳에는 복음이 있을 수 없다. 바울이 몇몇 경우에서 율법에 대해 부정적으로 말한 것은 사실이다. 그는 율법이 죄를 증가시켰다고 말한다. 율법은 죄가 되는 욕망을 불러일으켰다(롬 5:20; 7:5). 문서로 기록된 율법은 정죄와 죽음의 사역을 상징했다(고후 3:7, 9). 바울 자신은 율법에 대해 죽었다(갈 2:19). 그러나 율법에는 그 이상의 것이 있다. 로마서와 갈라디아서 모두에서 바울은 율법을 정죄하는 고발을 쌓아가는 것으로 보이는데, 이것은 오로지 그 고발을 거부하기 위한 것이다. "율법이 죄인가?" 바울은 로마서에서 질문한다(7:7). 물론 그렇지 않다고 바울은 답한다. 율법은 그 자체로 거룩하고 의로우며 선하다(7:12). 책망할 것은 율법을 오용하는 죄의 능력이다(7:7-25). 바울은 "율법이 하나님의 약속들과 반대되는가?"라고 갈라디아서에서 질문한다(3:21). 바울은 절대 그렇지 않다고 답한다. 이스라엘의 인도자라는 역할의 측면에서 율법은 과거의 것이다(3:21-26). 그러나 율법에 관해서는 그보다 더 많은 이야기가 있다. 그렇다면 아마도 바울은 율법에 반대했다기보다 율법의 **한 가지 기능**에 반대했던 것이리라. 나는 바울이 그렇다고 믿지만, 여기서는 더 자세히 논할 시간이 없다.[63]

율법에 대해 바울이 보여주는 **긍정적** 태도는 그동안 도외시되거나 매우 폄하되었다. 율법을 믿음의 눈으로 읽을 때 율법의 연관성과 지속적인 유효성은 유지된다. 바울은 로마서 3:31에서 "우리가 믿음으로 말미암아 율법을 파기하는가?"라고 묻고, 곧이어 "결코 그렇지 않다. 우리는 율법을 굳게 세운다"라고 답한다. 그는 어떻게 아브라함이 하나님을

---

63   다음의 내 연구들을 보라. *Theology of Paul* ##6, 14, 23; *New Perspective on Paul*, ch. 1.

의지하면서 그의 믿음을 표현했는지를 계속해서 보여주고(4:16-22), 이후에 죄는 율법을 어긴 것이 아니라 "믿음에 따르지 않은"(14:23) 행동이라고 정의한다. 사람이 하나님의 뜻을 행하는 것은 믿음(하나님께 대한 신뢰와 의존)으로 사는 것이다. 로마서 8:4에서 바울은 심지어 하나님이 그의 아들을 보내어 죄를 담당시킨 것의 핵심은 "육신을 따르지 않고 그 영을 따라 행하는 우리에게 율법의 요구가 이루어지게 하려"는 것이었다고 말한다. 그리고 고린도전서 7:19에서 그는 놀라운 단언을 내린다. 곧 "할례 받는 것도 아무것도 아니요, 할례 받지 아니하는 것도 아무것도 아니로되 오직 하나님의 계명을 지킬 따름이다." 이 단언이 놀라운 것은 할례가 구약에서 하나님의 계명 중 하나이기 때문이다. 여기서 바울은 율법을 내부적으로 **구분**할 수 있었다는 점이 분명해진다. 그는 일부 율법들(여기서는 할례의 율법)이 더 이상 아무 쓸모가 없다고 주장한다. 그러나 바로 연이어 그는 하나님의 율법을 지키는 것이 중요하다고 재차 강조한다.

　이것이 예수를 상기시키지 않는가? 왜냐하면 바울은 실제로 율법이 매우 표면적인 방법으로 이해되고 너무나 피상적인 방법—바울이 그람마(*gramma*), 곧 눈에 보이는 표면적인 글자라고 언급하는[64]—으로 적용될 수 있다고 강조하고 있기 때문이다. 그가 생각하는 것은 마음속에서 일하고 있는 성령과의 대조다.[65] 바울은 분명히 예레미야와 에스겔의 약속들을 암시한다. 왜냐하면 율법은 더 이상 돌로 만든 비석이 아닌 마음에 쓰여야 하고(렘 31:33), 성령은 그 율법을 제대로 지킬 수 있는 능

64　롬 2:28; 고후 3:6-7.
65　롬 2:29; 고후 3:3, 6, 8.

력을 주기 위해 보내졌기 때문이다.[66] 이것은 살인과 간음 및 부정을 금지하는 계명들에 관한 예수의 가르침을 반영하는 강조점이다. 바울은 예수의 가르침이 지닌 그런 측면을 알지 못했는가? 나는 그렇게 생각하지 않는다.

예수의 가르침이 바울에게 미친 영향에 관한 가장 주목할 만한 증거는 사랑의 계명에 대한 바울의 언급이다. 로마서와 갈라디아서 모두에서 바울은 동일한 점을 강조하는데, 그것은 바로 예수가 강조한 바와 같다! 모든 계명은 "'네 이웃을 네 자신과 같이 사랑하라'고 하신 그 말씀 가운데 다 들어 있다"(롬 13:9). "온 율법은 '네 이웃 사랑하기를 네 자신 같이 하라'고 하신 한 말씀에서 이루어졌다"(갈 5:14).[67] 바울은 어디서 이것을 얻었을까? 우리는 제2성전기 유대교에서 우리에게 알려진 다른 어떤 교사도 이 계명을 레위기 19장의 일련의 명령들로부터 분리하지 않았음을 이미 살펴보았다. 그렇다면 이 계명은 어떻게 "잘 알려졌는가?" 바울은 사랑의 계명에 관한 예수의 가르침이 기독교 공동체들 사이에서 잘 알려졌음을 언급할 수밖에 없다. **바울은 율법에 대한 자신의 태도를 예수로부터 가져왔다.** 그 외의 다른 어떤 설명도 우리가 가지고 있는 증거를 설명하지 못한다. "그리스도 예수 안에서는 할례나 무할례나 효력이 없으되 사랑으로써 역사하는 믿음뿐"(갈 5:6)이라는 점을 바울에게 보여준 것은 예수의 가르침과 그의 모범이었다. 바울이 "그리스도의 율법"(갈 6:2)을 말할 때 생각했던 것은 틀림없이 예수의 가르침

---

66 겔 11:19-20; 36:26-27.
67 문자적으로 "너는 네 이웃을 네 자신과 같이 사랑하라' 안에서"이다. 따라서 이 언급은 친숙한 무엇에 대한 것이다. 이것은 롬 13:8-9의 경우와 같은데, 이 본문은 바울이 전에 방문한 적이 없었던 교회에 쓴 것이다.

과 모범이었다.

요약하면 **예수로부터 바울에게 이어진 연속성과 영향이 가장 분명한 곳은 사랑의 계명이다.** 요컨대 우리는 예수가 사랑의 계명을 율법의 두 번째 중요한 계명으로 가르쳤고 그의 사역을 통해 그 계명을 따라 살았다고 말할 수 있다. 따라서 바울은 예수의 궤적을 따랐고 율법 전체를 동일한 계명으로 요약했다. 바울은 예수처럼 그 계명을 기준 삼아 하나님과 그분의 백성의 관계와, 그분의 백성을 구성하는 개인들 간의 관계를 지도하는 데 중요한 계명들을 구별했다.

결론

우리는 이제 예수와 바울 사이의 심연을 말해야 하는가? 아니다! 우리는 바울이 예수가 가져온 기쁜 소식을 떠났거나 타락시켰다고 추론해야 하는가? 아니다! 우리는 바울이 예수의 메시지를 예수 자신은 알지 못했던 어떤 것으로 변형시켰다고 결론 내려야 하는가? 아니다!

물론 우리가 이 한 번의 강의에서 다룰 수 있는 것보다 훨씬 많은 토론거리가 있다. 그러나 내가 바라는 것은 앞의 질문들에 그렇다고 답한 사람들은 너무 성급하다는 것을 보여주는 것이다. 그들은 연관된 문제를 너무 많이 도외시했고, 전통적인 시각들이 전체를 보여준다고 너무 서둘러 가정했다.

그러나 실제로 자신의 사역 안에서 그리고 그 사역을 통해 활동하는 하나님의 왕적 통치라는 예수의 기쁜 소식은 지금 여기에 있는 죄인들을 위한 은혜라는 바울의 메시지의 가까운 선례였다. 이스라엘의 죄인들을 위한 예수의 기쁜 소식은 이방의 죄인들을 향한 바울의 복음을 위한 직접적 선례요 영감이었다. 가난한 자를 위한 예수의 기쁜 소식은 바울이 그의 교회들로 하여금 가난한 자들을 돌보는 일을 동일하게 우선시하도록 하는 데 반영되었다.

따라서 바울이 구원의 과정 속에 있는 이미와 아직 사이의 불편한 긴장을 유지하는 것도 예수가 유지한 하나님 나라의 긴장을 상당히 선명하게 반영한다. 곧 현재 활동하는 하나님 나라와 장차 도래할 하나님 나라 사이의 긴장이다. 그리고 성령을 성취된 희망의 신호로서 그리고 아직 오지 않은 더 풍요로운 유산의 보증으로서 이해하는 바울의 생각은 예수의 주장, 곧 자신의 사역을 위해 성령의 기름 부음을 받았다는 주장을 덜 선명하다 할지라도 동일하게 반영한다.

그리고 특히 인간관계를 지배하는 제일 규범으로서 율법에 대한 예수의 차별적 태도 및 사랑의 계명을 택한 예수의 선택은 율법에 대한 바울의 유사한 태도와, 율법 전체가 이웃을 자신과 같이 사랑함으로써 가장 잘 요약되고 성취된다는 바울의 주장을 위한 명확한 선례다.

바울은 예수의 말을 직접 들었거나 그를 직접 본 적이 없지만 **예수의 진정한 제자 중 하나**로 특징지을 수 있다. 그는 높임을 받은 주 예수 그리스도의 제자일 뿐만 아니라 나사렛 예수의 제자이기도 하다.

제3부

2천 년 전의 바울

제6장

바울은 자신이
누구라고 생각했는가?

기독교의 두 번째 설립자?

기독교 제1세대에는 절대적으로 중요한 세 인물이 있었다. 곧 베드로, 바울, 그리고 예수의 동생 야고보였다.[1] 이 인물들 중에 아마도 바울이 기독교를 형성하는 데 가장 중요한 역할을 수행했을 것이다. 바울 이전에 우리가 지금 "기독교"라고 부르는 것은 1세기 유대교 내부의 메시아 종파, 또는 더 알맞게 말하면 제2성전기 유대교 내부의 "나사렛 종파"(행 24:5), "그 도"(즉 아마도 예수가 보여준 길)의 추종자들[2]에 불과했다. 만일 바울이 없었다면 이 메시아 종파는 제2성전기 유대교 내부의 갱

---

1   나는 *Christianity in the Making*, vol. 2, *Beginning from Jerusalem* (Grand Rapids: Eerdmans, 2009)에서 기독교 제1세대의 이 주요 인물들에 특히 관심을 집중한다. 나는 이 책에서 특히 6장과 7장에 많이 의존한다. 이 장의 논의를 위해 그보다 이른 시기의 내 연구도 보라. "Who Did Paul Think He Was? A Study of Jewish Christian Identity," *NTS* 45 (1999), 174-93. *Beginning from Jerusalem*이 제공하는 관련된 참고문헌에 더하여 특히 다음을 보라. J. Frey, "Paul's Jewish Identity," in J. Frey, D. R. Schwartz and St. Gripentrog, eds., *Jewish Identity in the Greco-Roman World—Jüdische Identität in der griechisch-römischen Welt* (Leiden: Brill, 2007), 285-321.

2   행 9:2; 19:9, 23; 22:4; 24:14, 22.

신 운동으로 남았을 것이며 그 이상의 무엇이 되지 못했을 것이다. 유대교의 갱신 운동은 필시 야고보가 이 새로운 운동이 유지하기를 원했던 모습이다. 베드로는 더 양면적일 수 있다. 그는 야고보와 바울 사이 어딘가에 위치하는 교량 역할을 수행한 인물, 실제로 "다리를 놓는 사람"(*pontifex*, 사제)이었다. 그러나 예수를 메시아로 신앙하는 이 새로운 유대교 종파를 그 이상의 것으로 변형시킨 것은 바울이었다. 바울의 선교는 기독교 역사의 첫 수십 년 동안에 있었던 **단 하나의 가장 중요한** 발전이었다. 바울의 선교와 그의 서신들을 통해 전달된 가르침은 무엇보다도 배아기의 기독교를 제2성전기 유대교를 고향으로 삼았던 메시아 종파에서 그리스인들에게 더 알맞은 종교로 변형시켰다. 바울이 변화시킨 이 종교는 구성 면에서 점차 이방인들의 종교가 되었고, 두 차례의 대로마 유대 항쟁(기원후 66-73, 132-135년)의 파괴적인 실패를 딛고 살아남은 그런 종류의 유대교와는 점차 불편한 관계가 되었다.

바울의 활동이 끼친 결정적인 영향은 그가 에게해(海) 지역에서 선교하는 기간에 형성되었으며, 사도행전 16-20장에 기술되었다. 우선 첫째로 그것은 **서쪽으로의** 결정적인 이동을 표시했다. 이 발전 하나만으로도 초기 기독교의 중심을 예루살렘과 지중해의 동쪽 해안에서 소아시아, 그리스의 대도시들 그다음에 로마로 이동시키기에 충분했다. 둘째로 바울이 세운 교회들은 그 구성원의 측면에서 점점 더 **이방적**, 비유대적이 되었다. 이 두 요소만으로도 유대교 종파가 주로 이방인으로 구성된 종교로 변화하는 것을 보장하기에 충분했을 것이다. 그러나 길게 보면 세 번째 이유는 더더욱 결정적이었다. 왜냐하면 **바울이 자신의 편지 대부분을 집필한 것은 에게해 지역에서의 선교 기간이었기 때문이다.** 이 기간에 필시 바울의 편지 대부분, 아마도 바울의 것으로 생각되는 편지들 **모두가**[3] 집필되었다. 바울의 편지들은 기독교의 제1세대(35년의 기간)의 것으로 확실하게 연대를 매길 수 있는 유일한 기독교 문서다. 그리고 이 편지들은 바울의 유산이 계속하여 영향을 미치도록 했으며, 기독교의 결정적인 특징 중 많은 부분을 기독교에 실제로 부여했다.

다시 말해 바울이 에게해 지역을 선교한 기간인 약 팔 년은 예수가 사역한 삼 년, 예루살렘 교회의 첫 이삼 년 그리고 헬라파가 이끈 이 새로운 종파의 첫 확장과 어깨를 나란히 한다.[4] 이들보다 이른 시기처럼 바울의 선교 기간은 기독교의 존재와 항구적인 특징을 위해 전적으로 결정적인 역할을 했다. 그리고 바울의 에게해 선교와 그것의 항구적인 결과는, 그가 설립한 교회들과 집필되어 유포된 편지들과 관련하여, 바울에게 이따금 부여된 "기독교의 두 번째 설립자"라는 칭호를 타당하게 만든다. 이미 주목했듯이 이 칭호는 20세기 초에 처음 바울에게 주어졌는데, 애초에는 어느 정도의 비난을 동반했다. 이는 "의심의 여지 없이 첫 번째 설립자(예수)보다 더 나은 것은 아니지만 더 강한 영향력을 행사"했던 "기독교의 두 번째 설립자"라는 뜻이었다.[5] 이 칭호는 기독교가 바울에게 진 빚을 적절히 인정하는 방법으로 최근 되살아났다.[6] 바울은 이 칭호를 받을 자격이 있었는데, 이는 그가 이방인들에게 복음을 선포한 첫 사람이라거나 로마에게 복음을 설파한 첫 사람, 또는 제2성전

---

3   분명히 고린도전후서, 로마서, 데살로니가전(후)서 그리고 필시 갈라디아서 그리고 아마도 빌립보서, 골로새서, 빌레몬서는 모두 바울의 에게해 선교 시기의 것으로 추정된다.

4   행 6-8장; 11:19-26.

5   5장 각주 13을 보라.

6   M. Hengel and A. M. Schwemer, *Paul between Damascus and Antioch* (London: SCM, 1997), 309.

기 유대교라는 모체로부터 떨어져 나온 첫 사람이었기 때문이 아니다. 오히려 그것은 이방인 신자들이 유대교의 전통적인 형식 안에서 유지되는 것을 불가능하게 만든 것이 바울의 사명이었고, 그의 편지들이 새로운 운동의 본래 전승과 형식들에 대한 가장 영향력 있는 해석이 되었기 때문이었다.

정확하게 바울은 받침점 또는 변환점, 곧 거기서 유대교의 메시아 종파가 더 큰 무엇이 되기 시작했던 지점에 서 있었기 때문에 논란이 많은 인물이다. 기독교의 기원에 관심을 갖고 있었던 대부분의 유대인들에게 바울은 그의 과거를 버리고 자신의 상속권을 팔아버린 자다. 그는 자신의 동족에게는 배신자, 이스라엘로부터 이탈한 변절자이며, 이제 그리스도인이고 더 이상 유대인이 아니다. 따라서 우리는 다음의 질문들로 시작한다. **바울은** 자신이 누구라고 생각했는가? 그는 자신의 역할을 어떻게 이해했는가? 바울은 자신을 어떻게 이해했는가? 바울은 자신을 낯선 사람에게 어떻게 소개했겠는가?

바울은 자신이 쓴 편지들의 많은 단락에서 명시적으로 자전적인 용어를 사용하여 말한다. 바울이 편지에서 빈번하게 자신을 "바울, 예수 그리스도의 사도"로 묘사하는 자기소개를 제외하고 가장 관련성이 높은 본문들은 아래와 같다.

- 롬 11:1-"나는 이스라엘인이요, 아브라함의 씨에서 난 자요, 베냐민 지파라."
- 롬 11:13-"나는 이방인을 향한 사도다."
- 롬 15:16-"이방인을 위하여 그리스도 예수의 일꾼이 되어 하나님의 복음의 제사장 직분을 하게 하사."

- 고전 9:1-2-"내가 사도가 아니냐? 예수 우리 주를 보지 못하였느냐?…다른 사람들에게는 내가 사도가 아닐지라도 너희에게는 사도이니."

- 고전 9:20-21-"유대인들에게 내가 유대인과 같이 된 것은 유대인들을 얻고자 함이요, 율법 아래에 있는 자들에게는 내가 율법 아래에 있지 아니하나 율법 아래에 있는 자 같이 된 것은 율법 아래에 있는 자들을 얻고자 함이요, 율법 없는 자에게는 내가 하나님께는 율법 없는 자가 아니요 도리어 그리스도의 율법 아래에 있는 자이나 율법 없는 자와 같이 된 것은 율법 없는 자들을 얻고자 함이라."

- 고전 15:9-10-"나는 사도 중에 가장 작은 자라.…사도라 칭함 받기를 감당하지 못할 자니라. 그러나 내가 나 된 것은 하나님의 은혜로 된 것이니."

- 고후 11:22-23-"그들이 히브리인이냐? 나도 그러하며 그들이 이스라엘인이냐? 나도 그러하며 그들이 아브라함의 후손이냐? 나도 그러하며 그들이 그리스도의 일꾼이냐?…나는 더욱 그러하도다."

- 갈 1:13-14-"내가 이전에 유대교에 있을 때에 행한 일을 너희가 들었거니와 하나님의 교회를 심히 박해하여 멸하고 내가 내 동족 중 여러 연갑자보다 유대교를 지나치게 믿어 내 조상의 전통에 대하여 더욱 열심이 있었느니라."

- 갈 2:19-20-"내가 율법으로 말미암아 율법에 대하여 죽었나니…이제는 내가 사는 것이 아니요, 오직 내 안에 그리스도께서 사시는 것이라."

■ 빌 3:5-8 — "나는 팔 일 만에 할례를 받고 이스라엘 족속이요 베냐민 지파요 히브리인 중의 히브리인이요 율법으로는 바리새인이요 열심으로는 교회를 박해하고 율법의 의로는 흠이 없는 자라. 그러나 무엇이든지 내게 유익하던 것을 내가 그리스도를 위하여 다 해로 여길뿐더러 또한 모든 것을 해로 여김은 내 주 그리스도 예수를 아는 지식이 가장 고상하기 때문이라."

바울의 자기 정체성에서 현저한 네 가지 측면이 이 단락들에서 생생하게 표현된다.

더 이상 "유대교 안에" 있지 않다

갈 1:13-14 — "내가 **이전에 유대교에 있을** 때에 행한 일을 너희가 들었거니와 하나님의 교회를 심히 박해하여 멸하고 내가 내 동족 중 여러 연갑자보다 유대교를 지나치게 믿어 내 조상의 전통에 대하여 더욱 열심이 있었느니라."

갈라디아서 1:13-14에서 분명한 것은 바울이 자신의 "유대교 안의 삶의 길"을 과거의 것으로 여겼다는 점이다. 그리스도인으로서 바울은 자신을 더 이상 "유대교 안에 있다"고 묘사하지 않는다. 그러나 갈라디아서 1:13-14에서 언급되는 "유대교"는 우리가 오늘날 "유대교"라는 용어로 지칭하거나 "제2성전기 유대교"라고 표현하는 것과 혼동되지 **말아야** 함을 이해하는 것이 중요하다. 이 역사적 용어("유대교")는 시리아인 지배자들에 대한 유대인들의 맹렬한 종교-민족주의적 저항을 표현하기 위해 기원전 2세기에 새로 만들어졌다.[7] 기억해야 할 것은 지역적 초강대국인 시리아가 이스라엘 종교의 특성들, 특히 토라, 할례 및 정결법을 억누름으로써 제국 전역에 종교적인 동질성을 강요하려고 시도하고 있었다는 점이다. 마카비의 봉기는 그 강요에 죽기까지 저항했다.[8] 그리고 "유대교"는 이 저항을 지칭하기 위해 등장한 용어였다. 따라서 「마카베오2서」 2.21은 마카비 가문의 항전자들을 "**유대교를 위해** 용감하게 싸운 자들"로 묘사한다. 8.1은 그들의 지원자들을 "**유대교 안에** 계속 머무른 자들"로 묘사한다. 그리고 14.38은 순교자 라지스 (Razis)를 전에 **유대교**로 인해 고소당했고 "**유대교를 위해**" 열렬히 몸과 생명의 위험을 감수한 자로 묘사한다. 동일한 전승들을 반영하는 「마카베오4서」 4.26은 "그 나라의 각 개인이 부정한 음식을 먹고 **유대교**를 포기하도록 강요하는" 시리아의 대군주 안티오코스 에피파네스(Antiochus Epiphanes)의 시도를 기술한다. 따라서 유다이스모스(*Ioudaismos*)는 헬레니즘(*hellēnismos*)과 외래성(*allophylismos*)에 대항하여 마카비 가문이 견지한 불굴의 저항을 지칭하기 위해 마카비 시대에 새로 만들어진 용어였다.[9]

갈라디아서 1:13-14은 바울이 "유대교"라는 용어를 이와 동일한 의미로 사용했음을 확증한다. 그가 "유대교 안"이라고 묘사한 "삶의

---

7   2 Macc. 2.21; 8.1; 14.38.

8   예. 다음을 보라. E. Schürer, *The History of the Jewish People in the Age of Jesus Christ* (rev. and ed. G. Vermes and F. Millar; 4 vols.; Edinburgh: T. & T. Clark, 1973-87), vol. 1, pt. 1, "The Maccabean Rising and the Age of Independence."

9   2 Macc. 4.13; 6.24.

길"은 열성적인 바리새인으로서의 삶이었다. 그 "삶의 길"은 박해할 수 있는 준비성을 특징으로 하는데, 이는 우리가 아래에서 보듯이 이 "유대교"의 거룩함이나 독특성에 위협을 가한다고 여겨지는 동료 종교인들을 심지어 죽일 준비가 되었음을 뜻한다. 동일한 사항이 바울의 또 다른 회고인 빌립보서 3:5-7에도 등장한다.

> 빌 3:5-7 — "나는 팔 일 만에 할례를 받고 이스라엘 족속이요 베냐민 지파요 히브리인 중의 히브리인이요 율법으로는 바리새인이요 열심으로는 교회를 박해하고 율법의 의로는 흠이 없는 자라. 그러나 무엇이든지 내게 유익하던 것을 내가 그리스도를 위하여 다 해(*skybala*)로 여기느니라."

여기서도 바울이 등을 돌리고 이제 "해"(*skybala*)로 여기는 것은 특히 동일한 바리새적 열성과 의로움이었음이 분명하다.[10]

따라서 바울이 떠나온 "유대교"는 그의 열성적인 바리새주의였다. 이전에 바울은 민수기 25장의 비느하스와 마카비 가문 사람들만큼 "열성적"이었다. 즉 그는 이스라엘의 거룩함을 지키는 데 자신을 헌신했다. 그들과 같이 바울은 하나님께 대한 이스라엘의 거룩함을 위협하는 자들에 대항하여 폭력적 행동(박해)을 취할 의지가 있었다. 우리는 앞으로 8장에서 이 주제를 좀 더 자세히 다룰 것이다.

다메섹으로 향하는 길 위에서 부활한 그리스도를 만남으로써 바울은 이런 "열성"으로부터 전향하여 돌아섰다. 따라서 우리는 바울이 자신의 회심과 "예수 그리스도의 사도"로서 곧 "이방인의 사도"로서 섬기

---

10 타 스퀴발라(*ta skybala*)는 "배설물"을 의미할 수 있다(BDAG, 932).

는 책임의 결과로 인해 더 이상 자신이 "유대교"에 속했다고 생각하지 않았음이 확실하다고 말할 수 있다. 그러나 그렇게 말할 때 바울은 오직 **바리새주의적인** 유대교의 측면에서, 곧 이스라엘의 유산에 관한 바리새주의적인 이해 또는 특히 오늘날 우리가 제2성전기 유대교라고 부르는 것의 열성적인 분파라는 측면에서 생각했다.

그러나 우리는 더 많은 것을 말할 수 있는가? 아니면 말해야 하는가? 예를 들어 바울은 자신이 유대인이라는 생각을 멈추었을까?

유대인 바울?

만약 바울이 더 이상 자신이 "유대교 안에" 있다고 생각하지 않았다면, 그가 더 이상 자신을 "유대인"으로 여기지 않았다고도 추론할 수 있지 않는가? 왜냐하면 "유대인"(*Yehudi, Ioudaios*)이라는 용어에서 인종적인 의미를 피하는 것은 어렵기 때문이다. 결국 이 용어는 "유대"(*Yehudah, Ioudaia*)라고 알려진 지역 또는 영토로부터 유래한다. 그리고 바울은 애초에 디아스포라에 살면서 유대인으로 양육되었지만 인종적 출신의 측면에서는 유대인으로 남았다. 한 세기가 넘는 시간 동안 유다이오스(*Ioudaios*)는 인종적인 기원에 의존하지 않는 보다 종교적인 함의를 얻었다. 이 그리스어 단어를 번역함에 있어 "유대 지역인"(Judean)보다는 "유대인"(Jew)이 더 나은 번역이다.[11] 그러나 최근 논의들은 인종적 정체

---

11 S. J. D. Cohen, *The Beginnings of Jewishness: Boundaries, Varieties, Uncertainties* (Berkeley: University of California Press, 1999). 이 책에서 Cohen은 하스몬 왕조의 시기 이전에 유다이오스(*Ioudaios*)는 언제나 "유대 지역인"(Judean)—결코 "유대인"(Jew)이 아닌—

성이 유대인 정체성의 핵심으로 남았다고 결론 내렸다.[12] 따라서 다음의 질문은 유효하다. 어떻게 바울은 "유대인"으로서의 종교적(또는 인종적 또는 문화적) 정체성을 버리지 않으면서 "유대교"를 떠날 수 있었을까?

바울의 정체성에서 모호함의 일부는 바울 서신의 두 가지 언급을 통해 드러난다. 로마서 2장에서 바울은 자신의 대화 상대를 스스로 "유대인"이라고 부르는 자라고 언급한다. "너는 네 자신을 유대인이라 부르고 율법을 의지하며 하나님과의 관계를 자랑한다"(2:17). 그러나 이어서 바울은 그 대화 상대의 태도와 행동에 대한 반대를 표현한다. "만약 네가 스스로 유대인이라 부른다면…(왜) 너는 율법을 범하여 하나님을 욕되게 하는가?"(2:17-24). 여기서 바울은 자신과 그 "유대인" 사이에 거리를 두는 듯하다. 하지만 갈라디아서 2장에서 바울은 안디옥에서 베드로를 책망한 것을 기술하고 베드로를 향한 탄원을 계속하며, "우리[너와 나, 둘]는 본래 유대인이요 이방 죄인이 아니다"(2:15)라고 말한다. 이 경우 "유대인"으로서 계속되는 바울의 정체성은 정확히 베드로를 향한

으로 번역되어야 한다고 결론 짓는다(70-71, 82-106). 순수한 인종-지역적 용어로부터 종교적인 중요성을 지닌 용어로의 변화는 2 Macc. 6.6과 9.17에서 처음 분명히 드러난다. 이 본문들에서 유다이오스는 처음으로 "유대인"으로 적절히 번역될 수 있다. 그리고 그리스-로마 저자 중 종교적인 용어로서 유다이오스가 사용된 첫 용례는 기원후 1세기 말에 등장한다(90-96, 127, 133-36).

12 J. M. G. Barclay, *Jews in the Mediterranean Diaspora from Alexander to Trajan (323 BCE-117 CE)*(Edinburgh: T. & T. Clark, 1996), 404. P. M. Casey, *From Jewish Prophet to Gentile God: The Origin and Development of New Testament Christology* (Cambridge: James Clarke, 1991). Casey는 "정체성 요소들"에 대한 그의 논의에 대해 유사한 결론을 내린다. 곧 민족성(ethnicity)은 그 나머지 모두보다 더 무게가 있다(특히 14쪽). 다음 고찰도 주목하라. L. H. Schiffman, *Who Was a Jew?* (Hoboken, NJ: Ktav, 1985). "유대교는 유대 사람들, 그 소속의 자격이 근본적으로 세습에 의해 결정되는 사람들의 그룹을 중심으로 한다." 그리고 심지어 이단들도 그들의 "유대인 신분"을 잃지 않았다는 Schiffman의 주장도 주목하라.

권고의 토대였다.

더욱 이목을 집중시키는 것은 로마서 2장에서 바울이 몇 문장 뒤에 "유대인"의 정의를 제공한다는 사실이다. 그 정의는 유대인 됨의 결정적 요소를 표면적이며 육체에 보이는 것(아마도 할례 자체뿐만 아니라 인종적인 특성들)에서 제거한다. 바울은 다음과 같이 말한다. "무릇 표면적 유대인이 유대인[우리는 '참된 유대인', 또는 '적절히 말하면 유대인'으로 번역할 수 있다]이 아니요, 표면적 육신의 할례가 할례가 아니니라. 오직 이면적 유대인이 유대인이며 할례는 마음에 할지니 영에 있고 율법 조문에 있지 아니한 것이라.[13] 그 칭찬이 사람에게서가 아니요 다만 하나님에게서니라"(2:28-29).[14] 우리는 이 발언 때문에 바울이 유대인의 정체성을 버렸다고 결론 내리지 말아야 한다. 그는 실제로 "유대인"이라는 용어를 긍정적인 방법으로 사용했다. 그는 다음 문장에서 계속하여 "유대인"의 "유익"을 단언한다. "유대인의 나음이 무엇이냐?…범사에 많으니"(3:1-2). 더욱이 표면적 모습과 이면적 실체 사이의 대조는 오랫동안 이스라엘의 종교에서[15] 더욱 광범위하게 친숙한 것이었다.[16] 그러나 동시에 바울은 강조점을 표면적이며 가시적인 것으로부터 이동

---

13 자세한 사항은 내 다음 연구를 보라. *Romans* (WBC 34A; Dallas; Word, 1988), 123-24. 요한계시록의 선견자는 유사한 언어를 사용한다. 계 2:9과 3:9.

14 바울이 창 29:35과 49:8의 언어유희를 어떻게 유지하는지에 주목하라. 히브리어로 "유대인"은 예후디(*Yehudi*)이며 "찬양"은 호다(*hodah*)이다. "대중적인 어원 연구에서 그것(유다[*Yehudah*]라는 족장의 이름)은 호다의 수동태인 찬양받는 (사람)으로 종종 설명된다"(J. A. Fitzmyer, *Romans* [AB 33; New York: Doubleday, 1993], 323). 물론 그리스어를 사용하는 바울의 청중은 아마도 이런 언어유희를 잃어버렸을 것이다.

15 참조. 특히 사 29:13과 렘 9:25-26.

16 특히 다음을 보라. A. Fridrichsen, "Der wahre Jude und sein Lob: Röm. 2.28f.," *Symbolae Arctoae* 1 (1927), 39-49.

함으로써 인종적 정체성을 드러내는 말로서의 "유대인"이라는 용어의 역할을 사실상 축소시켰다. "유대인"은 이방 나라들과는 다른 독특함을 의미하는 용어로서 더 이상 적절하지 않았다. 이와 반대로 "유대인"의 긍정적인 표시는 다른 사람들이 관찰할 수 있는 것이 아무것도 없었다. 그것은 주로 하나님과의 관계에 의해 결정되었다.[17] 따라서 어느 정도의 모호성은 여전하다.

아래의 고린도전서 9:20-21은 한층 더 이목을 집중시킨다.

유대인들에게 내가 유대인과 같이 된 것은 유대인들을 얻고자 함이요. 율법 아래에 있는 자들에게는 내가 율법 아래에 있지 아니하나 율법 아래에 있는 자 같이 된 것은 율법 아래에 있는 자들을 얻고자 함이요. 율법 없는 자에게는 내가 하나님께는 율법 없는 자가 아니요 도리어 그리스도의 율법 아래에 있는 자이나 율법 없는 자와 같이 된 것은 율법 없는 자들을 얻고자 함이라.

위의 인용문에서 현저한 특색은 바울이 인종적으로는 유대인이지만 "유대인과 같이" **됨**에 대해 말할 수 있었다는 것이다. 여기서 "유대인과 같이 됨"은 유대인들의 독특한 행위 패턴을 따르는 것, 곧 "유대교

---

17 빌 3:3의 할례에 관한 유사한 주장을 주목하라. 할례는 다시 지지되지만 마음속 성령의 일이라는 측면에서 다시 정의된다. 내 다음 연구를 보라. "Philippians 3:2-14 and the New Perspective on Paul," in *The New Perspective on Paul* (WUNT 185; Tübingen: Mohr Siebeck, 2005; rev. ed., Grand Rapids: Eerdmans, 2007), ch. 22 (465-67). 단지 육체가 아니라 마음이 할례 받아야 할 필요에 대한 인식은 유대교 문헌에서 반복되는 주제다(신 10:16; 렘 4:4; 9:25-26; 겔 44:9; 1QpHab 11.13; 1QS 5.5; 1QH 10.18; 21.5; Philo, *On the Special Laws* 1.305).

화하기"(Judaize)[18]가 분명하다. 다시 말해 바울은 여기서 "유대인"을 그 자신의 정체성으로 인정하지 않았던 것으로서, 또는 인종적 유대인이라 는 자신의 인격에서 소외될 수 없는 정체성으로 인정하지 않았던 것으 로서 말한다. 대신에 그는 "유대인"을 거의 하나의 **역할**로, 곧 그가 떠맡 거나 포기할 수 있는 역할로 처리한다. 유대인이라는 용어는 그렇게까 지 실제적 정체성—인격체로서의 바울에게 필수적인—을 의미하지 않 는다. 오히려 그것은 필요나 환경의 요구로 인해 입거나 벗을 수 있는 정체성을 의미한다.[19] 그러므로 여기서 다시 바울은 "유대인"이라는 용 어를 민족성이라는 좁은 제약들로부터 풀어놓고, 그것을 행동 규범 또 는 삶의 방식을 의미하는 말로 처리하기를 원했음이 분명하다.[20]

요약하면 바울은 "유대교 안의" 시절을 과거의 것으로 여기려 한 것으로 보이지만 **그럼에도 불구하고 자신을 지칭하는 용어로서의 "유 대인"이라는 단어를 포기하려고 하지 않았다.** "유대인"은 인종적으로 "이방인"과 구분하는 용어로서, 또는 "유대인"과 "헬라인"을 문화적으 로 구분하는 용어로서 여전히 기능적인 역할을 가지고 있었다.[21] 그러나

---

18 "유대교화하기"(Judaize)의 의미는 바울의 유대인 대적자들을 지칭하기 위해 사용된 19, 20세기의 "유대교화를 강요하는 자"(Judaizer)의 용례와 혼동되어서는 안 된다. 그 들은 이방인 회심자들이 유대교로 개종하기를 원했다. 우리의 용어는 바울의 시대에 유대인처럼 사는 비유대인들의 행동을 지칭하는 데 사용되었다. 내 다음 연구를 보라. *Beginning from Jerusalem*, #27, n. 255.

19 C. K. Barrett, *1 Corinthians* (BNTC; London: A. & C. Black, 1968), 211.

20 Cassius Dio는 "유대인들"이라는 명칭에 대해 다음과 같이 논평한다. "나는 이 호칭이 어떻게 그들에게 주어졌는지를 알지 못한다. 그러나 그것은 모든 인류, 이방 종족에 속 한다 하더라도 그들의 관습을 취하는[더 나은 표현으로는 '모방하는'—*zēlousi*] 모든 인 류에게 적용된다"(37.17.1—*GLAJJ*, #406 = 2.349, 351).

21 유대인들/헬라인들, 유대인들/이방인들이라는 바울이 자주 사용한 두 개의 짝들도 기능 적 역할을 가진다. 롬 1:16; 2:9-10; 3:9, 29; 9:24; 고전 1:22-24; 10:32; 12:13;

유대인과 비유대인의 구별을 위한 항구적인 종교적 정당성을 제공하는 용어로서, 또는 "유대인"을 향한 신적인 편애를 표명하는 용어로서 이 단어의 역할은 끝났다.[22]

"나는 이스라엘 사람이다"

갈라디아서 2:15을 제외하면 바울은 자신을 유대인으로 부른 적이 없었다. 그리고 그렇게 부른 본문에서도 바울은 단지 베드로와의 공통점을 주장하는 방식으로 그 단어를 사용한다.[23] 바울은 민족적 또는 문화적 정체성을 나타내는 다른 용어들에 관해서도 유사한 양면성을 보여준다. 빌립보서 3:5에서 "히브리인"은 그가 휴지통에 던져넣은 것으로 보이는 신분이다. "히브리인 중의 히브리인이요…그러나 무엇이든지 내게 유익하던 것을 내가 그리스도를 위하여 다 해로 여긴다"(3:7-8). 하지만 고린도후서 11장에서 바울은 고린도에서 그를 반대하는 자들 속에 자신을 포함시키기 위한 표현 가운데 "히브리인"으로서의 지속적인 정체성을 주장한다. 바울은 "그들이 히브리인이냐?"라고 묻고 즉시 "나도 그러하다"(11:22)라고 단호히 답한다. 분명한 것은 바울 자신과 선교사라는 그의 역할에 관해 중요한 무엇—아직 "히브리인"이라는 말로써 표현될 수 있었던—이 존재했다는 점이다. 그러나 바울은 그 단어에 너무 많은 중요성을 부여하는 것을 어리석은 일이라고 여겼다(11:21).

갈 2:15.

22　롬 2:6-11; 갈 3:28도 그렇다.

23　바울은 오직 사도행전에서만 "나는 유대인이다"(행 21:39; 22:3)라고 선언한다.

"**베냐민 족속**"에 속한 것과 아브라함의 자손이라는 점은 동일한 양면성에 빠진다. 전자는 한때 귀하게 여겨졌으나 이제는 항구적인 중요성의 측면에서 보면 버려진 것으로도 보인다. 베냐민 지파에 속한 것은 한때 "유익"으로 생각되었지만 이제는 "그리스도를 위하여 해"로 평가된다(빌 3:5). 하지만 로마서 11장에서 그 신분은 부인되지 않고 오히려 주장된다. "나도 이스라엘인이요 아브라함의 씨에서 난 자요 베냐민 지파라"(11:1). 그리고 **아브라함의 자손**("아브라함의 씨에서 난 자")은 다시 한번 강하게 주장된다. 비록 고린도후서 11:22에서는 논쟁적으로, 로마서 11:1에서는 조건 없이 유사하게 사용되지만 말이다. 동일한 논쟁적 문맥에서 "이스라엘 사람"이라는 바울의 정체성 역시 "히브리인"과 "아브라함의 씨에서 난 자"라는 정체성과 함께 주장된다(고후 11:22). 그리고 이스라엘 민족에 속한다는 것은 빌립보서 3:5-7에서 가치가 절하되는 유산의 일부다. 그러나 또다시 "나는 이스라엘 사람이다"라는 말은 로마서 11:1에서 진심 어린 자기 정체성으로서 아무런 조건 없이 주장된다.[24]

로마서 11:1의 언급들에 관해 우리의 주의를 끄는 것은 이 구절이 누가 "아브라함의 씨"(4장; 그리고 갈 3장)이며 무엇이 이스라엘을 이스라엘로 만드는가(롬 9장)를 재정의하려는 바울의 시도 이후에 등장한다는 점이다. 이스라엘의 정체성은 육체적 혈통으로 정의되거나 결정되지 않는다. 왜냐하면 약속은 오직 이삭만을 통해 전해지기 때문이다. 이스마엘도 아브라함의 아들이었지만, 약속은 그를 통하지 않는다(9:7-9). 그

---

24 롬 9:4도 주목하라. 육체에 따른 바울의 친족은 "[아직] 이스라엘 사람들이다"—"이었다"가 아니라 "이다"임을 주목하라. 이제 믿는 이방인들이 향유하는 언약의 축복(9:4-5)은 여전히 **이스라엘의 축복**이다.

것은 율법이 요구하는 바를 행하는 것, 곧 유대인처럼 사는 것이 정의하거나 결정하지 않는다. 왜냐하면 부름을 받은 것은 에서가 아니라 야곱이었기 때문이다(9:10-13). **이스라엘의 정체성은 오로지 하나님의 부르심이 정의하고 결정한다.** "택하심을 따라 되는 하나님의 뜻이 행위로 말미암지 않고 오직 부르시는 이로 말미암아 서게 하려 하사"(9:11-12). 그 부르심은 유대인들뿐만 아니라 이방인들도 포함한다. 곧 "하나님이 부르신" 모든 자를 포함한다(9:24-26).[25] 우리는 이런 주장 속에서 바울이 "아브라함의 씨"와 "이스라엘"에 대한 새로운 정의를 시도하고 있었다는 점을 인식해야 한다. 그 새로운 정의는 유대인/이방인의 대조가 보여주는 인종-종교적 구별을 초월(또는 흡수)한다.[26] 그러므로 "나는 이스라엘 사람이다"(롬 11:1)라는 자기 정체성에 대한 바울의 고백이 지닌 중요성은 분명해진다. 그것이 인종적 정체를 포함한다는 사실은 반박될 수 없다. 로마서 9-11장의 바울의 해설이라는 문맥에서 이 점은 거의 부정될 수 없다. 왜냐하면 바울은 마지막에 "모든 **이스라엘**이 구원받을 것이다"(11:26)라고 주장하기 때문이다. 이 주장에서 "이스라엘"은 동일한 이스라엘, 인종적 유대인들, 메시아 예수에 대한 복음을 거부하고 있었던 사람들의 대다수임이 틀림없다(11:7-12, 25). 인종적 이스라엘은 계속하여 "사랑받는다." "하나님의 은사와 부르심에는 후회하심이

---

25 내 책 *Romans*, 537을 보라. *The Theology of Paul the Apostle* (Grand Rapids: Eerdmans; Edinburgh: T. & T. Clark, 1998), 510-11도 보라.

26 바울은 로마서에서 자신의 주장의 절정을 통해(롬 9-11장) 주로 사용했던 유대인/헬라인, 유대인/이방인의 용례에서 떠나("유대인"은 롬 1-3장에서 9회 등장한다) "이스라엘"이 현저하게 등장하는 진술로 넘어간다(롬 9-11장에서 "이스라엘"은 11회, "유대인"은 2회 등장한다). 그리고 롬 9-11장에서 이 주제는 종종 주장되듯이 "이스라엘과 교회"가 아니다. 그것은 오직 "이스라엘", 곧 하나님의 관점에서 바라본 그의 백성이다 (내 다음 연구를 보라. *Romans*, 520; *Theology of Paul*, 507-8).

없다"(11:28-29).

따라서 바울이 "나는 이스라엘 사람이다"라고 고백할 때, 그는 본질적으로 그리고 정확하게 **하나님이 결정하시는** 정체성을 고백한다. 이는 이방 나라들과의 차이점을 통해 이방인이 아닌 유대인으로 정체성이 표현되는 "유대인"과는 다른 종류의 정체성이다. 그리고 그것은 랍비 유대교에서 장차 강조된 것처럼 할라카의 원칙들에 순응함으로써 결정되는 정체성과도 다른 종류의 정체성이다.[27] 오히려 **바울의 전체 관심은 이스라엘의 정체성이 본질적으로 하나님에 의해 그리고 하나님과의 관계 속에서 결정된다고, 따라서 인종적·사회적 차별들을 초월하며 인종적·사회적 다양성을 흡수한다고 주장하는 것이었다.**

"그리스도 안에"

그러나 아마도 우리는 바울이 자신을 어떻게 생각했는가에 관한 우리의 올바른 이해가 본질적으로 지금껏 살펴본 소수의 명백한 자기언급보다는 **용례의 빈도**에 의해 결정되도록 해야 한다. 그것은 우리를 즉시 바울이 자신의 편지들 도처에서 사용한 "그리스도 안에서"와 "주 안에서"라는 표현으로 인도한다. 해당 표현은 자신의 위치를 통해 사람이 어디에 있는가를 곧 어디에 속하는가를 명시함으로써 정체성을 드러낸다. 이는 바울이 그의 회심자들뿐만 아니라 자기 자신을 이해하는 데 대한 주

---

27 다음을 보라. C. T. R. Hayward, *Interpretations of the Name Israel in Ancient Judaism and Some Early Christian Writings* (Oxford: Oxford University Press, 2005), 355.

된 준거점이다. "그리스도 안에서"라는 표현은 바울의 저작에 약 여든세 번(에베소서와 목회 서신을 제외하면 61회) 등장한다. 이와 유사하게 "주 안에서"는 바울의 저작에서 마흔일곱 번(만약 에베소서를 제외하면 39회) 사용된다. 그리고 우리는 동일한 대상을 가리키는 것으로 더 많이 나오는 "그의 안"이라는 표현을 잊지 말아야 한다.[28] "그리스도인"이라는 용어는 최근에야 "그리스도"로 알려진 인물의 추종자들이라고 여겨지는 사람들을 지칭하기 위해 새롭게 고안된 단어였다(행 11:26). 바울은 그 용어를 사용한 적이 없다. 그러나 때때로 "그리스도 안에"라는 표현이 그 자리를 대신한다. 그리고 그 표현은 현대 번역들에서 종종 "그리스도인"으로 번역된다.[29] 공동체적 측면에서 "그리스도 안에"가 아울러 지시하는 대상은 덜 빈번하게 사용되지만 분명히 중요한 "그리스도의 몸"이다(특히 롬 12:4-8과 고전 12장).[30]

그렇게 함으로써 요약된 자기이해의 중요성은 아래에서 인용한 두 단락을 통해 드러난다.

갈 2:19-20—"내가 율법으로 말미암아 율법에 대하여 죽었나니…이제는 내가 사는 것이 아니요 오직 내 안에 그리스도께서 사시는 것이라."

---

28 충분한 세부 사항들은 내 다음 연구를 보라. *Theology of Paul*, #15.2 (참고문헌과 함께). 다음도 보라. C. J. Hodge, "Apostle to the Gentiles: Constructions of Paul's Identity," *BibInt* 13 (2005), 270-88.

29 BDAG, 327-28은 그 어구들이 "그리스도인"을 위한 우회적 표현으로 처리될 수 있는 다양한 예를 제공한다. 다음도 보라. *Theology of Paul*, 399, n. 48.

30 *Theology of Paul*, 405-6. 그러나 사용상의 변화들을 주목하라(n. 76). 본서의 9장도 보라.

빌 3:5-8 — "나는 팔 일 만에 할례를 받고 이스라엘 족속이요 베냐민 지파
요 히브리인 중의 히브리인이요 율법으로는 바리새인이요 열심으로는 교
회를 박해하고 율법의 의로는 흠이 없는 자라. 그러나 무엇이든지 내게 유
익하던 것을 내가 그리스도를 위하여 다 해로 여길뿐더러 또한 모든 것
을 해로 여김은 내 주 그리스도 예수를 아는 지식이 가장 고상하기 때문
이라."

양자의 경우에서 우리는 정체성의 전환, 또는 바울의 자기 정체
성을 구성하는 것의 전환을 목격한다. 그는 "율법에 대하여 죽었다"(갈
2:19). 이것은 바울의 회심을 축약하여 표현한다. 바울은 회심의 결과로
이전에 자신에 대해 그리고 자신을 위해 높게 평가하던 것을 포기했다
(빌 3:4-6). 그는 인종적 정체성, 바리새인으로서의 의로움, 이스라엘이
가진 언약의 특권들을 위한 열성적 변호, 신실한 율법 준수를 버렸다.
그리스도와 조우한 결과 바울은 이제 자신에게 실제로 중요한 것들과
비교하여 그 모두를 "해"(3:8)로 여겼다.[31] 그리고 이제 정말로 중요한
것은 "그리스도를 얻는 것", "그리스도 안에서 발견되는 것"(3:8-9), "그
리스도를 아는 것"(3:8, 10), 부활뿐만 아니라 죽음에서도 그리스도와 같
이 되는 것(3:10-11)이었다. 표현을 달리 하면 "그 안의 그리스도"(Christ
in him)는 이제 그의 삶을 결정하고 정의하는 특성이었다(갈 2:20). 이와
유사하게 로마서 8:9-11에서 바울은 지금껏 그가 그런 것처럼 "그리스

---

31   좀 더 충분한 논의를 위해 다음의 내 연구를 보라. "Philippians 3:2-14 and the New
     Perspective on Paul." "그 대조의 예리함은 이제 바울이 이전에 유익하다고 평가했던 것
     을 경시한다기보다 그리스도, 그리스도를 아는 지식, 그리고 그리스도를 얻을 기대에
     있다고 생각하는 가치를 최상으로 높인다"(New Perspective on Paul, 475).

도인"의 정의, 곧 사람이 "그리스도에게 속하는가"에 대한 정의를 제공하는 데로 가까이 다가온다. "만약 누구든지 그리스도의 영이 없으면 그 사람은 그리스도에게 속하지 않는다"(8:9). 신자 안에 거하는 성령, 또는 다르게 말해서 "네 안의 그리스도"(8:10)가 그리스도인의 신분을 결정하는 것이다.[32] 그것은 이제 한 사람으로서의 바울, 곧 그의 가치와 목적 및 정체성을 결정지은 것이었다. 그 외의 식별 표시들이 전적으로 무시되고 평가절하될 필요는 없으며 그렇게 되지도 말아야 한다. 그러나 "그리스도 안에" 있는 것과 비교하면, 그 외의 다른 것은 어떤 것이라도 사실상 아무런 가치가 없었다.

바울의 자기이해에서 변화를 보여주는 하나의 표시는 로마서 11장에서 12장으로의 전환에서 발견된다. 이미 살펴보았듯이 로마서 9-11장에서 바울의 관심은 인종적 이스라엘을 위한 그의 희망들을 포함하여 오직 이스라엘이었기 때문이다. 그러나 로마서 12장에서 첫 사회적 상황은 **그리스도의 몸**(12:3-8)이었으며, 이는 자신의 독자들/청중이 인식하고 지지하기를 바울이 원했던 것이었다.[33] 우리는 9장에서 이 주제로 돌아갈 것이다. 여기서 우리는 단순히 다음의 사항에 주목할 필요가 있다. 곧 바울에게는 그리스도가 부르시고 그분이 구성하신 공동체가 그리스도인들의 정체성과 삶의 방식을 결정하는 데 작용하는 주된 준거가 되어야 했다는 점이다. 바울은 "그리스도/주 안에"라는 그의

---

32 다음도 보라. A. du Toit, "'In Christ,' 'In the Spirit' and Related Prepositional Phrases: Their Relevance for a Discussion on Pauline Mysticism," in *Focusing on Paul: Persuasion and Theological Design in Romans and Galatians* (BZNW 151; Berlin: De Gruyter, 2007), 129-45.

33 다음도 보라. *Romans*, 703; *Theology of Paul*, 534-35, 548.

말이 분명히 나타내듯이 자신에 대해 이와 다르게 생각하지 않았을 것이다.

변화하는 정체성

"정체성"은 오늘날 만족스러운 자기 정의를 완성하려는 시도들 가운데 많이 사용되는 용어다. 문제는 그것이 종종 우리가 인정하려는 것보다 더욱 파악하기 어려운 말이라는 점이다. 개인의 정체성은 그 또는 그녀의 부모가 정의하거나 결정하는가? 신체적 외모가? 출생지와 성장지가? 유전인자가? 기억이? 교육이? 경력이? 좋아하는 것과 싫어하는 것들이? 친구나 가족이? 동일한 사람이 많은 정체성을 가질 것이다. 곧 아들이나 딸, 형제나 자매 또는 사촌, 아버지나 어머니, 동료, 친구 등등의 정체성을 가진다. 따라서 우리는 바울의 정체성을 말할 때 그의 다각적인 정체성을 말할 수 있다. 즉 유대인, 이스라엘인, 메시아 예수를 믿는 자 등 이보다 더 많이 말할 수 있다. 그렇다면 하나의 정체성이 다른 정체성을 실격시킬 수 있는가? 그것을 덜 진정한 것으로 만들 수 있는가?

우리가 말할 수 있는 것은 바울의 **변화하는** 정체성이다. 그는 더 이상 자신이 "유대교 안에" 있다고 생각하지 않았다. 그는 이제 "그리스도 안에" 있었다. 히브리인으로서, 베냐민 지파에 속한 자로서, 유대인으로서 바울의 자기이해는 더욱 양면적이었으며, 그는 그것을 자신이 이전에 평가했던 것처럼 가치 있게 평가하지 않았다. 아브라함의 후손으로서, 이스라엘 사람으로서 그의 정체성은 여전히 높게 평가되었지만 새롭게 정의되었다.

우리가 "바울은 자신이 누구라고 생각했는가?"라고 질문할 때, 가장 간단한 대답은 고린도후서 12:2에서 바울이 명백하게 자신에 대해 사용한 표현, 곧 "그리스도 안에 있는 사람"이다.[34] 그는 인종적인 유대인이기를 멈추지 않았다. 그러나 그는 더 이상 그것을 하나님과의 관계에서 결정적인 것으로 평가하지 않았고, 따라서 자기 정체성의 문제에서도 마찬가지였다. 바울 자신을 위한 핵심 사항은 그의 정체성이 본질적으로 그리스도와의 관계에 의해 결정되었다는 점이다. 비록 그가 자신의 다른 정체성들(특히 할례 받은 유대인으로서의 정체성)을 완전히 부정하지는 않았지만 말이다. 갈라디아서 3:28은 바울의 입장을 분명히 요약한다. "유대인이나 헬라인이나 종이나 자유인이나 남자나 여자나 너희는 다 그리스도 예수 안에서 하나이니라."

이 모두는 바울에 대한 더 나은 이해뿐만 아니라 그리스도인의 정체성에 대한 더 나은 이해를 위해서도 계속적인 연관성을 가진다. 왜냐하면 바울은 **기독교**의 정체성을 정의하는 데 신약성서의 다른 어느 저자보다도 더 많이 기여했기 때문이다. 실제로 바울 자신은 다른 어떤 사람과도 다르게 그리스도인의 정체성을 체화하고 표현했다. 왜냐하면 기독교와 그리스도인들은 일반적으로 다음의 사항들을 결코 잊어서는 안 되기 때문이다.

- 기독교는 이스라엘의 종교로부터 나왔다. 그리스도인들은 이스라엘과 함께 하나님의 목적들 안에 속한다.

---

34 바울이 이 지점에서 자기 자신에 대한 언급을 의도했다는 사실은 주석가들 사이에서 거의 일반적으로 동의된다.

- 예수는 오직 이스라엘의 메시아로서의 예수 그리스도다.
- 초기 그리스도인들은 모두 유대인들이었다.
- 기독교 성서의 삼분의 이 또는 사분의 삼은 이스라엘의 경전이다.
- 바울에게 그리스도 안에서 그리고 그리스도를 통해 성취된 하나님의 구원 약속은 하나님이 아브라함에게 주셨던 약속이다.

따라서 그리스도인들은 히브리어 성서가 그들에게 제공한, 곧 유대교 경전이 제공한 언어를 통해 자신들을 이해할 수 있을 뿐이다. **기독교의 유대교적 성격은 기독교에 필요 불가결이다.** 그리고 기독교의 유대교적 성격이 그리스도인들뿐만 아니라 유대교와 기독교의 중첩에 관심을 가진 유대인들에게도 지속적으로 제기하는 긴장과 질문들을 가장 효과적으로 해결하려고 애쓴 사람이 바로 바울이다. 바울이 메시아 예수를 믿는 유대인이 된다는 것이 무엇을 의미하는지를 놓고 씨름했듯이, 오늘날 그리스도인들도 이스라엘의 메시아를 믿는 이방인이 된다는 것이 무엇을 뜻하는지와 씨름해야 한다. 바울이 이스라엘의 유산에서 무엇이 가장 중요한지와 무엇이 계속하여 하나님의 말씀이 되는지에 대한 쟁점과 씨름했듯이, 그리스도인(과 유대인)도 동일한 쟁점을 피할 수 없다. 그리고 바울이 이런 쟁점들을 해결했듯이, 그가 하나님의 목적과 그리스도와의 관계를 결정적인 요소로 만듦으로써 그 쟁점들을 해결한 것만큼 오늘날의 그리스도인들도 같은 우선순위로 그들을 괴롭히는 쟁점들을 해결하는 것을 배울 수 있을 것이다. 바울에게 그리스도인의 정체성, 곧 그리스도에게 속하는 것에 관한 제일의 시험은 전통도 교회도 심지어 성서도 아니었다. 그것은 오직 "그리스도 안에" 있는 것이었다.

제7장

사도 아니면 배교자?

사도 바울

초기 기독교와 유대교 문헌을 연구한 탁월한 유대인 학자인 앨런 시걸 (Alan Segal)은 1990년 『회심자 바울: 바리새인 사울의 사도직과 배교』 (*Paul the Convert: The Apostolate and Apostasy of Saul the Pharisee*)라는 제목의 책을 집필했다.[1] 이 제목은 바울의 정체성과 그의 항구적인 중요성이 지닌 모호함과 논란이 되는 특성을 만족스럽게 요약한다. 곧 바울은 사도 **이며** 배교자인가? 사도 **아니면** 배교자인가? 이미 관찰했듯이 바울에 주목한 유대인들은 그가 배교자, 즉 토라를 배신한 자요 이스라엘을 떠난 변절자였음을 의심하지 않는다. 그리고 그리스도인들은 그가 열두 사도 중의 하나는 아니었지만 사도였음을 의심하지 않는다. 그러나 양자는 모두 우리에게 바울의 변화하는 정체성을 상기시킨다. 사도와 배교자라는 호칭은 둘 다 대부분의 유대인들과 그리스도인들이 인식하는 것보다 더욱 큰 문제들을 가지고 있으며 더 무거운 함의를 지닌다.

---

1   New Haven: Yale University Press, 1990.

우리는 다시 한번 자신이 누구였으며 무엇이었는지에 관한 바울 자신의 평가로부터 시작한다. 나는 바울의 자서전적인 주장들에 대한 앞선 개괄적 논의에서 바울 자신에게 첫 번째로 중요한 것을 생략했다. 곧 바울이 주장하는 "사도"라는 칭호다. 바울이 대부분의 편지에서 자신을 소개하는 방식을 볼 때, 사도는 바울이 듣고 싶어하고 알려지기 원했던 칭호였음이 분명하다.

- 롬 1:1, 4-5—"예수 그리스도의 종 바울은 사도로 부르심을 받아 하나님의 복음을 위하여 택정함을 입었으니…우리 주 예수 그리스도 그로 말미암아 우리가 은혜와 사도의 직분을 받아 그의 이름을 위하여 모든 이방인 중에서 믿어 순종하게 하나니."
- 고전 1:1—"하나님의 뜻을 따라 그리스도 예수의 사도로 부르심을 받은 바울."
- 고후 1:1—"하나님의 뜻으로 말미암아 그리스도 예수의 사도 된 바울."
- 갈 1:1—"사람들에게서 난 것도 아니요, 사람으로 말미암은 것도 아니요, 오직 예수 그리스도와 그를 죽은 자 가운데서 살리신 하나님 아버지로 말미암아 사도 된 바울."
- 골 1:1—"하나님의 뜻으로 말미암아 그리스도 예수의 사도 된 바울."[2]

---

2   엡 1:1; 딤전 1:1; 딤후 1:1; 딛 1:1도 이와 유사하다. 만일 이 서신들이 바울 이후의 문서라면, 이 편지들의 시작은 그 용례와 신분이 어떻게 확고해졌는가를 보여준다.

편의상 나는 본서 6장의 관련된 본문들을 아래에 반복한다.

- 롬 11:13 – "나는 이방인을 향한 사도다."
- 롬 15:16 – "이방인을 위하여 그리스도 예수의 일꾼이 되어 하나님의 복음의 제사장 직분을 하게 하사."
- 고전 9:1-2 – "내가 사도가 아니냐? 예수 우리 주를 보지 못하였느냐?…다른 사람들에게는 내가 사도가 아닐지라도 너희에게는 사도이니."
- 고전 15:8-10 – "맨 나중에 만삭되지 못하여 난 자 같은 내게도 보이셨느니라. 나는 사도 중에 가장 작은 자라. 나는…사도라 칭함 받기를 감당하지 못할 자니라. 그러나 내가 나 된 것은 하나님의 은혜로 된 것이니라."

여기서 우리는 앞선 질문 "바울이 어떻게 자신을 소개하는가?"에 대한 답을 발견한다. "메시아 예수/예수 그리스도의 사도"는 그가 선택한 자기 칭호, 자신의 "명함"에 인쇄했을 칭호였으며, 실제로 그가 편지들에서 자신을 소개한 방법이었다.

위의 본문 중 적어도 몇몇은 두 가지 중요한 함의를 지닌다. 하나는 바울이 이 칭호("사도")를 주장하는 것이 **필요하다**고 생각했다는 것이다. 다른 하나는 이 칭호에 대한 바울의 주장에 대해 초기 기독교 내부에서 중요 그룹에 속한 어떤 이들이 **이의를 제기했다**는 것이다. 바울이 갈라디아 사람들에게 보낸 편지의 예외적인 시작은 그 자체로 매우 주목할 만하다. 바울은 감사와 수신자들을 위한 기도로 시작하는[3] 당시 그런 편지에서 일반적이었던(그리고 바울에게도 일반적이었던) 관례를 따라 갈라디아서를 시작하지 않는다. 대신 그는 즉각적으로 갑자기 그리고 예의에 어긋나게 일련의 부정/단언들에 돌입한다. 곧 "사람들에게서 난 것도 아니요, 사람으로 말미암은 것도 아니요, 오직 예수 그리스도와 그를 죽은 자 가운데서 살리신 하나님 아버지로 말미암은 사도"(갈 1:1)라는 표현이다. 그리고 갈라디아서의 첫 두 장에 걸쳐 분명한 것은 예루살렘과는 독립된 사도라는 바울의 신분이 적어도 갈라디아에서 "문제를 일으키는"(갈 5:12) 자들에게 의문시되었음을 바울이 잘 알고 있었다는 점이다. 바울은 "내가 지금 사람의 인정을 구하고 있는가?"(1:10)라고 묻는다. 그는 "내가 전한 복음은 사람의 뜻을 따라 된 것이 아니라. 이는 내가 사람에게서 받은 것도 아니요 배운 것도 아니요"(1:11-12)라고 주장한다. 그는 자신의 회심 후 "내가 곧 혈육과 의논하지 아니하고 또 나보다 먼저 사도 된 자들을 만나려고 예루살렘으로 가지 아니하고"(1:16-17)라고 항변한다. 사도의 직분은 예루살렘 지도자들에게 속하며 바울은 예루살렘에 올라가 그곳에서 교육을 받아야만 그가 설파하는 복음을 위해 사도적 권위를 내세울 수 있다고 주장하는 사람들이 분명히 존재했다. 따라서 그는 "주의 형제 야고보 외에 다른 사도들을 보지 못하였노라. 보라, 내가 너희에게 쓰는 것은 하나님 앞에서 거짓말이 아니로다"(1:19-20)라고 맹세하며 항거했다. 분명히 비유대인들을 향한 바울의 전도 이면에 있는 사도적 권위는 더 전통적인 유대인 신자들에게 심각하게 의문시되었다. 이는 예루살렘 공의회에서 바울의 선교 및 할

---

3   롬 1:8-10; 고전 1:4; 빌 1:3-5; 골 1:3-10; 살전 1:2-3; 살후 1:3, 11; 몬 4-6절.

례 받지 않은 자들을 향한 사명을 위한 "은총"이 예루살렘 지도자들, 곧 "기둥과 같은 사도들"로부터 인정되고 지지받았을 때 그가 그렇게 안심했던 이유였음이 틀림없다(2:1-10).

이와 관련하여 우리는 **바울이 누가가 명시하는 "사도"의 인정/선출을 위한 조건들을 충족하지 않았음**을 아울러 주목해야 한다. 사도행전 1:21-22에 따르면 열두 제자 중 하나인 유다의 자리가 채워졌을 때, 사도 직분을 위한 자격이 명확히 규정되었다. 유다의 빈자리를 채울 후보들은 예수가 세례 요한에게 세례 받을 때로부터 그의 승천까지 그와 함께한 자여야 했다. 그리고 그들은 예수의 부활을 목격한 자여야 했다. 곧 누가에 따르면 예수가 승천하기 전 사십 일 동안 지속된 예수의 부활 현현(행 1:3)의 목격자여야 했다. 물론 바울은 그런 기준 아래서는 "사도"로서의 자격이 없을 것이다. 아마도 이것이 의미하는 바는 다음과 같다. 즉 누가는 자신이 나중에 바울과 바나바를 "사도들"이라고 부른 자신의 묘사(행 14:4, 14)가 "안디옥 교회의 사도들 또는 대표자들", 곧 안디옥 교회가 파송한 선교사라는 그들의 역할을 의미하는 것으로 이해되기를 의도했다는 점이다.[4] 바울 역시 (우리가 그렇게 말할 수 있듯이) 보다 작은 "사도직"을 알고 있었다. 이는 "교회들의 사도들 또는 대표자들"(고후 8:23)이며 빌립보 교회의 사도 또는 사자인 에바브로디도(빌 2:25)와 같은 자들이다. 그러나 자신이 하나님이 임명한 사도라는 바울의 일관된 주장은 "나보다 먼저 사도 된 자들"(갈 1:17)보다 조금이라도 열등한 의미의 "사도"로 여겨지는 것을 바울이 단호히 거부했음을 보여준다.

---

4   다음도 보라. C. K. Barrett, *The Acts of the Apostles* (2 vols.; ICC; Edinburgh: T. & T. Clark, 1994, 1998), 1.666-67, 671-72.

그렇다면 사도 직분과 "사도"라는 호칭에 대한 바울의 주장은 그에게 무엇을 의미했는가?[5]

그리스도의 사도

"사도"(*apostolos*)의 기본적인 의미는 "보냄 받은 자", 따라서 "대표자, 사절, 전령, 위임받은 사자"다.[6] 바울이 자신의 사도직 안에서 분명히 보았던 것은 위임의 권위가 **그리스도**였다는 사실, 곧 그 위임은 "하나님의 뜻에 의한" 것이라는 사실이었다. 바울은 자신을 사도라고 말함으로써 자신의 직분에 이런 위임의 중요성을 부여했다. 그는 하나님의 뜻에 따라 **그리스도의 사자**가 되었다. 따라서 그는 사도였으며 그의 임명은 위임한 자의 권위를 모두 부여받았다. 이는 바울이 갈라디아서를 시작하면서 그렇게 강조하여 주장했던 점이다.

임명을 승인하는 행위는 한층 더 제한되었다. 바울은 단순히 그리스도에 의해 임명된 것이 아니다(이 신분과 역할은 뒤이은 세기들 동안 많은 선구적인 복음 전도자들을 위해 정당하게 주장될 수 있는 것이었다). 그는 **그리스도의 부활 현현 가운데 부활한 그리스도에 의해 임명되었다.** 이것은 바울이 고린도전서에서 두 번에 걸쳐 분명하게 주장한 것이다. 그는 "내가 사도가 아닌가? 내가 우리 주를 보지 않았는가?"(9:1)라고, 또한 "맨 나

---

5   "사도"에 관한 참고문헌은 방대하다. 예. 다음의 비평들을 보라. H. D. Betz, "Apostle," *ABD*, 1.309-11; J. A. Bühner, *"apostolos,"* *EDNT*, 1.142-46; P. W. Barnett, "Apostle," *DPL*, 1.45-51.

6   BDAG, 122.

중에 만삭되지 못하여 난 자 같은 내게도 보이셨다"(15:8)라고 말한다.
이후의 문단에서 바울은 다음과 같은 삼중적인 주장과 함의를 말한다.

- 바울 자신에게 나타난 현현은 베드로, 열두 제자, 그리고 "모든 사도"에게 나타난 것과 동일한 지위와 중요성을 가진다(15:5-7).[7]
- 바울 자신에게 나타난 현현은 "마지막"이었다. 이것에 대한 거의 명백한 추론은 바울 이후에는 아무도 부활한 그리스도의 현현을 체험하지 못했다는 것이다.
- 바울이 자신의 회심을 "만삭되지 못하여 난" 것으로 묘사하는 것은 동일하게 의미심장하다. "만삭되지 못하여 난" 것은 비정상적인 조기 출생이다. 따라서 이 모욕적인 말의 함의는 (믿는 자로서) 바울의 출생은 사도들의 그룹이 영구히 닫히기 전에 바울을 그 안에 확실히 포함시키기 위해 비정상적으로 재촉되어야 했다는 것이다.[8]

---

7   "모든 사도"는 바나바(갈 2:9; 고전 9:5-6)와 안드로니고와 유니아(롬 16:7)을 포함했던 것으로 보인다. 다음도 보라. W. Reinbold, *Propaganda und Mission im ältesten Christentum: Eine Untersuchung zu den Modalitäten der Ausbreitung der frühen Kirche* (Göttingen: Vandenhoeck & Ruprecht, 2000), 37-39, 40-41. 살전 2:1-12의 복수는 Malherbe가 주장하는 대로 "바울에게는 너무 개인적이라" 2:6-7에서 "실라와 디모데는 포함될 수 없었나?"("서간체의 복수"[epistolary plural]). A. J. Malherbe, *The Letters to the Thessalonians* (AB 32B; New York: Doubleday, 2000), 144(이와 유사하게 Reinbold, 39-40). 그리고 아볼로가 상대적으로 나중에 등장한 것을 고려할 때 그가 고전 15:7의 "모든 사도"에 포함되었다는 것은 설득력이 약하다. 그가 고전 4:9의 "사도"에는 포함될 수도 있겠지만 말이다.

8   "비정상적인 조기 출생"에 대해서는 내 다음 연구를 보라. *The Theology of Paul the Apostle* (Grand Rapids: Eerdmans; Edinburgh: T. & T. Clark, 1998), 331, n. 87.

우리는 처음 두 가지 사항에 대해 바울이 누가와 일치함을 주목해야 한다. 누가에게도 사도가 되기 위한 자격은 부활 현현이었다. 그 이유는 사도들의 가장 중요한 역할이 예수의 부활을 증언하는 것이었기 때문이다(행 1:22). 그리고 이 부활 현현은 사십 일이라는 제한된 시간 동안만 계속되었다(1:1-3). 결과적으로 그 현현이 끝난 후에는 다른 사도적 증인들을 임명할 근거가 없었을 것이다.

그러므로 바울의 주장은 **독특한 신분과 권위**에 대한 주장이었다. 그것은 틀림없이 자신의 신분에 대한 바울의 주장에 대해 일부 사람들이 의문을 제기했던 이유 중 하나였다. 비록 바울의 주장이 아마도 조건들을 동반하여 실제로 예루살렘 지도자들에게 인정받았음을 우리가 이미 살펴보았지만 말이다.[9] 그러나 아마도 더욱 큰 의문 부호는 자신의 사도적 위임에 대한 바울의 **이해**에 붙여졌다.

복음의 종

동일하게 주목할 만한 가치가 있는 것은 바울이 "사도"와 "복음"을 서로를 강화하는 공생 관계에 있는 것으로 이해한 정도다.

---

9   갈 2:7-9에서 일부 예루살렘 지도자들이 보이는 주저함은 다음의 사실로 드러난다. 곧 베드로의 선교는 "할례의 사도직"(*apostolēn*)인 반면 바울의 선교는 단지 "이방인들을 위한" 것으로 묘사된다(*apostolēn*이 반복되지 않는다)(2:8). "이 합의는 베드로의 사도직을 인정했음이 분명하지만, 바울은 구체적인 호칭 없이 남겨두었다"—H. D. Betz, *Galatians* (Hermeneia; Philadelphia: Fortress, 1979), 82, 98. "…틀림없이 바울의 노력에 공식적인 사도성을 부여하지 않았다"—J. L. Martyn, *Galatians* (AB 33A; New York: Doubleday, 1997), 203.

- 로마서 1:1에서 "사도로 부르심을 받았다"와 "하나님의 복음을 위하여 택정하심을 입었다"라는 두 가지의 자기소개 구절은 매우 유사하다.

- "그리스도 예수의 일꾼"으로서 그의 직무는 "그리스도의 복음을 제사장으로서 섬기는 것"이었다(롬 15:16).

- 사도로서 그의 역할은 복음을 선포하는 것이었다(고전 15:11).

- 자신이 "사람들에게서 난 것도 아니요 사람으로 말미암은 것도 아니요 오직 예수 그리스도와 하나님 아버지로 말미암은"(갈 1:1) 사도라는 바울의 주장은 몇 문장 다음에 발견되는 동일하게 강한 그의 주장에도 반영된다. 즉 그의 복음은 "사람의 뜻을 따라 된 것이 아니라. 이는 내가 사람에게서 받은 것도 아니요 배운 것도 아니요 오직 예수 그리스도의 계시로 말미암은 것이라"(1:11-12)는 주장이다.

다른 이들이 지적했듯이 갈라디아서 1:1-2에서 바울의 격앙은 **자기**를 변호하는 것이 아니라 자신의 **복음**을 변호하는 것이었다. 이는 "복음의 진리"(2:5, 14)가 그의 성공적 전도에 대한 공격, 곧 하나님의 요구에 못 미치는 것이라는 공격으로 인해 위험에 처할 것을 바울이 두려워했기 때문이다.[10]

그러므로 바울이 사도로서 주장한 권위는 **복음**의 권위였다. 사실

---

10 "사도적 권위는 복음을 조건으로 하며 복음의 표준에 종속되었다"(Dunn, *Theology of Paul*, 572; 각주 35의 참고문헌과 함께 보라). "사도직과 복음은 바울에게는 나눌 수 없는 것이었다." P. Stuhlmacher, *Biblische Theologie des Neuen Testaments* (2 vols.,; Göttingen: Vandenhoeck & Ruprecht, 1992, 1999), 1.249.

상 "복음의 진리"가 그의 **첫 번째** 관심이었다. 그 자신의 사도 신분은 복음 다음의 것이었으며 복음을 위한 것이었다. 이는 다음의 이유들을 설명해준다.

- 바울이 "나보다 먼저 사도 된 자들"(갈 1:17)의 앞선 신분과 권위를 인정하려고 했던 이유
- 예루살렘 사도들이 그의 복음을 추인하지 않을 수도 있다는 생각이 그를 그렇게 염려하도록 만든 이유
- 예루살렘에서 달성한 합의를 크게 선전하면서 바울이 실제로 자신의 선교를 승인할 수 있는 기둥 사도들의 권리를 인정했던 이유(2:2)

모든 사도가 **동일한** 메시지를 전파해야 한다는 것은 더욱 중요했다. 따라서 바울은 고린도 사람들이 그것을 통해 구원받았던(고전 15:2) 복음에 대한 언급을 기쁨에 찬 확언으로 이렇게 끝맺는다. "그러므로 **나나 그들이나** 이같이 전파하매 너희도 이같이 믿었느니라"(15:11). 이후에 바울이 감옥에 있었을 때와 같이 그리스도가 선포되고 있다는 사실이 더욱 중요했다. 비록 그 선포 중 일부가 투옥된 바울의 고충을 가중시키려고 하더라도 말이다(빌 1:17-18).

요약하면 **바울에게 더욱 중요했던 것은 그의 사도 직분이 공식적으로 인정받는 것보다 복음에 대한 그의 선포가 예루살렘 사도들에게 지지받는 것이었다**(갈 2:6-9). 왜냐하면 이 사도는 "복음의 진리"에 언제나 굴복했기 때문이다. 이는 우리에게 정말로 민감한 쟁점을 가져다준다.

이방인을 향한 사도

바울은 자신의 위임을 분명히 그 시작부터 **복음을 이방인들에게 전하라는 위임**으로 여겼던 것 같다. 우리는 언제 바울의 회심이 지닌 온전한 의미가 그의 가슴에 와닿았는지를 결코 확신할 수 없다. 그러나 우리가 가진 증거들의 범위에서 보면, 바울은 자신을 단순히 순회하는 임무를 지닌 "사도"로 결코 인식하지 않았다. 그는 **이방 나라들에게** 복음을 전파하는 임무를 특별히 부여받았다.[11]

- 그는 "그의 이름을 위하여 모든 이방인 중에서 믿어 순종하게 하는 은혜와 사도의 직분을 받았다"(롬 1:5).
- 그는 "이스라엘"에 대한 자신의 주요 논의에서 "나는 이방인들을 향한 사도"라고 단순하게 주장하기를 주저하지 않는다(롬 11:13).
- 그는 "이방인들을 위한 그리스도 예수의 일꾼"이었다(롬 15:16).
- 하나님은 바울로 하여금 그의 아들을 "이방"에 전하게 하려고 그의 아들을 바울 안에서 드러내기로 선택하셨다(갈 1:16).
- 이후에 에베소 사람들에게 보낸 편지는 "그리스도의 비밀"이 특별히 바울에게 계시되었다는 사실과, 바울이 그 비밀을 재현하라고 특별히 위임받았음을 강조한다. 이 비밀은 "이방인들이

---

11   그리스어 *ethnē*는 동일하게 "나라들"(nations) 또는 "이방인들"(Gentiles)로 번역될 수 있다. "이방인들"은 (이스라엘 이외의) 모든 (다른 나라)를 나타내는 방법이었다. 다음도 보라. D. J.-S. Chae, *Paul as Apostle to the Gentiles* (Carlisle, UK: Paternoster, 1997); Reinbold, *Propaganda*, 164-81.

복음으로 말미암아 그리스도 예수 안에서 함께 상속자가 되고 함께 지체가 되고 함께 약속에 참여하는 자가 되었다"(엡 3:2-6)는 것이다.

이것이 사도와 복음의 종으로서 바울의 역할이 다른 사람들에게 평가받을 때 바울에게 "신발이 조이기 시작한" 즉 문제가 일어나는 곳이었음은 갈라디아서 1-2장에서 충분히 분명하게 드러난다. 이 점은 바울의 자기이해와 그가 평가를 통과하기 위해 어떻게 자신의 임무를 수행했는지에 대한 우리의 올바른 이해를 위해서도 무척 중요하다. 첫째로 기독교 초기에 크게 논란거리가 되었던 것은 바로 바울이 예수의 기쁜 소식을 비유대인들에게 전하기 위해 부여받았다고 주장했던 임무였다. 실제로 그것은 너무나 논란이 된 나머지 초기 예수 운동에서 분열을 야기했는데, 이는 이후 주류 기독교가 된 것과 소위 유대-기독교의 이단 종파들 사이의 적대적 관계로서 이후 3세기 동안 지속된 분열이었다. 둘째로 바울이 "복음의 진리"를 매우 분명하게 최종적으로 서술하도록 만든 것은 바로 이 임무였다. 바울은 이 진리가 모든 믿는 자들을 향한 하나님의 수용을 제안한다고 서술했다. 곧 믿는 자들은 아무런 부가 조건 없이 "율법의 행위가 아닌 예수 그리스도를 믿음으로 의롭게 된다"(갈 2:16)는 진리였다. 이런 표현을 통해 바울은 실제로 기독교 복음의 핵심을 항구적으로 구체화했다. 우리는 8장에서 바울의 사도 직분에서 매우 핵심적인 이 주제로 돌아온다.

"사도"라는 기독교적 개념에 독특한 의미를 부여한 것은 바울의 임무에 대한 이런 이해(사도 =선교사 =복음 전도자)였다. 그리고 그것은 독특할 뿐만 아니라 획기적인 의미였다. "사도" = "사절, 사자"라는 개념이 자명하고(아포스톨로스[apostolos]는 "보내다"라는 뜻의 아포스텔로[apostellō]에서 유래) 아포스톨로스는 그런 의미로 친숙했던 반면에, **자신이 믿는 것의 신봉자를 얻기 위한, 곧 다른 사람들을 개종시키기 위한 임무를 맡은 자로서의 "사도"라는 의미**는 새로웠다. 우리는 동료 유대인들로 하여금 자신들의 종교에 대해 바른 자부심을 가지도록 돕고 다른 사람들에게 그것의 특이성을 설명하려고 했던 유대교 변론가들을 알고 있다. 또한 우리는 방랑하는 철학자들에 대해서도 알고 있다. 그들은 다른 이들에게 자신들의 관점이 지닌 지혜를 설득하려고 시도했다. 틀림없이 예수가 제공한 모델, 곧 다가오는 하나님 나라의 관점에서 하나님에 대한 철저한 신뢰를 촉구하는 호소의 모델은 오래된 틀들을 이미 깨트렸다. 그리고 부활한 예수를 믿는 첫 신자들이 예루살렘과 유대에서 행한 처음 설교들에서 그 모델을 이어받았다. 그러나 "사도"에 대한 기독교적 이해에 독특한 성격을 부여한 것은 **다른 사람들을 개종시켜야 한다**는 사명감, 곧 그들에게 이스라엘의 그리스도에 대한 믿음을 불러냄으로써 **제2성전기 유대교의 경계선을 넘어선 곳으로부터** 새로운 운동의 추종자들을 얻어야 한다는 사명감이었다.[12]

여기서 우리는 유대교가 선교적인 종교가 아니었음을 기억해야 한다.[13] 바리새인들과 에세네파는 당연히 그들의 언약 의무를 향한 보다

---

12 참조. E. J. Schnabel, *Early Christian Mission*, vol. 1, *Jesus and the Twelve*; vol. 2, *Paul and the Early Church* (Downers Grove, IL: InterVarsity, 2004), 1:536-45; C. Roetzel, *Paul: The Man and the Myth* (Edinburgh: T. & T. Clark, 1999), ch. 2.

13 특히 다음을 보라. S. McKnight, *A Light among the Gentiles: Jewish Missionary Activity in the Second Temple Period* (Minneapolis: Fortress, 1991); M. Goodman, *Mission and Conversion: Proselytizing in the Religious History of the Roman Empire* (Oxford: Clarendon, 1994); R. Riesner, "A Pre-Christian Jewish Mission?," in J. Ådna and H. Kvalbein, eds., *The Mission of the Early Church to Jews and Gentiles* (WUNT 127;

엄격한 헌신으로 동료 유대인들을 얻는 것에 더욱 관심을 가졌다.[14] 그러나 그들은 **비**유대인들이 그들의 실천을 받아들이도록 이끄는 것을 목적으로 삼지 않았다.[15] 결국 유대교는 유대인들의 국가적 종교였다. 그것은 비유대인들을 비인종적 종교로 개종시키기 위해 밖으로 나가는 문제가 아니었다. 이스라엘은 하나님을 경외하는 자들과 개종자들을 무척 환영했고 이방 민족들이 시온으로 쇄도하는 것을 디아스포라의 종말론적 귀향의 일부로서 기대했다. 그러나 이방인들이 들어오도록 설득하러 나가는 것은 그 대본(script)의 일부가 아니었다. 따라서 자신이 수행하도록 부르심을 받았다고 바울이 믿었던 것은 예외적이고 놀라운 것이었으며, 기독교의 특성을 근본적으로 선교적 종교로 확립했다.

이스라엘의 사도

좀 덜 명백하지만 우리가 바울에게 동일하게 중요했다고 판단할 수 있는 것은 "이방인들을 향한 사도"라는 그의 임무가 하나님의 뜻에 따른 것일 뿐만 아니라, **하나님이 부여하신 이스라엘의 임무의 연장**이라는

Tübingen: Mohr Siebeck, 2000), 211-50; L. J. L. Peerbolte, *Paul the Missionary* (Leuven: Peeters, 2003), ch. 1; Schnabel, *Mission*, vol. 1, ch. 6.

14 이것은 아마도 마 23:15과 관련된 부분일 것이다. "한 명의 개종자를 만들기 위해 바다와 육지를 넘는" "서기관들과 바리새인들"의 준비성은 아마도 아디아베네(Adiabene)의 왕 이자테스(Izates)와 같은 개종 지망자들을 결국 확실히 개종시킨 엘레아자르(Eleazar)의 열성을 가리킨다(Josephus, *Antiquities*, 20.38-46).

15 5장에서 주목했듯이 4QMMT는 이제 고전적 예로 볼 수 있다. 이는 동료 유대인들이 그 편지에 열거된 규정들을 받아들이고 준수하도록 설득하려는 명백한 희망으로 기록되었다(C26-32).

확신이다. 이 추론은 또다시 갈라디아서에서 가장 분명하다.

갈라디아서 1:15-16은 자신의 회심/소명에 대한 바울의 묘사에서 예레미야 1:5과 이사야 49:1-6을 분명하게 반영한다.

- 갈 1:15-16―내 어머니의 태로부터 나를 택정하시고(aphorisas) 그의 은혜로 나를 부르신 이…그를 **이방에** 전하기 위하여….”
- 렘 1:5 LXX―예레미야는 그의 소명감을 다음과 같이 표현한다. “내가 너를 **모태에** 짓기 전에 너를 알았고 네가 배에서 나오기 전에 너를 성별하였고 너를 **여러 나라의** 선지자로 세웠노라 하시기로.”
- 사 49:1-6 LXX―야웨의 종 = 이스라엘(49:3)은 말한다. “**내 어머니의 태에서부터** 나를 부르셨고…보라, 내가 너를 백성의 언약을 위하여 세웠노라. 내가 또 너를 **이방의 빛으로** 삼아 나의 구원을 베풀어서 땅끝까지 이르게 하리라.”

그러므로 바울이 자신의 회심을 예레미야 1:5(“여러 나라의 선지자로 세웠노라”)에 기록된 예레미야의 예언자적 위임으로 보았고,[16] 더 구체적으로는 제2이사야의 종(“이방의 빛으로 삼아”, 사 49:6)이라는 이스라엘을 지칭하는 용어의 측면에서 보았음은 의심할 수 없다. 바울 자신의 소명

---

16 다음도 보라. K. O. Sandnes, *Paul—One of the Prophets?* (WUNT 2.43; Tübingen: Mohr Siebeck, 1991), ch. 5(그러나 저자는 그 소명에 필수적인 “이방을 향한”이라는 차원을 끌어내는 데 실패한다). 갈 1:15의 아포리사스(*aphorisas*, 나를 구별했다)는 바리새인들에게 그들의 별명(“분리된 자들”)을 부여한 단어에 대한 의도적인 언어유희일 수도 있다. 율법을 위한 바리새인으로서 그의 “분리주의”는 복음을 위해 사도가 되기 위한 “분리”로 대체되었다.

과 이스라엘의 소명(사 49:3에서 야웨의 종이라고 밝히는) 사이의 연속성은 분명히 바울의 자기이해에서 중요한 부분이었다. 다메섹으로 향하는 길 위에서 일어난 것은 이스라엘을 위해 하나님의 뜻과 목적이 어떻게 수행될 수 있는가에 관한 사울의 이전 이해**로부터의** 회심이었다. 그러나 바울은 그것을 이스라엘을 위한 하나님의 뜻과 목적에 더 알맞고 올바른 이해를 향한 회심으로 보았다. 그 목적과 뜻은 이방인들을 향한 사도였다. 그렇다. 그러나 그렇기 때문에 그가 이스라엘을 **떠난 변절자**가 된 것은 아니었다. 오히려 그는 "이방의 빛"이라는 이스라엘의 운명을 진척시키도록 위임된 이스라엘의 **사도**가 되었다.[17]

창세기 12:2-3에서 아브라함에게 주어졌고 이후의 족장들에게 주기적으로 반복된 본래의 약속을 처리하는 바울의 방식도 동일하게 주목할 만하다. 이 약속이 지닌 가장 현저한 두 가지 맥락은 아브라함의 씨 곧 아브라함의 자손에 대한 약속과,[18] 땅 곧 언약의 땅에 대한 약속(이것은 현대 이스라엘의 정치에서 또다시 매우 현저하다)이었다.[19] 바울은 다음의 두 가지 주장의 맥락을 모두 이어받는다. 곧 "씨"의 약속이 그리스도 안에서 그리고 그리스도를 통해 성취되었다는(갈 3:16) 조금은 기발한 갈라디아서 3장의 주장과, 땅의 약속 역시 아브라함이 "세계를 유업으로 받으리라"(롬 4:13)는[20] 약속으로 확장되었다는 로마서 4장의 병행된 주장이다. 그러나 여기서 특히 우리의 관심사는 "땅의 모든 족속이 너로

---

17 다음의 내 연구도 보라. "Paul: Apostate or Apostle of Israel?" *ZNW* 89 (1998), 256-71.

18 창 13:16; 15:5; 17:2-4, 19; 18:18; 22:17; 26:4.

19 창 12:7; 13:14-17; 15:18-21; 17:8; 26:3.

20 다음을 참조하라. Sir. 44.21; *2 Bar.* 14.13; 51.3. 다음도 보라. *Romans* (WBC 34A; Dallas: Word, 1988), 213.

말미암아 복을 얻을 것이라"는 아브라함에게 주어진 언약의 **세 번째** 맥락을 바울이 이어받는 방법이다.[21] 이 세 번째 맥락은 이방 나라들로 가야 할 예레미야와 야웨의 종의 임무 및 예언자 요나의 이야기에 함축되어 있지만, 그렇게까지 이스라엘의 경전에 비추어 숙고된 것은 아니다.[22] 그러나 바울은 이보다 한층 더 나아간다. 실제로 그는 아브라함 안에서 이방인들이 복을 받을 것이라는 약속을 "이전에 전파된 복음"(갈 3:8)으로 묘사한다. 여기서 바울은 **복음**을 **이방인들에게 확장되는** 하나님의 언약적 은혜의 기쁜 소식이라고 밝혔음이 분명하다. 그는 틀림없이 이 것을 이스라엘이 받은 책무의 필수적인 부분으로 보았다. 그리고 갈라디아서 3장에서 바울이 말하는 것을 보면, 그는 자신의 역할을 그 계획을 실현하는 것으로 이해했다. 그 계획은 이스라엘을 위한 하나님 자신의 계획이며, 유대인뿐만 아니라 이방인을 위한 복음이었다.

바울이 로마서 9-11장에서 자신의 역할을 "이방인들을 향한 사도"라고 말한 것으로부터 동일한 사항이 추론된다. 왜냐하면 거기서 바울은 이방 나라들/이방인들에 대한 자신의 역할이 하나님의 위대한 계획—곧 신적인 목적이 지닌 비밀—의 일부라고 확신하기 때문이다. 그 계획은 특히 이스라엘을 포함한(11:13-15, 25-32) **모두**를 향해 하나님의 자비를 확장하는 계획이다.[23]

---

21 창 12:3; 18:18; 22:18; 26:4. 창세기 본문은 다양하게 이해될 수 있다(예. G. J. Wenham, *Genesis*[WBC 1; Waco: Word, 1987, WBC 성경주석『창세기』, 솔로몬 역간], 277-78). 그러나 바울의 해석은 분명하다.

22 다음도 보라. J. R. Wisdom, *Blessing for the Nations and the Curse of the Law: Paul's Citation of Genesis and Deuteronomy in Gal. 2.8-10* (WUNT 2.133; Tübingen: Mohr Siebeck, 2001), 36-42.

23 다음도 보라. A. J. Hultgren, "The Scriptural Foundations for Paul's Mission to the Gentiles," in S. E. Porter, ed., *Paul and His Theology* (Leiden: Brill, 2006), 21-44.

요약하면 바울은 역사적 유대교가 제기한 비난, 곧 그가 "이스라엘을 떠난 **변절자**"라는 비난에 강하게 저항했을 것이다. 이와 반대로 바울은 실제로 자신이 그리스도 예수의 사도일 뿐만 아니라 "**이스라엘의 사도**"임을 주장했다.[24] 유감스럽게도 이런 자기주장, 곧 사도 직분과 복음을 위한 그의 주장은 역사적 기독교 안에서 제대로 평가받지 못했고 역사적 유대교 안에서는 무시되었다. 적어도 이 점과 관련하여 우리는 바울을 그 자신의 언어를 통해 새롭게 이해해야 한다.[25]

종말론적인 사도

만약 우리가 제1세대 기독교를 제대로 이해하려면 초기 신자들의 종말론적인 성향과 시각을 살피는 것이 결정적으로 중요하다. 왜냐하면 그들은 메시아 예수 안에서 새로운 시대의 새벽, 단지 **하나**의 새로운 시대가 아닌 마지막 시대의 새벽이 밝았다고 믿었기 때문이다. 이 마지막 시대는 종말(*eschaton* = 마지막)이며 그 안에서 하나님의 궁극적인 약속들과 이스라엘을 위한 희망이 실현될 것이다. 이 확신은 아래의 두 가지 특색에 초점을 맞춘다.

---

24 이것은 일찍이 주장되었는데 특히 다음 연구들을 보라. J. Munck, *Paul and the Salvation of Mankind* (London: SCM, 1959); J. Jervell, *The Unknown Paul: Essays on Luke-Acts and Early Christian History* (Minneapolis: Augsburg, 1984), chs. 3-4.

25 내 다음 연구도 보라. "Paul: Apostate or Apostle of Israel?"; "The Jew Paul and His Meaning for Israel," in U. Schnelle and T. Söding, eds., *Paulinische Christologie: Exegetische Beiträge*, H. Hübner FS (Göttingen: Vandenhoeck & Ruprecht, 2000), 32-46; reprinted in T. Linafelt, ed., *A Shadow of Glory: Reading the New Testament after the Holocaust* (New York: Routledge, 2002), 201-15.

- 일반적/마지막 부활의 시작으로서 예수의 부활[26]
- 명백하게 메시아 및 주로서 예수의 임박한 재림(행 3:19-21)

누가는 이 점을 그렇게 강조하지 않는다. 이는 아마도 누가가 종말론적인 동기―우리가 기독교 확장의 한 요인으로 가정할 수 있는―를 자신이 계승한 옛 전통적인 형식들 속에 반영된 정도를 넘어서 강조하지 않기로 선택했기 때문일 것이다(행 2:17; 3:19-21).

그러나 바울과 함께 우리는 이런 종말론적인 시각이 어떻게 사도라는 소명에 대한 그의 이해를 형성시켰는지를 볼 수 있다. 또다시 누가가 바울에 대해 우리에게 말하는 것이 아닌 바울 자신이 쓴 편지로부터 다음의 사실을 볼 수 있다.

- 바울은 데살로니가의 신자들이 어떻게 "살아 계시고 참되신 하나님을 섬기고 하늘로부터 올 그의 아들을 기다리기 위해 우상들로부터 하나님께로 갔는지" 회상한다(살전 1:9-10; 행 3:19-21의 기록처럼).
- 그는 예수가 재림할 때 자신이 아직 살아 있으리라고 믿었던 것으로 보인다. 그는 "주께서 강림하실 때까지 살아남아 있는 우리들"(살전 4:15)이라고 말한다. 유사하게 고린도전서 15:51은 "우리는 모두 죽을 것이 아니요 모두 다 변화되리라"고 진술한다.
- 그리스도의 부활은 "죽은 자들의 첫 열매", 곧 (일반적/마지막) 부

---

26 롬 1:4; 고전 15:20, 23.

활의 시작이었다(고전 15:20, 23).

- 그는 고린도에 있는 자신의 회심자들에게 결혼을 자제하도록 격려했는데, 그 이유는 "그때가 단축하여지고", "이 세상의 외형은 지나가기" 때문이었다(고전 7:29, 31).

- 그는 "밤이 깊고 (온전한 구원의) 낮이 가까왔다"고 믿었다(롬 13:12).

이런 시각이 자신의 사도 직분에 대한 바울의 이해를 형성했다는 사실은[27] 특히 다음의 세 단락에서 가장 분명하다.

(1) 고린도전서 4:9

나에게는 하나님이 우리 사도들을, 죽기로 운명 지워진 자들[epithanatious]로서, 마지막 장엄한 종말[eschatous apedeixen]의 무대 위에 세우신 것으로 보이는데, 그것은 우리가 세계, 곧 천사들과 인류의 눈에 구경거리[theatron]가 되었기 때문이다(Thiselton).

여기서 바울은 "범죄자들, 죄수들 또는 직업적인 검투사들이 검투가 열리는 경기장으로 나아가는 가운데 죽기까지 싸워야 할 자들로서

---

27 바울의 자기이해가 지닌 이런 측면에 대한 내 관심은 다음의 연구까지 거슬러 올라간다. A. Fridrichsen, *The Apostle and His Message* (Uppsala: Lundequistska, 1947)—"사도 직분이 메시아의 부활과 재림 사이의 종말론적 발전의 중심에 있다는 이런 생각"(4); O. Cullman, *Christ and Time* (London: SCM, ³1962), 157-66; Munck, *Paul*, 36-55. 하지만 그들의 해석은 살후 2:6-7에 대한 논란이 많은 해석에 너무 많이 의존했다.

맨 뒤를 따르는 사도들을 포함하는 큰 행렬의 은유"를 사용한다.[28] 다시 말해 그는 역사의 전체 흐름 또는 세상을 위한 하나님의 계획이 사도들의 활동에서 절정에 이르는 것으로 상상한다. 사도들은 (천사들도 지켜보는) 우주적 역사의 무대 위에서 마지막 장을 구성한다. 이 이미지는 "승리의 무대"는 아니지만 어느 정도 자만심이 가득한 것이다. 이 은유에서 사도들은 구경하는 세상의 눈에 "죽도록 정죄"되었다(epithanatios). 그들의 공개적인 처형은 역사의 무대에서 "막을 내릴" 것이다.

(2) 로마서 11:13-15

> 내가 이방인인 너희에게 말하노라. 내가 이방인의 사도인 만큼 내 직분을 영광스럽게 여기노니 이는 혹 내 골육을 아무쪼록 시기하게 하여 그들 중에서 얼마를 구원하려 함이라. 그들을 버리는 것이 세상의 화목이 되거든 그 받아들이는 것이 죽은 자 가운데서 살아나는 것이 아니면 무엇이리요.

여기서 주목할 것은 자신의 사도적 사역을 위한 바울의 소망과 기대다. 그는 이방인들을 향한 자신의 선교를 밀고 나갔다. 바울은 자신의 동족이 하나님으로부터 버림받았다고 믿었기 때문에 자신의 동족에 대해 실망한 나머지 이방인들에게로 간 것이 아니었다. 오히려 바울의 소망은 이방인을 향한 사도로서 자신의 성공이 "그의 동족들에게 질투를 일으켜" 그들을 자신이 전파하는 믿음으로 데려오는 것이었다. 바울

---

28   A. C. Thiselton, *1 Corinthians* (NIGTC; Grand Rapids: Eerdmans, 2000), 359. 다음
     도 보라. W. Schrage, *1 Korinther* (EKK VII/4; Düsseldorf: Benziger, 2001), 1.340-
     42.

의 관점에서 그의 동족들이 행하는 "수용"과 그들을 받아들이는 "수용"은 "세상을 위한 화목"보다 더욱더 놀라운 것을 의미했을 것이다. 실제로 그것은 "죽음으로부터의 생명", 곧 시대/역사의 마지막에 있을 최후의 부활과 다름없는 것을 뜻했을 것이다.[29] 다시 말해 바울은 자신의 선교가 시온에서 구원자가 오는 것을 포함하여 종말의 사건들을 유발하기를 소망했다(11:26). 이는 바울에게 자신의 선교가 그렇게 압도적으로 우선시되는 이유다.

(3) 골로새서 1:24

> 나는 이제 너희를 위하여 받는 괴로움을 기뻐하고 그리스도의 남은 고난을 그의 몸 된 교회를 위하여 내 육체에 채우노라.

여기서 바울 또는 그의 공저자는 아마도 그리스도의 수난과 죽음이라는 이미지를 종말론적 고난으로 받아들인다. 그 고난은 흔히 "메시아의 고난"이라고 지칭되며 장차 올 시대를 가리키는 중요한 선행 사건

---

29 "여기서 종말론적인 영향력은 다른 곳에서는 언제나 부활을 나타내는 에크 네크론(*ek nekrōn*[죽은 자들로부터—역자주])으로 인해 논란 밖에 놓인다. [그리고] 그 수사학적 구조는 마지막 어구가 이전의 것을 능가하는 무엇을 묘사하기를 요구한다.…여기서 '죽은 자들로부터의 생명'은 '세상과의 화해'보다 더욱 놀라운 무엇을 나타냈다"(Dunn, *Romans*, 658, 나는 대부분의 주석가들이 여기서 최후의 부활이 고려된다는 데 동의한다는 점도 주목한다). 다음도 보라. D. J. Moo, *The Epistle to the Romans* (Grand Rapids: Eerdmans, 1996), 694-96; B. Witherington, *Paul's Letter to the Romans* (Grand Rapids: Eerdmans, 2004), 269.

으로 예상된다.[30] 바울 자신은 그리스도의 고난에 참여한다는 생각[31] 또는 자신이 얼마간 야웨의 종의 역할을 성취한다는 생각에 아무런 거리낌이 없었다. 고난이 아직도 공유된다는 논리는 물론 아직 끝나지 않은 고난, 완료되지 않은 고난이라는 생각이었다. 그러나 골로새서의 저자는 바울의 사도적 고난이 이런 휘스테레마(hysterēma, "부족" 또는 "결핍")를 실제로 완전하게 한다고, 곧 "채운다고" 여길 만큼 대담하다. 이런 생각의 필연적 귀결은 구속/구원의 일이 그때에 비로소 완결될 것이라는 점이다.[32] 여기서 다시 이런 주장은 바울의 역할에 대한 자만 가득한 높임의 기미를 보인다.[33] 그러나 이는 단순히 바울의 사도적 사명의 중요성에 대한 그의 확신을 표현하는 가장 인상적인 방법이다. 그것은 우주적 역사의 무대 위에서의 최후의 막, 곧 역사에서 하나님의 목적을 성취하고 "모든 것의 완성"을 일으키는 마지막 막이었다.

거의 20세기 후에, 특히 역사의 종말도 그리스도의 재림도 일어나지 않은 때에, 우리가 그런 언어를 읽는 것은 어려운 일이다. 우리가 바울의 사도 역할이라는 개념에 크게 공감하면서 들어가는 것은 어렵다. 그러나 우리는 그렇게 하려고 시도해야 한다. 왜냐하면 그것이 아마도

---

30 자세한 사항을 위해서는 내 다음 연구를 보라. *Christianity in the Making*, vol. 1, *Jesus Remembered* (Grand Rapids: Eerdmans, 2003), #11.4c, 395.

31 특히 롬 8:17; 고후 4:10-12; 빌 3:10-12. 내 다음 연구도 보라. *Theology of Paul*, #18.5.

32 다음의 내 연구도 보라. *The Epistles to the Colossians and to Philemon* (NIGTC; Grand Rapids: Eerdmans, 1996), 114-16; H. Stettler, "An Interpretation of Colossians 1:24 in the Framework of Paul's Mission Theology," in Ådna and Kvalbein, *Mission of the Early Church*, 185-208; J. L. Sumney, "I Fill Up What Is Lacking in the Afflictions of Christ': Paul's Vicarious Suffering in Colossians," *CBQ* 68 (2006), 664-80.

33 "A theologically untenable glorification of the apostle by one of his followers"(H. Hübner, *EDNT*, 3.110); 다른 것들은 내 다음 연구를 보라. *Colossians*, 116.

그와 같은 중요한 결과들과 항구적인 영향들을 가져온 동기 부여와 에너지의 상당 부분을 제공했기 때문이다. 바울의 종말론은 그의 사도적 사명감에 필수적인 것이었다. 동시에 우리는 바울이 결정적인 종말론적 관점에서 숙고했던 것은 앞으로 일어나야 할 일이 아니라 하나님이 그리스도 안에서 그를 통해 행하신 일, 특히 그를 죽은 자들로부터 일으키심을 통해 **이미** 행하신 일이라는 사실을 항상 기억해야 한다. 그것은 나머지 모두를 결정한 종말론적 행동이었다. "바울의 복음은 그가 여전히 일어날 것이라고 바랐던 것 때문이 아니라 이미 일어났다고 믿었던 것 때문에 종말론적이었다."[34]

배교자 아니면 사도?

"배교자 아니면 사도"라는 바울의 신분에 관한 우리의 질문은 유대교(또는 제2성전기 유대교)와 바울(과 기독교)의 관계라는 한도 내에서 답변될 수 있다. 바울이 자신의 사명을 이해했듯이, 그는 이스라엘을 저버린 변절자가 아니었다. 이와 반대로 바울은 이스라엘의 사도적 사명을 성취하려는 시도에 참여했다. 이 사명은 이방의 빛이 되는 것, 하나님의 언약적 사랑, 하나님의 구원하는 의에 관한 기쁜 소식을 유대인들뿐만 아니라 이방인들에게도 선포하는 것이었다. 그런 면에서 바울은 진정으로 유대교의 대변자다. 그는 자신의 영감과 동기를 대부분 이스라엘의 경전으로부터 가져온다. 그는 어떻게 이스라엘이 자신의 은사와 소명

---

34 Dunn, *Theology of Paul*, 465.

에 충실할 것인가에 관한 유대교의 논쟁에 기여한 유대인이다. 그의 목소리는 그런 논쟁 내에서 거의 철저하게 무시되어왔다. 그는 아직도 주로 이스라엘을 이탈한 변절자로 여겨진다. 그러나 실제로 그는 제2성전기 유대교의 수많은 목소리 중 하나다. 그 목소리들은 앞서 말한 논쟁의 내부에 있었고, 자신들 사이에서 또한 서로 간에 논쟁을 벌였다. 바울은 그 논쟁으로 다시 들어갈 자격이 있고, 목소리를 낼 자격이 있다. 틀림없이 바울은 논쟁의 대상이지만 무시되어서는 안 된다.

그러나 "배교자 아니면 사도"라는 물음은 **기독교** 안에서도 질문되고 답해져야 한다. 왜냐하면 바울은 예수 자신의 메시지를 훨씬 넘어섰던 것으로 보이기 때문이다.[35] 그는 복음에 대한 어머니 교회[예루살렘 교회―역자주]의 이해에 의문을 던지는 초기 기독교 내부의 곤란한 목소리였다. 더욱 넓은 세계로 향하는 문을 열면서 바울은 종말론적인 메시아 종파를 주로 비유대적인 종교로 변화시키는 과정을 시작했다. 그는 예수의 직계 제자 중의 하나가 아니었으며, 사도라는 그의 신분은 바로 초기 기독교의 내부로부터 의문시되었다. 그리스도로부터 직접 유래했고 기독교의 모(母)교회로부터 독립된 사도 직분이라는 그의 주장은 이후에 있었던 유사한 주장들을 위한 **불편한 선례**를 남긴다. 바울이 신약성서 정경에 포함된 이유는 사도행전과 목회 서신에서의 부드럽고 평화적인 모습 때문인 반면, 보다 이른 시기의 서신들에 나타난 바울은 지나치게 논쟁적이며, 평화를 추구하는 교회에게 너무 많은 것을 요구한다고 주장할 수 있다. 진실을 말하자면 **바울은 신약성서의 곤란하고 어느 정도 불편한 일원이다.** 많은 기독교 전승들이 실질적으로 그를 도

---

35   그러나 5장을 보라.

외시한다는 점은 놀랍지 않다. 복음서는 그리스도인들이 원할 법한 설교들을 위한 모든 자료를 제공한다. 그렇지 않은가? 바울의 초기 서신에 관한 설교는 묵상하기에 너무 엄격하다. 그렇지 않은가?

그리고 아직도 그리스도인들은 그것 때문에 무엇을 놓치고 있는가? 그들은 바울을 단지 정경적으로만 읽음으로써, 교회화된 바울을 읽음으로써 무엇을 놓치고 있는가? 다시 말해 바울을 오직 사도행전과 목회 서신을 통해서만 읽음으로써 그의 곤란함을 약화시킴으로 인해 놓치는 것은 무엇인가? 내가 주장하기로 이스라엘은 바울을 배교자로 배척함으로써 그에게 영감을 준 자신들의 경전과 전통의 강조점들을 놓칠 수 있다. 오늘날 그리스도인들은 그와 유사한 방법으로 바울을 도외시함으로써 바울에게 영감을 준 성령의 목소리를 무시할 수 있다. 신약성서 안의 다양성과 긴장은 그리스도인들이 잠에 빠지고 오래된 방법들에 만족한 채로 남아 있는 것을 방지한다. 심지어 그것들이 명백하게 복음의 효과적인 목소리를 내는 데 실패할 때, 심지어 선교의 정당성을 더 이상 표현하지 않는 때에도 말이다. 이는 그리스도인들이 새로운 귀를 가지고 바울을 새롭게 경청할 필요가 있는 지점이다. 동시에 이는 왜 그의 복음이 그렇게 효과적이었고 그의 선교가 그렇게 생명력이 있었는지를 질문하고, 그의 복음과 선교가 21세기의 교회를 위해 앞길을 보여줄 수 있을까를 질문해야 하는 지점이다. 바울 이후 2천 년이 되는 해에 바울의 재발견—아니면 그것은 실제로 바울의 **발견**인가?—은 오래전에 이루어져야 했다!

제8장

복음-모든 믿는 자들을 위하여

무엇이 차이를 만들었는가?

지금까지 살펴본 것을 감안하면 우리는 바울이 변했다고 말할 수 있고 또 그렇게 말해야 한다. 그는 전통주의자 유대인에서 "그리스도 안의" 유대인으로 변화했다. 그는 적어도 그 자신의 눈에 바리새인에서 사도로, 실제로 이방인들을 향한 사도로 변화했다. 무엇이 이런 차이를 만들었는가? 이 질문에 답하기 위해 우리는 우선 바울 안에서 일어난 변화, 곧 일반적으로 바울의 **회심**이라고 불리는 것을 살펴보아야 한다. 따라서 "무엇이 차이를 만들었는가?"라는 질문은 이중적인 질문이 된다. 즉 그는 무엇**으로부터** 회심했는가? 그리고 그는 무엇을 **향해** 회심했는가? 우리는 두 번째 질문에 대한 대답의 많은 부분을 이미 살펴보았다. 그는 이방인들을 향한 사도가 되기 위해 회심했다. 그러나 우리는 아직도 그 질문의 깊은 곳을 면밀히 조사해야 한다. 우리는 위의 두 질문이 서로 얽혀 있는 방식을 탐구해야 한다. 곧 "바울이 무엇을 **향해** 회심했는가?"라는 질문의 대답이 "그는 무엇**으로부터** 회심했는가?"라는 앞선 질문의 대답에 의존하는 방식을 탐구해야 한다.

바울의 이전 확신

바울 자신이 회상했듯이 그리스도인이 되기 이전의 바울이 보여준 가장 현저한 특색은 교회의 박해자, 곧 예수를 메시아로 믿는 동료 유대인들의 **박해자**라는 그의 역할이었다. 그는 그리스도인이 되기 이전의 이 과거를 몇 차례 언급한다. "나는 하나님의 교회를 박해했다"(고전 15:9). "나는 하나님의 교회를 심히 박해했고 그것을 파괴하려 노력했다"(갈 1:13). 그는 "열심에 대해서는 교회의 박해자"(빌 3:6)였다. 갈라디아서 1:23에서 바울은 자신이 유대 지역의 교회들 사이에서 공통적으로 "우리를 박해하는 자", "그 박해자"로 알려졌음을 회상한다.

바울은 왜 박해자라는 역할을 떠안았는가? 그 자신이 제공하는 대답은 방금 전에 언급되었다. 즉 바울은 자신이 가진 "열심"의 표현으로 그렇게 했다ー"열심에 대해서는 교회의 박해자"(빌 3:6). 바울에 관한 사도행전의 기술도 이 점에 동의한다. 사도행전에 따르면 바울은 자신이 "가말리엘의 문하에서" 바리새인으로서 훈련받았고, "우리 조상의 율법의 엄한 교육을 받았으며, 하나님께 대해 열심이 있는 자이고, 사람을 죽이기까지 이 도를 박해했다"(행 22:3-4)라고 말한다. 왜 바울의 "하나님께 대한 열심"이 그로 하여금 그 도(the Way)의 추종자들, 곧 나사렛 종파를 박해하도록 했을까? 왜 열심이 바울로 하여금 이후에 "하나님의 교회"라고 밝히는 자들을 박해하도록 그에게 동기를 부여했을까? 다소 놀랍게도 "왜 바울은 동료 유대인들을 박해했는가?"라는 우리의 질문에 대한 답은 그것이 마땅히 받아야 할 관심을 받지 못했다. 그것이 실제로 그 질문에 대한 바울 자신의 답변일지라도 말이다. 따라서 이는 이제껏 받은 것보다 더 많은 관심을 요구한다.

a. **바리새인.** 이 답은 부분적으로 바리새인으로서 바울이 받은 훈련에 있다. 그는 유대교에서 많은 동시대인들을 앞서갔고 조상의 전통에 예외적으로 열심이었던(갈 1:14) 바리새인이었다. 이제 우리는 "바리새인"이라는 명칭이 아마도 일종의 별명이었음을 안다. 이 명칭은 페루쉼(*perushim*), "분리된 자들"("분리하다"를 뜻하는 히브리어 파라쉬[*parash*]에서 유래)을 뜻한다.[1] 이것은 바리새인들의 확신을 나타내는 말이다. 곧 정결 또는 거룩함의 수준을 유지하기 위해서는 부정과 불경의 원천으로부터 높은 수준의 분리를 유지해야 한다는 확신이다. 바리새인들에게 부정과 불경의 원천은 그들과 같이 엄격한 수준으로 율법을 준수하지 않았던 다른 사람들이었다. 따라서 바리새인들은 다른 유대인들과는 떨어져서 자기들끼리 먹었던 것으로 잘 알려졌다. 그들은 아마도 성전에서 직무를 수행하는 제사장들에게 요구되는 수준의 정결을 유지하면서 음식을 먹었다.[2] 우리는 세리 및 죄인들과 함께했던 예수의 식탁 교제에 대한 비판—복음서가 바리새인들이 제기한 것으로 기록하는—에서 그

---

1 본서 5장 각주 25를 보라.

2 본서 5장 각주 26을 보라. 다음도 보라. A. J. Saldarini, *Pharisees, Scribes, and Sadducees in Palestinian Society* (Edinburgh: T. & T. Clark, 1988), 212-16, 233-34, 285-87, 290-91; M. Hengel and R. Deines, "E. P. Sanders 'Common Judaism,' Jesus, and the Pharisees," *JTS* 46 (1995): 1-70(위의 내용은 41-51); H. K. Harrington, "Did the Pharisees Eat Ordinary Food in a State of Ritual Purity?" *JSJ* 26 (1995): 42-54; J. Schaper, "Pharisees," in W. Horbury et al., eds., *Judaism*, vol. 3, *The Early Roman Period* (Cambridge: Cambridge University Press, 1999), 402-27(위의 내용은 420-21). 출 19:5-6에 근거하여 바리새인들이 성전의 거룩함을 이스라엘의 땅 전역으로 확장하기를 추구했다는 오래된 견해는 아마 아직도 정당하다(E. Schürer, *The History of the Jewish People in the Age of Jesus Christ* [rev. and ed. G. Vermes and F. Millar; 4 vols.; Edinburgh: T. & T. Clark, 1973-87], 2.396-400; A. F. Segal, *Rebecca's Children: Judaism and Christianity in the Roman World* [Cambridge: Harvard University Press, 1986], 124-28).

들의 행위에 관한 표시들을 발견한다.[3] "죄인들"은 율법을 어긴 자들이었다. 따라서 율법을 더 충실하게 준수하기 위해 면밀한 정확성과 엄격성(akribeia)을[4] 가지고 율법을 해석했던 바리새인들에게는 그들의 해석, 곧 그들의 할라코트(halakhoth)를 공유하거나 따르지 않는 다른 유대인들은 율법을 범한 자들 곧 "죄인들"이었다.[5]

바울은 이런 열심 있는 바리새인이었기 때문에, 우리는 위와 같은 추론이 그의 행동을 결정했다고 가정할 수 있다. 그리스도인이 되기 전의 신분을 고려하면 바울은 죄와 "죄인들"로부터의 구별을 유지하는 것을 가장 중요하게 여겼을 것이다. 그는 조상의 전통을 지키는 것을 우선된 일로 여기는 사람으로서(갈 1:14) 행동했을 것이다. 바울은 필시 그 우선순위를 공유하지 않는 다른 유대인들을 정죄하고 경멸했다. 그것은 "율법 안에 있는 의"가 요구하는 것이었고, 바울은 그런 의에 관한 자신이 "흠이 없다"고 주장할 수 있었다(빌 3:6). 여기서 바울은 자신이 죄 지은 것이 없다고 말하는 것이 아니다. 그는 자신이 율법의 요구에 대한 신실함과 실패에 대한 속죄를 포함하는 율법의 영역에서 온전히 살고 있음을 말하는 것이다.

그러나 그것에는 그보다 더 많은 내용이 있다. "열심"이라는 말은 우리를 더욱 깊은 곳으로 안내한다.

b. **열심 있는 자**(zealot). 이스라엘의 종교와 전통 안의 열심의 신학

---

3   마 11:19/눅 7:34; 막 2:16-17; 눅 15:2.
4   Josephus, *War* 1.110; 2.162; *Antiquities* 17.41; *Life* 191; 행 22:3; 26:5. 특히 다음을 보라. A. I. Baumgarten, "The Name of the Pharisees," *JBL* 102 (1983): 413-17.
5   본서의 5장도 보라.

(the theology of zeal)은 추적하기 어렵지 않다. "열심" 또는 "질투"(이 둘은 동일한 히브리어 단어 *qn'*이다)의 개념에 필수적인 것은 야웨가 열심인/질투하는 하나님이라는 근본적인 확신이었다. 야웨의 열심은 이스라엘이 다른 신들을 경배하지 말아야 하고 자신에게만 헌신해야 한다는 그의 주장 속에 표현되었다. "너는 그것들에게 절하지 말며 그것들을 섬기지 말라. 나 네 하나님 여호와는 질투하는 하나님인즉"(출 20:5).[6] 로이터(E. Reuter)에 따르면 야웨와 그를 섬기는 자들의 관계는 "배타성에 대한 관용 없는 요구로 특징지어진다. 그것은 '이스라엘을 위한 유일한 하나님이 되려는' 야웨의 의지다. 그리고…그는 경배와 사랑에 대한 그의 요구를 다른 어떤 신적인 세력과도 나누기를 원하지 않는다."[7] 70인역에는 하나님 자신이 "열심 있는 자"로 묘사된다.[8]

야웨의 "열심"은 야웨가 거룩하듯이 자신들도 거룩해지려는(레 19:2) 이스라엘의 "열심"을 위한 원형을 제공한 것으로 평가된다. 거룩함은 하나님만을 위해 구별됨으로 이해되었다. 그러나 하나님을 **위해** 그렇게 구별되는 것은 불가피하게 다른 나라들**로부터** 구별됨도 의미했다. 결과적으로 "열심"은 하나님을 위해 구별된 백성이라는 이스라엘의 정체성을 유지하기 위한 화급한 관심사였으며, 다른 나라들에 대항하여 이스라엘의 거룩함을 지키려는 열렬한 관심사였다.

---

6   동일한 내용이 다음 구절에도 나온다. 출 34:14; 신 4:23-24; 5:9; 6:14-15; 32:21; 11QT 2.12-13.

7   E. Reuter, *qn'*, *TDOT*, 13.54. Reuter는 다음을 인용한다. G. von Rad, *Old Testament Theology* (2 vols.; Edinburgh: Oliver and Boyd, 1962), 1.208. "내가 하나님의 열심으로 너희를 위하여 열심을 내노니"(고후 11:2)라는 고린도인들을 향한 바울의 호소는 이런 신적인 열심/질투에 대한 직접적인 반향이다.

8   출 20:5; 34:14; 신 4:24; 5:9; 6:15.

이스라엘의 가장 유명한 "열심 있는 영웅"은 비느하스였다. 한 이스라엘 사람이 미디안 여자를 비느하스의 장막 안으로(야훼의 회중 안으로) 데려왔을 때 비느하스는 즉시 그 두 사람을 죽였다. 이는 비느하스가 "하나님을 위하여 열심 있는 자였기 때문"이었다(민 25:6-13). 민수기 25:11에서 비느하스의 열심은 야훼의 열심에 대한 직접적인 반영으로 이해된다.[9] 그는 이 하나의 행동으로 인해 자주 기억되었고 그의 열심은 칭송되었으며,[10] 이후에 이스라엘의 대로마 항쟁을 이끌었던 열심당 (Zealots)을 위한 모델과 영감이 되었다.[11]

우리는 열심을 가진 영웅들과 관련하여 이스라엘의 명부에 있는 다른 예들을 다음과 같이 쉽게 열거할 수 있다.

- 시므온과 레위는 "열심으로 불타올랐고" 그들의 여동생 디나를 향한 유혹, 곧 "그들의 피의 오염"(Jdt. 9.2-4)에 대해 복수했다. 그들은 복수의 방법으로 디나를 유혹한 마을의 거주민들을 살육했다(창 34장).

- 시리아 군주들에 대항한 마카비 반란은 모디인(Modein)의 맛다

---

9 "모세를 위한 여호수아의 열심과 같이(민 11:29), 야훼를 위한 비느하스의 열심은 야훼 자신의 질투를 실현한다.…그렇지 않으면 이는 이스라엘 모두를 소멸시켰을 것이다"(Reuter, qn', TDOT, 13.56). A. Strumpff가 진술했듯이(TDNT, 2.879), 이 용어("열심")는 "분노"(신 29:20) 및 "격노"(민 25:11; 겔 16:38, 42; 36:6; 38:19)와 연관된다. 다음도 보라. 1QH17[=9].3; 4Q400 1.1.18; 4Q504 frag. 1-2 3.10-11; 5.5. 이와 유사한 것으로 다음도 보라. M. Hengel, The Zealots (1961, [2]1976; ET Edinburgh, T. & T. Clark, 1989), 146-47.

10 시 106:28-31(그 행위는 "그에게 의로 여겨졌다"); Sir. 45.23-24("주를 경외하는 일에 열심을 다한 영광에서 세 번째"); 1 Macc. 2.26, 54("우리의 조상 비느하스는 매우 열심이 있었기 때문에 영원한 제사장직의 언약을 받았다"); 4 Macc. 18.12.

11 Hengel, The Zealots, ch. 4.

디아(Mattathias)가 촉발했다. 그는 "열심으로 불타올라", "율법을 위한 열심으로", 마치 비느하스의 열심과 같이, 시리아군 장교와 금지된 희생을 드리도록 강요받아 배교했던 동료 유대인을 처형했다(1 Macc. 2,23-26). 맛다디아는 "율법을 위해 열심이며 언약을 지지하는 자들은 모두 나를 따르라"(2,27; Josephus, *Antiquities* 12,271)라고 외치며 항전을 독려했다. 그가 임종의 자리에서 증언한 것은 이스라엘의 영웅들이 보여준 열심에 대한 찬가였다(1 Macc. 2,51-60).

■ 필론은 위와 동일한 태도를 증언한다. 바울이 박해자로서 활동하기 불과 십여 년 전에 필론은 "율법을 위해 열심을 품은 자들, 조상의 전통에 대한 엄격한 수호자들로서 그 전통을 전복하는 일을 행하는 자들에게는 무자비한 수천 명이 있다"고 경고했다 (*On the Special Laws* 2,253).

■ 미쉬나에 보존된 규정들도 동일한 정신을 보여준다. "만약 한 남자가…아람 여자를 그의 정부로 삼았다면, 열심 있는 자들이 그를 덮치리라. 제사장이 (제단에서) 부정한 상태로 섬겼을 때, 그의 형제 된 제사장들은 그를 법정으로 데려가지 않고, 그 제사장들 중 청년들이 그를 성전 뜰 밖으로 데려가 몽치로 그의 머리를 쪼개었다"(*m. Sanhedrin* 9,6).

이런 증거에 비추어볼 때 우리는 "주/토라를 위한 열심"이라는 전통이 특히 세 가지 모습으로 특징지어졌음을 알 수 있다.

1. 이 열심의 전통은 동료 유대인들이 율법을 무시하는 것을 보았

을 때 시작되었다. 특히 **하나님을 위한 이스라엘의 구별됨과 이
방 나라들과 그들의 신들의 부정함으로부터 분리되는 이스라엘
의 구별됨이 위협받거나 타협되었음**을 의미했을 때 시작되었다.

2. 그것은 외국인인 "다른 사람들"—이스라엘의 경계선들에 대한
침범을 나타내는—을 향했던 만큼 (타협하는) **동료 유대인들을
향했다.**[12]

3. 그것은 (열심 있는 자들이 보기에) 하나님을 위한 이스라엘의 배타
적인 구별됨과 하나님 앞의 거룩함에 대한 심각한 위험 때문에
필요하게 되었을 때 자주 **폭력과 살육을 동반했다.**

물론 이 모두는 왜 "열심당"(Zealots)이 60년대에 대로마 항쟁을 이
끌었던 사람들을 위한 명칭으로 사용되었는지를 설명해준다. 그들의 항
쟁은 하나님만을 위한 충성을 견지하고, 하나님을 위한 구별됨과 이방
나라들로부터의 구분됨을 유지하려는 제2성전기 유대교의 궁극적인 시
도였다.

즉각적으로 우리의 주목을 끄는 것은 이 세 가지 특색이 메시아 예
수를 믿는 유대인들을 바울이 박해한 일에 대해 놀랍도록 정확한 묘사
를 제공한다는 점이다. 바울의 박해는 동료 (헬라파) 유대인들을 향했고
문서로 기록된 열심의 전통이 그랬던 만큼 격렬했다. "나는 하나님의 교
회를 심히 박해했고 그것을 없애려 노력했다"(갈 1:13). 이스라엘의 열

12 1 Macc. 1.34와 2.44, 48의 "죄인들과 무법한 자들"은 분명히 마카비 가문의 사람들이
배교자 유대인들, 율법을 저버린 이스라엘인들로 여겼던 자들을 포함했다. 내 다음 연
구도 보라. "Pharisees, Sinners and Jesus," in *Jesus, Paul, and the Law* (London: SPCK;
Louisville: Westminster John Knox, 1990), 61-86(위의 내용은 74).

심이라는 전통이 지닌 위의 세 가지 특색 중 마지막 두 가지는 바울 자신의 박해하는 열심(**동료 유대인들을 향한 폭력**)과 필적하기 때문에, 이는 첫 번째 특색도 바울의 열심에 해당했음을 암시해준다. 즉 바울은 아마도 스데반의 견해에 동조하는 헬라파 유대인들을 **하나님을 향한 이스라엘의 구별됨에 대한** 일종의 **위협**으로 간주했기 때문에 초기 그리스도인들을 박해했을 것이다. 우리가 충분히 설명할 수 없는 이유들로 인해 바울은 일부 (대표적) 헬라파 유대인들의 태도와 행동이 이스라엘의 거룩함과 구별됨을 위협한다고 간주했던 것으로 보인다. 아마도 바울은 헬라파 유대인들이 제기한 위협을 율법이 세웠고 그 율법을 행함으로써 유지되는 방어용 경계선들을 잠재적으로 침범하는 것으로 여겼을 것이다. 그것은 "율법을 위한 열심"으로도 묘사될 수 있다. 그러나 이 경우에 그것은 이방 나라들의 타락과 불경에 대항하는 성벽의 역할을 하는 율법이었다. 율법의 역할에 관한 이런 이해는 「아리스테아스의 편지」(*Letter of Aristeas*) 139-142에 고전적으로 표현된다.

> 그의 지혜를 통해 입법자[곧 모세]는…우리가 다른 어떤 민족들과 어떤 문제로도 섞이는 것을 막기 위해, 따라서 몸과 혼을 깨끗하게 유지시키기 위해 우리를 깨어지지 않는 울타리와 철벽으로 둘러쌌다.…우리가 다른 이들과 접촉하거나 악한 영향들과 섞임으로써 타락하는 것을 막기 위해 그는 육류와 음료, 만지고 듣고 보는 것과 연관된 엄격한 규칙 준수로 모든 측면에서 우리를 둘러쌌다(Charlesworth).

만약 율법의 이런 기능이 바울이 무엇으로부터 회심했는지를 설명해준다면, 다시 말해 율법의 방어용 경계선들 안으로 피하려는 바울의 관심과 이방인들로부터 분리됨으로써 이스라엘의 거룩함을 유지하려는 열심이 그가 무엇으로부터 돌이켰는지를 설명해준다면, 바울은 무엇을 향해 회심했는가?

바울은 무엇을 향해 회심했는가?

a. 하나의 답은 예수가 실로 하나님의 메시아라는 결론에 바울이 도달했다는 것이다. 실제로 예수를 메시아로 믿는 신앙은 예루살렘 유대인들을 지속적으로 박해하는 열심에 동기를 부여했던 것으로 보이지 않는다. 그러나 분명히 "박해자" 바울은 예수가 이스라엘의 메시아가 **아니었다**고 확신했을 것이다. 예수는 십자가에 달린 범죄자로서 하나님의 저주 아래 있었다(갈 3:13). 십자가에 달린 메시아는 납득될 수 없었고, 실제로 유대인들에게는 일반적으로 "거치는 돌"이었다(고전 1:23). 그러나 다메섹으로 향하는 길 위에서 바울은 그리스도와 조우했고, 그리스도가 살아 있으며 하늘로 올리어진 것을 보았다(고전 9:1; 15:8). 갈라디아서 1:15-16에서 바울은 자신의 회심을 하나님이 "내 안에" 그의 아들을 계시한 것으로 묘사한다. 그리고 빌립보서 3:7-11에서 바울이 이전에 의지했던 모든 것을 "배설물"로 여기도록 만든 것은 그리스도를 얻은 놀라움과 그리스도 안에서 발견되고 그의 죽음과 부활에 온전히 참여하는 소망이라는 점이 분명하다. 사도행전에 따르면 하늘에 있는 그리스도는 바울을 막아섰고 다메섹 길 위에서 그를 쓰러뜨렸다. "사울아, 사울아, 네가 어찌하여 나를 박해하느냐?…나는 네가 박해하는 예

수라."¹³ 그 사건의 세부 사항이 무엇이든지, 그것은 틀림없이 바울을 산산이 부숴놓은 일격이었고, 바울 자신이 예수에 대해 전적으로 잘못 생각했다고 확신하게 만들었음이 분명하다. 바울은 이전에 자신이 부정했던 것을 향해 회심했다.

b. 이것과 연결된 것은 바울이 박해했던 자들이 **결국 옳았다**는 계시적 깨달음이었을 것이다. 바울은 이방인들로부터의 구별됨을 유지하는 이스라엘의 정책을 그들이 파기했다는 이유로, 곧 그들이 율법이 허락하는 것보다 이방인들에게 더욱 개방적이라는 위협 때문에 그들을 박해했다. 따라서 바울의 회심은 아마도 그런 개방성으로의 회심도 포함했을 것이다. 이것은 실제로 바울이 갈라디아서 1:15-16에서 "내가 이방인들 사이에서 그에 대한 복음을 전하기 위해" 하나님이 그의 아들을 자신 안에 드러내셨다고 분명히 진술하는 내용이다. 이것은 몇몇 학자가 다메섹 길 위에서 일어난 일은 **회심**이라기보다 **위임**이었다고 주장하는 이유다. 이 두 측면을 반드시 서로 배타적으로 평가할 필요는 없다. 우리는 바울의 회심이 실제로 무엇으로부터의 돌이킴이었다는 것을 이미 충분히 살펴보았다. 그러나 바울이 자신의 회심이 지닌 위임의 성격을 그렇게나 강하게 강조했다는 점은 매우 관심을 끈다. 이것은 자신이 사도라는 그의 주장(갈 1:1, 11-12)에 담긴, 바울에게는 성패가 달린 문제였다. 그는 주를 보았기 때문에 사도였다(고전 9:1). 바울의 사도 직분은 "이방인의 사도"(롬 11:13), 곧 지도적인 예루살렘의 사도들이 예루살렘에서 그를 만났을 때 기꺼이 인정한 책무였다(갈 2:7-9). 그리고 이

---

13 행 9:4-5; 22:7-8; 26:14-15.

대목에서 사도행전 역시 바울 서신들과 일치한다는 점도 주목할 가치가 있다. 바울의 회심에 관한 세 가지 기술 각각은 복음을 이방 나라들에게 전해야 하는 바울의 책무라는 요소를 포함한다.[14] 다시 말해 **자신이 그렇게 격렬히 반대했던 바로 그 성향을 취하여 활동적인 선교로 변화시킨 것은 회심자 바울**이었다. 이방인들을 향한 헬라파의 개방성은 사도 바울의 이방 선교가 되었다.

c. 우리가 7장에서 살펴보았듯이 바울은 이것을 그의 유대교 유산에 대한 배신으로 여기지 않았다. 이와 정반대로 예수 그리스도의 사도로서 그는 이스라엘의 사도였으며, 이스라엘을 떠난 배교자가 아니었다. 그의 책무는 이방의 빛이 되라는 이스라엘의 책무를 위한 성취를 지향했다. 다른 곳에서 바울의 주장은 이스라엘의 근본적 신조에 대한 그의 상세한 해설에 의해 강화된다. 로마서 3:29-30에서 바울은 바로 이 점을 강조한다. 즉 만약 하나님이 실제로 유일한 분이라면(신 6:4), 그는 단순히 유대인의 하나님일 뿐만 아니라 이방인들의 하나님이기도 하다. 따라서 하나님은 믿음을 통해 할례 받은 자들을 의롭다고 하시는 것처럼, 할례 받지 않은 사람들도 믿음을 통해 의롭다고 하실 것이다.

바울의 복음이 지닌 동일한 기본 논리는 "**하나님의 의**"라는 핵심 모티프의 용례 안에 명시된다. 우리가 기억하듯이 이 표현은 바울의 신학적 주요 저작, 곧 로마서의 주제 진술의 핵심에 위치한다.

내가 복음을 부끄러워하지 아니하노니, 이 복음은 모든 믿는 자에게 구원

---

14   행 9:15; 22:15, 21; 26:16-18.

을 주시는 하나님의 능력이 됨이라. 먼저는 유대인에게요 그리고 헬라인에게로다. 복음에는 하나님의 의가 나타나서 믿음으로 믿음에 이르게 하나니, 기록된 바 "오직 의인은 믿음으로 말미암아 살리라" 함과 같으니라 (롬 1:16-17).

이스라엘의 경전에 대한 지식을 가진 사람이라면 아무도 하나님이 그의 창조세계와 선택한 백성(이스라엘)을 어떻게 대하시는가에 대한 이스라엘의 신학과 이해의 주요 모티프를 여기서 인식하지 못할 수 없을 것이다. 히브리 사상에서 "의"는 관계로부터 파생하는 **의무의 충족**을 지칭하기 때문이다. 따라서 "하나님의 의"라는 표현은 **하나님이 세상을 창조하고 이스라엘을 그의 백성으로 선택하면서 받아들인 의무를 하나님 자신이 실천하는 것**을 지칭한다.[15] 하나님의 의는 창조세계와 사람들을 보존하고 구원하기 위해 하나님 자신이 감당하는 의무다. 유대인들에게 하나님의 의는 필연적으로 언약의 함의를 지녔다. 그것은 하나님의 **구원하는** 의를 가리킨다. 이 점은 히브리어 단어 체다카 (*tsedhaqah*, 의)가, 현대 번역들에서 보듯, 종종 "구조"(deliverance) 또는 "신원"(vindication)으로 더 잘 번역되는 이유다.[16] 하나님의 의가 복음 곧 "**구원**을 위한 하나님의 능력"에 의해 드러났기 때문에, 바울은 그의 편지를

---

15 관계적 용어로서의 "의" 곧 그 또는 그녀가 속한 관계가 개인에게 부과한 의무들을 충족하는 것을 나타내는 "의"에 대해서는 내 책 *The Theology of Paul the Apostle* (Grand Rapids: Eerdmans; Edinburgh: T. & T. Clark, 1998), 341-44과 그곳의 참고문헌을 보라. 또한 나는 하나님의 의가 지니는 관계적인 성격이 "하나님의 의"가 주격 속격인가 아니면 목적격 속격인가, 즉 "하나님의 행위"인가 "하나님이 부여하는 선물"인가에 관한 개혁신학 이후의 전통적인 논쟁들의 토대를 약화시킨다는 점도 주목한다. 이것은 불필요하고 정당화될 수 없는 양자택일의 주석이다(344).

16 예. 시 51:14; 65:5; 71:15; 사 46:13; 51:5-8; 62:1-2; 미 6:5; 7:9.

받는 자들이 이 "의"를 **구원하는** 의로 이해할 것을 확실히 하기 위해 노력했다. 마르틴 루터(Martin Luther)는 이 의가 바울이 마음에 두었던 것이었음을 깨달았다. 곧 구원하는 의로서의 "하나님의 의"이지 "정의"로서의 하나님의 의가 아니었다.[17] 전자가 의미하는 의는 "그것으로써 하나님이 은혜와 전적인 자비를 통해 우리를 의롭게 하는" 것이며, 후자가 말하는 정의는 "그것을 통해 하나님이 정의롭고 불의한 자들을 처벌함에 있어 공평하게 처리하는" 것이다. 루터의 깨달음은 종교개혁과 "이신칭의"라는 종교개혁의 핵심 교리를 낳았다.

물론 바울에게 핵심이 되는 사항은 이 복음이 **"첫째는 유대인 그리고 이방인을 포함한 모든 믿는 자들"**을 위한 것이라는 점이었다. 이것은 "모든 믿는 자들을 위한"(순진한) 보편주의의 단순한 진술이 아니다. 바울이 생각했던 "모두"는 로마서의 다른 곳과 같이[18] 여기서도 유대인과 헬라인 사이의,[19] 유대인과 이방인 간의[20] 장벽을 초월하고 타파하는

---

17 *Luther's Works* (ed. J. Pelikan; St Louis: Concordia, 1960), 34.336-37. 이것은 다음에서 인용된다. R. Bainton, *Here I Stand* (London: Hodder and Stoughton, 1951), 65; 전체 인용은 내 다음 연구를 보라. *New Perspective on Paul: Collected Essays* (Tübingen: Mohr Siebeck, 2005; 2nd ed., Grand Rapids: Eerdmans, 2008), 187. 다음도 보라. E. Lohse, "Martin Luther und die Römerbrief des Apostels Paulus—Biblische Entdeckungen," *KD* 52 (2006): 106-25.

18 "모든 이방인 중에서"(1:5); "모든 믿는 자에게"(1:16); "모든 믿는 자에게"(3:22); "믿는 모든 자의 조상"(4:11); "모든 후손에게"(4:16); "많은 사람"(5:18); "우리 모두를 위해 그의 아들을 주셨다"(8:32); "모든 믿는 자에게"(10:4); "모든 믿는 자"(10:11); "그는 모든 사람의 주가 되사 그를 부르는 모든 사람에게 부요하시도다"(10:12); "주의 이름을 부르는 모든 자"(10:13); "하나님이 모든 사람을 순종하지 아니하는 가운데 가두어 두심은 모든 사람에게 긍휼을 베풀려 하심이로다"(11:32); "모든 열방들, 모든 백성들"(15:11). 다음 본문들의 "모두" 속에도 반영된다. 1:18, 29; 2:1, 9, 10; 3:9, 12, 19, 20, 23; 5:12.

19 롬 1:16; 2:9-10; 3:9; 10:12.

20 롬 3:29; 9:24.

"모두"였다. 따라서 바울이 선포하도록 위임받은 복음은 그에게 정확히 하나님의 구원하는 의 곧 언약적 은총의 기쁜 소식이었다. 또한 이 기쁜 소식은 이제 이방인도 품기 위해 유대인을 넘어서 확장되었다. 그것은 바울이 다메섹 길 위의 회심으로 인해 확신하게 된 것이었다. 그것은 바울에게 복음─유대인과 헬라인을 위한, 유대인뿐만 아니라 이방인을 위한 이스라엘의 기쁜 소식─의 핵심에 자리했다.

하나님의 영/은혜의 확증

우리는 인류를 위한 하나님의 구원 목적에 대한 바울의 이해를 변화시키는 데 있어 바울의 회심이 지닌 중요성을 어떤 방식으로든 축소시키지 않으면서 또 다른 요소에도 주목해야 한다. 그 요소는 이방인들을 향한 하나님의 구원하는 은혜의 개방성에 대한 바울의 확신이 **이방인들에게 수여된 그 은혜의 실제성에 의해 확증되었다**는 사실이다. 이것은 오로지 이방인들이 예수 그리스도의 복음을 믿은 것에 기초해서 동일한 은혜가 그들에게 할례 없이 주어졌다는 사실을 포함한다. 이 점은 초기 기독교 선교의 두 가지 사항에서 결정적으로 명확해졌다.

사도행전 10-11장

사도행전에 따르면 첫 번째는 가이사랴에 거주하는 로마 군대의 백부장 고넬료를 향한 베드로의 전도였다(행 10-11장). 이 설명의 가장 현저한 특색 중 하나는 고넬료가 회심하기 전에 **베드로 자신이 회심해야 했다**

는 점, 곧 베드로가 이방인들을 받아들이는 것에 관한 생각을 바꿔야 했다는 점이다. 이 일화는 생생하게 전해지며, 누가는 이를 적어도 세 번 언급하는데, 그것은 이 일화가 초기 기독교의 발전과 변화를 결정하는 데 명백하게 중요했기 때문이다.

베드로의 회심은 **이방인의 본래적인 부정함**이라는 쟁점에 관한 것이었다. 자신을 다른 나라들로부터 구별된 상태로 유지해야 하는 이스라엘의 필요 이면에 놓여 있고 박해하는 바울의 열심의 뿌리에 놓인 것은 이방인의 부정함에 대한 이런 확신이었다. 정결한 음식과 부정한 음식에 관한 토라의 율법들은 **동일한** 확신의 표현이다. 정결법은 이방인의 부정함이라는 전제를 기초로 했고 이스라엘에게 요구된 구별을 강화했다. 이것은 다른 어느 곳보다 레위기 20:23-26에서 더욱 분명하게 나타난다.

> 너희는 내가 너희 앞에서 쫓아낼 민족의 풍속을 따라서는 안 된다. 그들이 바로 그런 풍속을 따라 살았기 때문에, 내가 그들을 싫어했다.…**나는 너희를 여러 백성 가운데서 골라낸 주 너희의 하나님이다. 그러므로 너는 정한 짐승과 부정한 짐승, 부정한 새와 정한 새를 구별해야 한다.** 내가 너희에게 부정하다고 따로 구별한 그런 짐승이나 새나 땅에 기어 다니는 어떤 것으로도 너희 자신을 부정하게 해서는 안 된다. **나 주가 거룩하니, 너희도 나에게 거룩한 사람이 되어야 한다. 나는 너희를 뭇 백성 가운데서 골라서 나의 백성이 되게 하였다.**

다시 말해 **정함과 부정함에 관한 율법 규정들은 이방 나라들의 부정함으로부터 이스라엘이 구별되는 것의 중요성을 나타내기 때문에 중**

요했다.

　이런 점을 인식하는 것은 욥바의 지붕에서 베드로가 환상을 보았을 때 반발했던 이유를 이해하는 데 도움이 된다. 그 환상은 하늘로부터 내려오고 정결한 동물과 부정한 동물들로 가득한 큰 천에 관한 것이었다. 하늘의 목소리가 베드로에게 "잡아먹어라"라고 말했을 때 베드로의 즉각적인 반응은 거절이었다. "결코 그럴 수 없습니다. 속되고 깨끗하지 않은 것을 내가 결코 먹은 적이 없습니다"(행 10:13-14). 베드로는 충성된 유대교 전통주의자로 묘사되는데, 그는 결코 정결법을 범한 적이 없었다. 그러나 하늘의 목소리는 즉시 이런 태도를 꾸짖는다. "하나님께서 깨끗하게 하신 것을 너는 속되다 부르지 말아야 한다"(10:15). 누가는 이것이 세 번 반복되었다고 말한다. 베드로는 이 경험으로부터 무엇을 배웠는가? 고넬료가 보낸 심부름꾼들이 베드로를 고넬료의 집으로 초대했을 때, 그는 묻지 않고 그들과 함께 고넬료의 집으로 갔다. 그리고 베드로가 도착했을 때 가장 먼저 말한 것은 무엇인가? 그것은 하나님이 그에게 부정한 음식을 먹어도 좋다는, 그를 초대한 이방인 주인과 함께 식탁 교제를 나눠도 좋다는 점을 보여주셨다는 것이 아니었다. 그가 말한 것은 "하나님께서 어떤 **사람**이든지 속되거나 부정하다 하지 말라"(10:28)고 명하셨다는 것이다. 우리는 이것이 바울의 회심과 완전히 동등한 것이었다고 말할 수 있다. **바울**이 이방인들을 향한 개방성을 이스라엘의 거룩함에 대한 위협으로 간주했던 모습에서 변화된 것처럼, **베드로**도 이방인들을 부정하게 여기고 이스라엘의 정결함에 대한 위협으로 간주했던 모습에서 변화되었다.

　그러나 이 이야기는 완결되지 않는다. 왜냐하면 그것은 베드로의 회심으로 시작되었듯이 고넬료의 회심으로 절정에 이르기 때문이다. 고넬료의 환영을 받은 다음에 베드로는 고넬료와 그의 친구들에게 복음을 전했다. 그리고 사도행전이 이야기하듯이(11:15), 성령이 그의 청중 위에 가시적이며 부인할 수 없는 방법으로 임했을 때(10:44; 11:15), 베드로는 아무런 말을 할 수 없었다. 고넬료에게 일어난 일은 오순절에 베드로와 첫 제자들에게 일어난 일과 너무나 유사한 나머지 그들은 하나님이 고넬료와 그의 친구들을 받아들이셨음을, 즉 먼저 할례 받거나 이후에 할례 받아야 한다는 어떤 기대 없이 그렇게 하셨음을 인정하지 않을 수 없었다.[21] **이것은 하나님의 성령이 지금껏 유대인의 믿음과 행위를 지배했던 신성한 전통들과는 상관없이 활동한 사례였다.** 성령은 이스라엘의 가장 결정적인 정경적 규범들 중 하나를 무효로 만들었다. 심지어 더욱더 전통적인 유대인 신자들, 곧 베드로와 동행했던 자들과 예루살렘에서 베드로의 보고를 받은 자들 모두는 이미 일어난 일과 그것의 중요성을 부인할 수 없었다.[22]

갈라디아서 2:6-9

사도행전의 기술에 따르면 초기 그리스도인들이 이방인 신자들에게 할례를 요구해야 하는가를 결정하기 위해 예루살렘에서 공의회로 모였을 때 결정적으로 작용한 것은 바로 이 일화였다(행 15:5-29). 동등하게 중요한 이 결정에 대해 바울은 어느 정도 다르게 회상한다. 갈라디아서 2:1-10에서 바울은 어떻게 일부 "거짓 형제들"이 아마도 동일한 예루

---

21   행 10:47; 11:15-17; 15:8-9.
22   행 10:45-48; 11:18; 15:14.

살렘 회의에서,[23] 바울과 바나바와 동행했던 이방인 신자 디도가 할례 받아야 한다고 주장하려 했는지를 말한다. 바울은 자신이 이런 주장에 반하여 얼마나 격렬하게 저항했는지를 회상한다. 이것은 기본적으로 사도행전의 기록이 전하는 쟁점과 동일하다. 곧 복음을 믿은 이방인들이 예수를 메시아로 믿는 유대교 종파의 정회원으로 간주되기 전에 할례를 받아야 하는가에 관한 논쟁이다. 그리고 그 결과는 기본적으로 동일했다. 바울이 말하기를, 참석한 그리스도인들은 바울과 바나바의 성공적인 선교에 대한 바울의 보고에 매우 감동한 나머지 바울이 내린 결론들을 수용하는 것 외에는 다른 선택의 여지가 없었다. **그들은** 매우 명백하게 바울과 바나바에게 주어진 그리고 그들을 통해 주어진 **은혜를 인정했다.** 그들은 하나님이 할례 받은 자들을 향한 베드로의 선교를 통해 일하셨던 것처럼 할례 받지 않은 자들을 향한 선교를 통해서도 일하시는 것이 명백함을 인정했다(갈 2:7-9). 바울은 "은혜"와 "성령"을 중첩되는 단어로 보았기 때문에,[24] 아마도 몇 구절 뒤에서 그가 갈라디아 신자들에게 그들이 성령을 받았음을 상기시킬 때 사용한 말에서 자신의 회심자들에게 나타난 하나님의 은혜를 생각하고 있었을 것이다(3:2-5).

이것은 이해해야 할 매우 중요한 사항이다. 곧 **기독교의 발전은 성령의 명백한 활동에 의해 새로운 궤도로 이동되었다.** 만약 **경전을 허무는, 곧 전통을 허무는 기대하지 못했던 성령의 선도**가 없었다면, 기독교는 유대교의 메시아 종파로 남았을 것이다. 성령은 초기 그리스도인들을 위해 완전히 새로운 전망을 열어주었다. 그리고 그들은 성령이 보

---

23 하지만 이 점은 논란의 대상이다. 내 다음 연구를 보라. *Christianity in the Making*, vol. 2, *Beginning from Jerusalem* (Grand Rapids: Eerdmans, 2009), #27.3.

24 내 *Theology of Paul*, 322과 각주 28을 보라.

여주는 길을 따르기에 충분할 만큼 용기 있고 대담했다. 만약 우리가 사도 바울, 신학자 바울, 교회 설립자 바울을 온전히 이해하고자 한다면, 그의 복음이 지닌 이 생동하는 측면을 충분히 고려해야 한다. 바울은 그리스도로 인해 회심한 후 하나님의 구원하는 의가 유대인뿐만 아니라 이방인도 받아들이기 위해 손을 내밀었음을 인식했다. 이런 인식 후에 바울은 경전이 확립시켰고 전통이 거룩하게 한 옛 패턴들과 하나님의 성령이 결별하고 있다는 사실도 빠르게 인식한다. **이는 그리스도인들이 바울을 다시 발견하고, 바울로 하여금 우리 자신의 전통이 더 이상 성령의 생명을 나타내지 않는 곳에서 그 전통을 향한 새로운 도전을 제기하도록 하며, 성령의 주도가 어떻게 우리를 뜻밖의 방향으로 또다시 이끄는지에 대한 새로운 비전을 우리에게 회복시켜야 할 이유다.**

칭의의 이중적 차원

이 모두에서 나오는 필연적 귀결 중 하나는 복음에 필수적이며 근본적인 **사회적** 차원이 존재한다는 점이다.

a. 우리 모두가 알고 있듯이 이신칭의라는 바울의 교리는 서구 종교개혁의 핵심에 위치한다. 그러나 전형적으로 개혁신학 안에서 칭의(justification)라는 교리는 매우 개인주의적인 측면에서 이해되었다. 개인이 어떻게 하나님께 받아들여지는가? 개인이 어떻게 하나님과 화평할 수 있는가? 이런 이해의 일부로서 "사람은 율법의 행위가 아니라 예수 그리스도를 믿음으로 의롭게 된다"(갈 2:16)라는 바울의 표어는 전통적

으로 믿음과 선한 행위 사이의 대립이라는 시각에서 이해되었다. 개인은 선한 일을 행함으로써 하늘로 가는 길을 얻을 수 없다. 공로나 자기 성취를 통해 하나님 앞에서 칭의를 얻을 수 없다.

이것은 모두 진실이다. 그리고 바울은 하나님이 "경건하지 아니한 자를 의롭다 하신다"(롬 4:5), 하나님은 은혜로 일하신다(11:6)라고 명확하게 단언한다. 그러나 전형적인 개혁신학의 해석은 칭의에 관한 바울의 가르침이 지닌 한 가지 중요한 차원—사실 바울이 전한 복음과 가르침의 핵심이었던—을 제외했다.[25] 바울이 "율법의 행위"에 대해 말했을 때, 그는 애초에 "선한 일"을 생각하지 않았다. 그는 율법의 요구를 행하는 것을 생각하고 있었다. "율법의 행위"를 통해 바울은 유대인들이 맡았던 의무들, 곧 토라의 규정을 실천하고 율법에 따라 살아야 할 의무들을 주로 생각했다. 이런 이유로 **이방인들**이 율법의 행위를 행할 것으로 기대되어야 하는가라는 문제는 바울에게 쟁점이 되었다. 이것은 갈라디아서 2:16에서 바울의 위대한 진술이 그가 베드로의 시도를 거부한 일에서 절정이 되는 이유였다. 베드로는 사실상 안디옥의 이방인 신자들에게 "유대화하도록", 다시 말해 유대인들처럼 살도록(2:15) 강요했다. 율법의 행위를 따르는 것은 유대화하는 것, 곧 유대인처럼 사는 것이었다. 이것은 모든 쟁점이 갈라디아서 2장에서 회상되는 두 가지 일화로부터 발생한 이유였다. 이 두 가지 일화는 예루살렘에서 이방인 신자들에게 할례를 요구했던 시도와, 안디옥에서 이방인 신자들에게 정결법을 준수하도록 요구했던 시도다. 이는 거짓 형제들과 베드로가 이방인 신자들에게 강요하려고 시도했던 율법의 행위였다. 바울은 복음을 타협

---

25 칭의의 바울 신학에 관한 내 이해에 대해서는 *Theology of Paul*, #14를 보라.

하고 제한하려는 이런 시도에 매우 격렬하게 저항했다.[26]

그렇다면 우리가 살펴보았듯이 바울에게 중요한 사항은 예수 그리스도의 복음이 **모든** 믿는 자 곧 유대인뿐만 아니라 이방인을 위한 기쁜 소식이라는 점이었다. 다르게 표현하면 복음은 유대인과 이방인이 함께 하나님을 섬기도록 하는 그분의 목적의 성취다. 이 점은 바울이 쓴 두 개의 다른 단락에서 가장 명확하게 드러난다.

b. 위대한 편지인 로마서의 결론에서(롬 15:7-12), 바울은 이 편지가 무엇에 관한 것인지와, 자신의 삶과 선교를 위한 핵심적인 열망으로 여기는 것을 요약하고 마무리한다. 그는 로마의 독자들에게 그리스도가 "할례 받은 자들의 종이 되었음"(15:8)을 상기시킨다. 왜? "하나님의 **진리**를 위해", 하나님의 미쁘심과 정직, 그리고 그분의 목적의 불변성을 위해서다.[27] 바울은 이런 하나님의 목적이 언제나 이중적이었고 여전히 그렇다고 말할 것이다(15:8-9). 첫 번째 목적은 선조들에게 주어진 약속들을 확증하는 것이다. 11:29에서와 같이 바울은 이스라엘에 대한 하나님의 부르심이 지닌 변할 수 없는 본질을 다시금 주장한다. 그리고 두 번째는 "이방인들이 하나님의 자비로 인해 그를 찬양해야 한다"

---

26 나는 이 주석과 관련된 모든 쟁점을 *New Perspective on Paul*에서 다룬다. 가톨릭과 개신교 사이의 오래된 논쟁들과 오해들은 루터교 세계 연합과 로마 가톨릭교회가 내어놓은 *Joint Declaration on the Doctrine of Justification* (Grand Rapids: Eerdmans, 2000)으로 거의 완벽하게 해결되었다. 예. D. E. Aune, ed. *Reading Paul Together: Protestant and Catholic Perspectives on Justification* (Grand Rapids: Baker Academic, 2006)을 보라.

27 롬 3:4, 7과 같이 여기서도 바울은 히브리어 ʾĕmunah와 ʾĕmeth(양자는 신뢰성을 의미하고, "신뢰"와 "신뢰할 만함"도 뜻한다)에 근거해 언어유희를 사용한다. 내 다음 연구를 보라. *Romans* (WBC 34A; Dallas; Word, 1988), 133, 135-36, 847. 그리고 다음도 보라. *NIDB* 2 (2007), 407-23.

는 것이다("자비"는 하나님의 목적에 대한 이스라엘과 바울의 이해 모두에서 핵심 단어다).[28] 특히 여기에 다음의 확증이 있다. 곧 **그 비전의 실현이 바로 바울의 복음과, 그의 사도직과 선교를 위한 주된 동기 부여에 가장 중요했다는 확증이다. 이 비전은 하나님이 이스라엘에게 주신 약속들의 성취와, 하나님의 자비로 인해 그분을 찬양하는 이방인들이다.** 여기서 바울은 갈라디아서—그가 복음과 하나님의 구원하는 의에 대한 자신의 이해를 가장 조심스럽고 가장 완벽하게 제시한 서신—의 정점으로서 자신의 소망과 기도를 타나크(Tanak)의 모든 부분, 곧 율법(신 32:43)과 예언서(사 11:10) 및 시편(시 18:49; 117:1)으로부터 가져온 경전 안에 요약한다. 바울에게 최고의 목표와 숭고한 희망은 유대인과 이방인들이 함께 기뻐하고 함께 하나님을 찬양하는 것이며(롬 15:9-11), 열방(이방인들)을 아우르는 메시아의 통치와 메시아 안에서 희망을 찾는 이방인들에 대한 이사야의 환상(사 11:10)이 마침내 실현되리라는 것이었다(롬 15:12).

c. 또 다른 단락은 에베소 사람들에게 보낸 편지가 바울의 선교와 신학을 명확하게 만든다는 설명이다. 왜냐하면 이 단락에서 **그리스도의 구원하는 선교는 이방인들을 받아들이는 것**이라고 주장하기 때문이다. 그들은 "그리스도 밖에 있었고 이스라엘 나라 밖의 사람이며 약속의 언약들에 대하여는 외인이요 세상에서 소망도 하나님도 없는 자들"이었다. 그들은 "멀리 있던 자들이었으나 이제는 그리스도 예수 안에

---

28 출 34:6-7은 이스라엘의 경전에서 자주 반영되는 신학적 통찰과 주장이다(내 *Romans*, 552을 보라). 이 주제는 다음 본문들에서 현저하게 나타난다. 롬 9-11장; 롬 9:15, 18; 11:30-32(*eleeō*); 9:23; 11:31; 15:9(*eleos*).

서 그리스도의 피로 가까워졌다"(엡 2:12-13). 그리스도는 자신의 육체로 두 그룹을 하나로 만들었고 유대인과 이방인 사이의 대립이라는 분단의 벽, 곧 예루살렘 성전에서 이방인들이 하나님의 임재로 가까이 들어오는 것을 막았던 경계를 타파했다(2:14). 그리스도는 유대인과 이방인의 분리를 주장하고 유지했던 율법을 철폐했는데, 이는 "이 둘로 자기 안에서 한 새 사람을 지어 화평하게 하고 또 십자가로 이 둘을 한 몸으로 하나님과 화목하게 하려 하심이며, 따라서 원수 된 것을 십자가로 소멸하기 위함이다"(2:15-16). 결과적으로 이방인 신자들은 "더 이상 외인들과 이방인들이 아니고, 성도들과 함께 시민이며, 하나님의 가족의 일원이고", "주 안에서 거룩한 성전으로" 자라나는, "성령 안에서 하나님의 거처로 함께 지어지는" 자들이었다(2:19-22). 계속되는 장에서는 이 위대한 과업을 위해 바울 자신이 담당한 역할이 강조된다. 이방인들을 자신의 백성에 포함시키려는 하나님의 목적의 비밀은 특별히 바울에게 계시되었고, 바울은 그리스도 안에서 하나님의 풍요로움이라는 복음을 이방인들에게 전하기 위해 특별히 위임받았다(3:1-10).

유대교/기독교의 대화와 복음의 사회적·교회 일치적 차원을 위한 함의들

결론적으로 말하면 복음/기쁜 소식에 대한 바울의 이해가 지닌 함의들에 대해 숙고하는 것은 가치 있는 일이다. 단지 그렇게 할 가치가 있을 뿐만 아니라, 복음에 대한 바울의 이해―인류를 위한 하나님의 아주 오래된 목적의 성취로서―가 제기하는 도전을 시야에서 놓치지 않기 위해서는 필수적인 일이다. 나는 세 가지 차원에 집중한다.

a. **유대교/기독교의 대화.** 예수를 메시아로 받아들이지 않았던 자신의 유대인 독자들에게 바울은 도전했고 계속하여 도전을 제기한다. 거룩함이 다른 이들로부터의 분리, 아마도 심지어 하나님을 경외하는 자들과 의로운 이방인들로부터의 분리까지도 요구하는 것으로 이해될 때, 그것은 강조점이 잘못된 위치에 놓인 것이 아닌가? 하나님을 위한 열심이 그것을 집행하기 위한 힘을 요구하는 것으로 이해될 때, 무엇인가 잘못되어가는 것은 아닌가? 아니면 할례 받은 사람들이 할례 받지 않은 사람들에게 부여된 성령의 은사를 통해 마음의 할례를 충분히 인식할 수 있는가? 하나님의 부르심 곧 하나님의 구원하는 의가 손을 내미는 것은 얼마나 배타적으로 이스라엘을 향한 것인가? 아니면 이스라엘은 어떻게 아브라함이 모든 민족에게 축복이 되리라는 약속을 성취하겠는가 또는 성취해야 하는가? 예수에 대한 그리고 예수를 통한 기쁜 소식이 그 축복이 실현되는 방법 중 하나일 수 있다는 것은 가능한가?

동시에 그런 독자들은 바울이 충분히 답하지 않았으며 아마도 만족스럽게 답할 수 없었던 질문들을 다시금 그에게 제기할 수 있다. 어떻게 바울은 하나님이 이방인을 유대인과 동등하게 부르신다고 주장하면서(롬 9:24) 이스라엘을 선택한 그분의 택정을 "되돌릴 수 없다"고 단언할 수 있는가?(롬 11:29) 음식 섭취와 정결에 관한 율법들이 충분히 존중되고 지켜지지 않았을 때, 곧 유대인의 정체성이 부적절하다고 여겨져서 생략될 수 있는 것으로 그렇게 가볍게 취급되었을 때, 바울은 유대인과 이방인이 하나의 공동체를 이루기를 진짜로 기대할 수 있었을까? 토라 안에서 우선순위를 다시 정하는 것과 토라를 생략하는 것 사이에는 중대한 차이가 존재하지 않는가? 바울은 예수 자신이 승인했던 것보다 더 많이 예수를 강조했는가? 바울을 다시 소개하는 어떤 유대교/기독교의 대화도 틀림없이 양자에 대해 그리고 양자로부터 어렵고 불편한 질문들을 꽤 많이 예상해야 한다. 그러나 아마도 그것은 바울을 대화의 무대로 다시 불러와야 할 충분한 이유일 것이다.

b. **바울의 복음이 지닌 사회적 차원. 이방인을 위한 바울의 사도 직분**에 대해 위에서 언급한 강조는 그의 사도 직분에 대해 말할 수 있는 다른 것들에 단지 우연히 덧붙여진 사항이 아니다. 다시 말해 그것은 바울의 역할과 신분을 사도로서 묘사한 후, "오 그래, 그는 이방인들의 사도이기도 했어"라고 부언하는 것이 아니다. 그렇지 않다. 그것은 바울의 사도 직분의 **중심**이었다. 그것은 바울의 사도 직분이 의미하는 모든 것이었다. 그것은 바울이 기꺼이 예수의 동생 야고보와의 결별을 허용한 이유였다. 그것은 바울이 기꺼이 베드로를 공개적으로 비난한 이유였다. 그것은 바울이 자신의 모든 에너지와 자신의 목숨까지도 바쳐 성취하려고 했던 것이었다.

다르게 표현하면 오늘날 그리스도인들은 바울에게 복음은 어떻게 개인이 하나님께 받아들여지는가, 곧 어떻게 개인이 믿음을 통해 하나님께 받아들여지는가에 관한 것이라고 말하는 데 만족하지 말아야 한다. 그리고 거기에 단지 덧붙여서 "오 그래, 그것은 유대인과 이방인이 동일한 공동체에서 함께할 수 있고, 같이 먹을 수 있으며, 서로에게 완전히 받아들여질 수 있다는 걸 의미했어"라고 말하지 말아야 한다. 왜냐하면 바울에게는 그것이 복음의 **핵심**이었기 때문이다. 유대인과 이방인이 함께 예배할 수 있으며, 같은 식탁에 앉을 수 있고, 함께 하나의 몸

곧 하나의 예배하는 회중을 이룰 수 있음을 뜻하지 않는 한, 그것은 복음이 **아니었다.**

이것을 다르게 표현하는 또 다른 방법은 바울에게 복음은 수직적 차원과 사회적 차원을 모두 가졌다고 말하는 것이다. 복음은 다른 하나의 차원에서 역할을 하지 않는 한 나머지 차원에서도 기능할 수 없었다. 바울은 순수하게 **영적** 현상으로서의 복음, 곧 사람들의 마음을 하나님의 은총을 향해 열어서 그분의 은총을 그들에게 가져오는 복음과 그 복음의 **사회적** 귀결, 곧 영적인 것과는 매우 상이한 것으로서의 귀결을 안일하게 구분하며 일하지 않았다. 너무 오랜 기간 복음주의 그리스도인들─그들을 가리키는 호칭은 그들의 입장이 복음에 의해 결정됨을 상기시킨다─은 (참된) 복음과 사회적 복음의 구분이라는 가정, 곧 사회적 복음은 참된 복음에서 떠나고 타락한 것이라는 가정을 가지고 일했다. 그러나 바울은 여기에 결코 동의하지 않을 것이다. 바울에게 **만약 복음이 인종적·국가적 반목과 불화를 타파하는 사회적 영향력을 가지지 않는다면, 그것은 복음이 아니었다.** 만약 복음이 상이한 인종과 국가 및 계급들을 하나의 예배로, 하나의 식탁 주위로 데려오지 못한다면, 그것은 복음이 아니었다. 만약 복음이 이웃을 자신처럼 진정으로 사랑하는 신자들을 통해 표현되지 않는다면, 그것은 복음이 아니었다. 만일 내가 하나님께 받아들여진 사람들을 환영하고 온전히 존중하지 않는다면, 내가 하나님께 받아들여진다는 것은 그야말로 불가능한 일이다.

한마디로 바울은 그리스도인들에게 다음과 같이 가르친다. 만약 그들이 복음의 수평적 차원을 잊는다면 그들은 바울이 자신의 목숨과 맞바꾼 복음을 잃는 것이라고 말이다.

c. **바울의 복음이 지닌 교회 일치적 차원.** 그리스도인들은 어떤 항구적인 중요성을 바울의 진술 중 가장 근본적인 것 중 하나인 다음의 진술에 부여해야 하는가? "사람이 의롭게 되는 것은 율법의 행위로 말미암음이 아니요, 오직 예수 그리스도를 믿음으로 말미암는 줄 알므로"(갈 2:16). 이는 충분히 단순해 보인다. 그리스도에 대한 믿음은 실제로 하나님께 **유일하게** 중요한 것이며, 믿음 이외에 다른 어떤 것을 요구하는 것, 곧 어떤 법적인 요구 또는 제의적 의무나 전통의 주장을 요구하는 것은 복음의 토대를 허물고 바울이 "복음의 진리"라고 부른 것을 파괴한다. 핵심은 안디옥 사건의 쟁점이 지닌 모든 민감함과 예리함을 통해 바울에게 분명해졌다. 안디옥에서 베드로 및 다른 유대인 그리스도인들은 틀림없이 성만찬 교제를 포함하여 이방인 그리스도인들과의 식탁 교제에서 물러났다. 실제로 바울은 그들이 이방인 신자들에게 유대인들처럼 살도록, 곧 정결과 부정에 관한 이스라엘의 신성한 율법들을 준수하도록 강요하려 했다고 말한다. 사실 그들은 믿음만을 향한 복음의 초청에 율법의 행위를 덧붙이려고 했다.

바울의 복음은 오늘날 기독교의 교회 일치 현장에 어떻게 말하고 있는가? 오늘날 모든 그리스도인들은 정도의 차이는 있지만 베드로와 다른 유대인 그리스도인들의 입장과 유사한 견해를 가진다. 그들은 동료 신자들에게 실제로 "우리는 당신들과 같은 식탁에 앉을 수 없다. 우리가 당신들과 함께 할 수 없는 일들이 있다. 왜냐하면 당신들은 우리가 그리스도인이라는 우리의 정체성에 핵심적이라고 여기는 전통과 예전을 인정하지 않기 때문이다"라고 말한다. 그리고 사실 그들은 그들의 전통이나 독특한 믿음들을 **복음 자체만큼 중요하게**, 그리스도를 믿는 신앙만큼 중요하게, 그리스도 안에 있는 것만큼 중요하게 만든다. 그들은 면전에서 바울을 부정한다. 그들은 사람이 믿음으로만 의롭게 되는 것이 **아니며**, 전통의 특정 행위도 준수해야 한다고 그들의 행위로써 주장한다. 그들은 베드로의 편에 선다. 그리고 그들은 베드로처럼 복음의 진리를 모욕하고 저버린다. 그들은 자신들이 동료 그리스도인들과 같은 식탁에, 우리 주님의 식탁에, **그분의** 식탁에 앉지 않으려는 것으로 인해 바울이 자신들을 칭찬하리라고 실제로 생각하는 것인가? 나는 그렇게 생각하지 않는다. 나는 오히려 바울이 존 웨슬리(John Wesley)와 함께 다음과 같이 말하리라고 생각한다. "만약 당신의 심장이 우리 모두의 주님을 위한 사랑 안에서 내 심장과 함께 고동친다면, 내게 당신의 손을 주십시오." 그리고 우리 앉아서 함께 먹읍시다. 우리 일어나 함께 예배합시다. 우리 같이 나아가 예수 그리스도의 기쁜 소식을 함께 전합시다.

제9장

교회-바울의 삼위일체적 교회론

교회에 대한 바울의 이해로 관심을 돌리면 우리가 이미 살펴본 것의 많은 부분이 훨씬 더 유의미해진다. 특히 중요한 것은 우리가 이미 다룬 내용이 교회에 대한 바울의 이해가 지닌 성격, 곧 삼위일체적 성격이라고 불릴 수 있는 것을 위해 우리를 준비시킨다는 점이다. 따라서 나는 첫째로 "**하나님**의 교회"로서의 "교회"라는 바로 그 개념에 주목한다. 이것은 하나의 삽입구를 포함하는데, 우리는 이 삽입구와 관련하여 1세기 바울의 교회들의 역사적 실제에 대해 말할 수 있다. 다음으로 바울이 "**그리스도의 몸**"으로서의 교회에 대해 말하는 다른 중요한 방법을 다룰 것이다. 마지막으로 "**성령**의 교제"로서의 교회, 또는 성령에 대한 공유된 경험으로서의 교회를 논의할 것이다. 이것은 필연적으로 카리스마 공동체로서의 그리스도의 몸이라는 바울의 개념을 좀 더 분명하게 하는 작업을 포함할 것이다.

하나님의 교회

만약 초기 기독교 운동의 존재와 특성—이 운동이 설립된 다양한 중심지에서 발견된—을 나타내는 하나의 용어가 신약성서에 존재한다면 그것은 에클레시아(*ekklēsia*), "교회"다. 이 단어는 신약성서에 백열네 번 등장한다. 그중 사도행전에서 스물세 번, 바울의 저작에서 예순두 번, 요한계시록에서 스무 번 발견된다.[1] 에클레시아라는 단어의 선택은 그 자체로 흥미롭다. 일반적인 용례에서 이 단어는 단순히 어떤 공유된 목적을 위한 사람들의 "회합 또는 모임"을 의미했다. 그것은 에베소의 시의회에 관한 누가의 기술에서 이런 의미로 두 번 등장한다(행 19:32, 41). 또한 어떤 조합들 또는 클럽들(*collegia*)의 업무 회의에 대한 언급에서도 때때로 발견된다.[2] 그러나 주된 용례는 입법 회의에 정기적으로 소집되었던 시민들의 모임을 위한 것이었다.[3] 따라서 초기 기독교의 용례는 단순히 그리스도인들이 함께 모여 형성한 "모임"을 의미했을 것이다. 대안적인 용어인 시나고게(*synagōgē*) 역시 "회합이나 모임"을 나타낼 수 있었다. 하지만 이 용어는 아마도 이미 "유대인들의 모임, 회당"과 너무 많이 동일시되었을 것이다.[4] 그러나 바울이 이 단어를 사용하여 지중해 도

---

1   예. 마 18:17; 행 5:11; 8:1, 3 등등; 롬 16:1, 4-5, 16, 23; 고전 1:2; 4:17 등등; 약 5:14; 계 2-3장; *1 Clement* inscr.; Ignatius, *To the Ephesians* inscr.; *Didache* 4.14; *Shepherd of Hermas, Vision* 2.4.3.
2   자발적 조합들과 그들의 모임들을 위해 사용된 에클레시아의 예들은 다음 연구를 보라. J. S. Kloppenborg, "Edwin Hatch, Churches and Collegia," in B. H. McLean, ed., *Origins and Method*, J. C. Hurd FS (JSNTS 86; Sheffield: JSOT, 1993), 212-38(위의 내용은 215-16 n. 13, 231 n. 65).
3   LSJ 509; K. L. Schmidt, *TDNT*, 3.513-14.
4   참조. LSJ 1692와 BDAG 963. 다음도 보라. E. Schürer, *The History of the Jewish People*

시에 있는 그리스도인들은 자신들의 모임을 시민들의 모임에 대안적이거나 경쟁적인 것으로 여겼음을 암시했다는 것은 설득력이 낮다. 바울이 한 지역의 에클레시아이(*ekklēsiai*, 복수)와,[5] 같은 도시에서 모이는 개별적 에클레시아이(아마도 둘 이상의 가정 교회)에[6] 대해 모두 말할 수 있다는 사실은 "회합, 모임"의 일반적 의미가 그의 생각에 있었고 그 말을 듣는 다른 사람들도 그렇게 이해했음을 암시한다.

그러나 바울의 용례에 결정적인 요소는 필시 "야웨/이스라엘의 회중"(*qahal* YHWH/Israel)을 번역하기 위해 70인역이 에클레시아라는 용어를 사용한 것이다. 이것은 "하나님의 교회" 또는 "하나님의 교회들"에 대한 바울의 잦은 언급을 통해 드러난다.[7] 주목할 것은 이런 용례가 아람어를 사용하는 회중의 배경을 가리킨다는 점과, 에클레시아는 아마도 카할(*qahal*)의 번역으로 시나고게보다 먼저 나타났다는 사실이다.[8] 물론 중요한 사항은 에클레시아라는 용어의 사용을 위한 영감이 필시 정치적이라기보다 **신학적**이었다는 점이다.[9] 바울의 용례는 "유대의 교회들"(갈 1:22)이라는 그의 언급도 암시하듯이 그 자신이나 그의 선교에서 처음

---

in the Age of Jesus Christ (rev. and ed. G. Vermes and F. Millar; 4 vols.; Edinburgh: T. & T. Clark, 1973-87), 3.90-91, 95-98.

5   고전 16:1(갈라디아의 교회들); 16:19(아시아의 교회들); 고후 8:1(마케도니아의 교회들); 갈 1:22(유대의 교회들).

6   롬 16:5; 고전 16:19; 골 4:15; 몬 2절. 롬 16:14-15의 인사는 브리스가와 아굴라의 집의 모임(16:5)과는 별개인 다른 가정 교회들을 염두에 두었다는 폭넓은 동의가 있다.

7   "하나님의 교회"—고전 1:2; 10:32; 11:22; 15:9; 고후 1:1; 갈 1:13. "하나님의 교회들"—고전 11:16; 살전 2:14; 살후 1:4.

8   70인역에서 카할은 에클레시아로 예순여덟 번, 시나고게로 서른여섯 번 번역된다. 다음을 보라. H.-J. Fabry, *TDOT*, 12.546-61(위의 내용은 561). 자세한 사항은 Hatch & Redpath, 433, 1309-10을 보라. 행 7:38을 주목하라.

9   다음도 보라. J. Roloff, *ekklēsia*, *EDNT*, 1.412.

사용된 것이 아니다. 그것은 새로운 정치적 실체라는 주장이라기보다는 하나님이 세상에서 그의 백성으로 불러낸(*ek-kalein*) **이스라엘과의 직접적인 연속성 속에** 있다는 주장이다. "하나님의 교회"가 된다는 것은 하나님이 그들을 자신의 백성으로 처음 불러냈을 때부터 그분의 백성을 위한 하나님의 목적과 함께한다는 것을 뜻했다. 여기서 다시 한번 바울의 규칙적인 복수형("교회들") 사용은 주목할 만하다. 바울은 분명히 개별적 모임 곧 집이나 도시들에 모인, 한 도시나 지역 안의 여러 독립된 모임을 "교회"라고 생각했다. "교회"를 국가적 또는 우주적인 존재로 생각하는 것은 아직 표현되지 않았다.[10] 예수를 주(Lord)로 믿는 자들의 그룹이 함께 모였던(*syn-agomai*) 곳에는 어디든지 "하나님의 교회"가 있었다.

우리는 후기의 바울계 서신들에서 발견되는 우주적 교회라는 더 풍부한 이상을 결코 도외시하지 말아야 한다. 특히 현저한 것은 골로새 사람들과 에베소 사람들에게 보낸 편지들이 교회를 화해의 장소로, 상이한 나라들과 분쟁 당사자들 사이의 화해가 일어나는 장소로 상상하는 방법이다(엡 2:13-22; 골 1:18-20). 그러나 여기서 나는 바울의 선교에서 매우 전형적인 가정 교회에 더욱 초점을 맞추길 원한다. 왜냐하면 우리는 바울이 교회에 대해 그리고 그것의 기능과 조직에 관해 말할 때 염두에 두었던 역사적인 실체를 알아야 하기 때문이다.

---

10 내 다음 연구도 보라. *The Theology of Paul the Apostle* (Grand Rapids: Eerdmans; Edinburgh: T. & T. Clark, 1998), 537-40.

가정 교회

바울이 고린도 신자들이 "교회로 모인다"(고전 11:18)라고 말할 때 장소로서의 "교회"("건물")에 대해 생각하지 않았다고 말하는 것은 아마도 불필요할 것이다. 오히려 바울은 교회가 **되기 위해**, 교회로서 **함께 모이는 개인들**에 관해 생각했다. "교회"는 장소가 아닌 **사람들**을 가리켰다. "교회"에 부가된 이후의 함의(교회=건물)를 고려하면, "회중", "모임", "회합", "집회"와 같은 용어들을 사용하는 것이 덜 혼란스러울 것이다. 물론 중요한 질문은 다음과 같다. 에게해(海) 선교의 도시들에서 초기 신자들은 어디에서 모였는가? 그들은 모임을 위해 어떤 시설을 사용했는가? 이것은 괄호 안의 어떤 것을 포함하고 있지만, 나는 그것이 가치 있는 것이기를 바란다.

고고학적 증거

바울의 선교는 그가 진출한 도시의 한 회당 또는 다른 회당에서 출발했음이 거의 확실하기 때문에,[11] 서쪽 지역 디아스포라의 1세기 회당들에 대해 우리가 아는 것을 주목함으로써 시작하는 것이 유용하다. 고고학은 거의 확실하게 1세기에 이탈리아, 그리스, 소아시아에 설립된 몇 개의 회당 건물을 이미 발굴했다. 예를 들어 로마의 항구인 오스티아, 마케도니아의 스토비, 에게해의 섬 델로스, 그리고 에베소와 밀레토스 사

---

11 행 13:14; 14:1; 16:13; 17:1, 10, 17; 18:4, 19; 19:8; 28:17, 23. 내 다음 연구도 보라. *Christianity in the Making*, vol. 2, *Beginning from Jerusalem* (Grand Rapids: Eerdmans, 2009), #29.5b.

이의 프리에네 등이다.[12] 그러나 많은 경우에 아마도 거의 대부분 중요한 유대교 공동체가 있었던 곳에서 이 공동체는 **개인 주택**을 회당으로 사용했음이 틀림없다.[13]

　　그렇다면 초기 신자들은 회당이라는 그들의 직접적인 배경으로부터 벗어났을 때 어디에서 모였는가? 고고학은 "교회"라고 불릴 수 있으며 바울 이후 약 한 세기가 지나기 전이라고 자신 있게 연대를 추정할 수 있는 건물을 발굴하지 못했다. 따라서 우리는 이 모임들이 개인의 가정이나 그 용도를 위해 임대한 좀 더 큰 건물에서 열렸다고 가정해야 한다. 우리가 가진 자료 중 아무것도 나중 시기의 장소(좀 더 큰 건물들)가 대부분의 경우에 현실적이었음을 가리키지 않는다. 정기적인 임대를 위한 비용은 아마도 초기의 작은 그룹들의 재력을 넘어섰을 것이다. 그리고 어떤 경우에도 지역 조합들은 그들의 건물들을 놓고 경쟁하는 단체들을 환영하지 않았을 것이다. 그리고 신전 건물은 그리스도인들의 모임에 매력적이지 않았을 것이다. 유일하게 분명한 결론은 초기 신자들이 여러 주요 거점에서 가장 부유한 신자와 가장 큰 주택이 "전체 교회"를 위한 정기적인 장소를 제공하는 가운데, **서로의 집에서** "교회"로 모

12　자세한 사항은 다음을 보라. C. Claussen, *Versammlung, Gemeinde, Synagoge: das hellenistisch-jüdisch Umfeld der frühchristlichen Gemeinden* (Göttingen: Vandenhoeck & Ruprecht, 2002), 191-206.

13　L. M. White, "Synagogue and Society in Imperial Ostia: Archaeological and Epigraphic Evidence," in K. P. Donfried and P. Richardson, eds., *Judaism and Christianity in First-Century Rome* (Grand Rapids: Eerdmans, 1998), 30-68. "그런 증거는 초기 회당들이 전부는 아닐지라도 대부분 이미 존재하던 건물들, 대개는 주택들을 개량한 것이었음을 나타낸다"(34). White의 다음 연구도 보라. *Social Origins of Christian Architecture* (2 vols.; Harvard Theological Studies 42; Harrisburg, PA: Trinity, 1996-97), 1.60-101. 프리에네, 스토비 그리고 두라 유로포스에 있는 회당 건물들은 원래 개인 주택이었다 (Schürer, *History*, 3.24, 67; Claussen, *Versammlung*, 208).

였다는 것이다. 이런 추론은 바울의 편지들에서 발견되는 가정 교회들에 대한 다양한 언급과 고린도에서 집필된 로마서의 마지막에 가이우스를 "온 교회를 돌보아주는 자"(롬 16:23)라고 말하는 바울의 언급에 의해 강화된다. 마찬가지로 바울은 고린도의 "온 교회"가 예배를 위해 함께 모인다고 말한다(고전 14:23). 따라서 양자의 경우 모두에서 아마도 바울은 지역의 모든 신자가 모일 수 있는 경우들을 생각하고 있었다. 이것은 더 작은 집들에서(그리고 더 자주?) 모인 더 작은 몇몇 모임과 구별되었다.

그렇다면 고고학은 에게해 가장자리의 더 큰 도시들에 있었던 그와 같은 가정들에 대해 우리에게 무엇을 말해주는가? 어떤 장소들은 아무런 도움도 되지 않는다. 예를 들어 마케도니아의 데살로니가와 소아시아의 서머나(Smyrna)는, 사실 로마도 그렇듯이, 건물로 가득 채워져서 보이는 것이 거의 없다. 그러나 다행히도 오스티아, 고린도, 에베소와 같은 도시들의 변화하는 지형과 경제적인 운명은 상당한 유적들을 남겼다. 그 유적들은 아직도 발굴되고 있으며, 우리는 그것들로부터 우리가 관심을 두는 시기 또는 그 어간에 그 도시들에 있었던 다양한 주택 구조물을 잘 이해할 수 있다. 대개 더 큰 건물들이 관심의 대상이 되었는데, 그 건물들이 거리의 연결망 안의 작은 구획 대부분을 차지한다. 그러나 장소에 따라서는 유적들이 일층 높이 위로 이어져 있으며(특히 오스티아) 틀림없이 임대 주택 건물들의 원룸 또는 작은 아파트였을 건물들에 대해 우리가 더 잘 이해하도록 해준다.

니콜라스 퍼셀(Nicholas Purcell)은 『옥스퍼드 고전 사전』(The Oxford Classical Dictionary)에 실린 논문에서 그런 상황을 다음과 같이 잘 요약한다.

제정 시기가 되기까지 대개 인술라이(*insulae*)라고 알려진 여러 층으로 구성된 임대 주택 건물들은 로마와 다른 대도시 인구의 아주 작은 일부를 제외한 모든 사람을 수용했다. 이 주거 시설 모두가 질이 낮은 것은 아니었다. 일부는 매력적인 지역들에 위치했다. 일부 케나쿨라(*cenacula*, 아파트)는 충분히 컸으며, 낮은 층들에 있던 것들은 불편하지 않았다.……그리고 상당히 높은 신분의 사람들 다수가 그것보다 좋은 주거를 마련할 여유가 없었다.[14]

유베날리스(Juvenal)는 그의 풍자시(*Satires*, 3.193-202)에서 기원후 1세기 후반에 집세 수입을 극대화하려는 집주인들이 종종 너무 성급하게 그리고 너무 높게 지었음이 분명한 조잡한 건물들에 대한 생생한 묘사를 이렇게 제공한다.

우리는 대부분이 싸구려 지지대들과 받침들로 강화된 도시에 산다. 그것은 우리의 지주들이 그들의 재산이 무너지는 것을 막는 방법이다. 그들은, 건물이 언제나 종이쪽으로 만든 집처럼 균형을 잡고 있을 때, 금세 무너질 듯한 건물의 큰 틈들을 종이로 덧대고 임대인들에게 안전하게 잘 수 있다고 다시금 단언한다. 나는 화재와 한밤중의 공포가 그렇게 일상적인 사건이 아닌 곳에서 살기 원한다. 연기가 삼층에 있는 당신의 아파트까지 올라갔을(그리고 당신은 아직 잠들어 있을) 무렵에, 당신의 영웅적인 아래층 이웃은 물을 달라고 외치며 그의 잡동사니들을 안전한 곳으로 옮기고 있다. 만약 경보가 지층에서 울리면, 튀겨질 마지막 사람은 다락방 임대인이 될

---

14   *OCD*, 731-32.

것이다. 그는 외부의 날씨와 자신 사이에 기와 이외에는 아무것도 없이 둥지 속 비둘기들 사이에 있는 자다.[15]

1세기 교회들의 크기

문서와 고고학이 우리에게 알려준 범위의 건물에서 모였던 교회들에 대해 우리는 어떤 추론을 내릴 수 있을까? 어떤 도시든지 회심자 그룹의 구성원들 대부분이 영향력도 없고 출신 신분도 낮은(고전 1:26) 문맹이었을 개연성을 고려하면, 우리는 그들의 숙소가 분명히 가장 낮은 등급이었을 것이라고 가정해야 한다. 다시 말해 만약 퍼셀이 옳다면, 신자 대부분은 여러 층으로 구성된, 아마도 지상에 몇 개의 층으로 된, 큰 임대 주택 건물에서 살았을 것이다. 추측하건대 적어도 일부 모임들은 그런 아파트들, 또는 적어도 지층과 더 가까운 더 큰 아파트들에서 모였을 것이다. 그런 "집"에 모인 교회는 단지 작은 그룹, 말하자면 약 열두 명까지의 그룹으로 구성되었을 것이다. "집"(house)이라는 단어는 불가피하게 더 큰 건물이라는 함의를 지니기 때문에, 그런 기초 그룹들은 아마도 "공동주택 교회"(tenement churches)로[16] 지칭하는 것이 나을 것이다. 또다시 만약 퍼셀이 옳다면, 심지어 상대적으로 부유한 아굴라와 브리스가도 좀 더 큰 임대 건물의 지층에 있는 큰 아파트 이상을 구할 수 있

---

15 다음에서 인용되었다. S. Goodenough, *Citizens of Rome* (London: Hamlyn, 1979), 62.

16 R. Jewett은 여러 해 동안 잠재적으로 오해의 가능성이 있는 (폼페이나 고린도 같은 곳의 지붕 없는 빌라를 가리키는) "주택 교회"(house churches) 대신에 좀 더 현실적인 용어인 "공동 주택 교회"(tenement churches)를 주장했다. 그의 논문을 보라. "Tenement Churches and Communal Meals in the Early Church," *BR* 38 (1993): 23-43. 다음도 보라. R. Jewett, *Romans* (Hermeneia: Minneapolis: Fortress, 2007), 53-55, 64-66.

는 여력이 없었음이 거의 분명하다. 따라서 그들의 집에서 모인 교회들은(롬 16:5; 고전 16:19) 단지 열다섯에서 스물다섯 명 사이의 인원이었을 것이다.

그러나 도시에 있던 대부분의 초기 제자 그룹은 분명히 더 높은 신분의 성원들을 적어도 일부 포함하고 있었을 것이다. 그리고 더 높은 신분의 신자들은 자신들의 더 큰 건물에 지역 신자들을 초대하여 교회로 모이도록 했을 것이다. 가이오는 고린도에서 "온 교회"를 접대한 인물로 이미 언급되었다(롬 16:23). 그는 "온 회중"이 "같은 장소에"(*epi to auto*) 모일(*synerchesthai*) 수 있도록 했다(고전 11:20; 14:23). 그리고 골로새에 있는 빌레몬의 집은 몇 명의 손님과[17] 얼마간의 종들을[18] 수용할 수 있었다. 만약 우리가 그리스도인들이 좀 더 큰 주택, 곧 안마당과 식당(*triclinium*)이 있는 주택에 교회로 모이는 것을 상상해야 한다면, 우리는 분명히 더 큰 모임들도 수용되었다고 가정할 수 있다. 얼마나 큰가는 다소 논란이 되는 문제다. 최대 추정치는 오십 명에 이르는데,[19] 그렇게 큰 그룹이 어떻게 하나의 단일하고 일관된 모임으로 모였는가는 분명하지 않다. 그들은 두세 개의 방으로 나뉘었는가? 교회가 공동 식사를 위해 모였을 때 아마도 모든 신자를 식당에 수용할 수는 없었을 것이다. 이런 사실은 바울이 모임에 대해 말하는 유일한 (고린도) 교회의 불만족스러

---

17 몬 22절: "나를 위하여 숙소를 하나(a guest room) 마련하라"이다. "그 숙소(the guest room)"가 아니다.

18 빌레몬서의 주인공 오네시모가 빌레몬의 유일한 종이었다는 아무런 암시도 없다.

19 R. J. Banks, *Paul's Idea of Community* (Exeter, UK: Paternoster, 1980), 40-42; J. Murphy-O'Connor, *St. Paul's Corinth* (Wilmington, DE: Michael Glazier, 1983), 153-58.

운 안배를 이해하는 데 도움이 된다.[20] 분명한 것은 수용될 수 있는 인원의 수를 평방피트 또는 평방미터라는 단순한 정보에 근거해서 산정하지 말아야 한다는 점이다. 왜냐하면 아마도 가구들과 어쩌면 조각상들이나 장식품들이 공간을 차지했을 것이기 때문이다.

근본적인 사항은 초기의 가정 교회들은 대부분의 경우 총원이 열둘 또는 스무 명으로, 틀림없이 상당히 작았다는 점이다. 그리고 심지어 어느 도시 또는 도시의 한 구역에서 "온 교회"가 한 장소에 교회로 만날 수 있었을 때에도, 우리는 단지 사십 또는 오십 명의 사람들에 대해 말하고 있는 것이다. 그리고 그들이 반드시 하나의 방에 모였던 것도 아니다. 교회생활의 역학 곧 대부분의 도시에 있던 신자들이 공유하는 삶의 역학은 그들이 교회로 기능할 수 있는 물리적 공간에 의존했고 어느 정도는 그 공간에 의해 결정되었음이 틀림없다. 물론 우리는 거대한 교회 건물들과 수백 또는 심지어 수천의 구성원이 모인 회중을 마음에 떠올리는 데 익숙하다. 따라서 다음의 사실을 기억하는 것이 중요하다. **1세기 또는 기독교 역사의 더 많은 시기에 전형적인 교회는 작은 기초조직의 모임이었으며,** 그 조직은 스무 명 내외, 드물게는 약 오십 명에 이르렀다. 이것이 중요한 이유는 우리가 이제 작은 그룹들의 사회적 역학이 큰 그룹들의 그것과 매우 다르다는 점을 잘 알기 때문이다. 그리고 그에 동반하는 신학은 일반적인 경우보다 그런 상이점들을 좀 더 고려해야 한다. 많은 경우에 우리의 관심은 우리의 교회가 너무 작다는 것이 아니라 너무 크다는 점이 되어야 한다!

우리가 바울의 삼위일체적 교회론의 두 번째 부분인 그리스도의

---

20   고전 11:17-22.

몸으로 넘어갈 때 동일한 사항이 적용된다.

그리스도의 몸

나는 6장과 7장에서 바울과 그의 유대교 유산 사이의 강한 연속성을 강조했다. 특히 바울은 로마서 9-11장에서 하나님이 이스라엘과 맺은 언약과 이스라엘에게 주신 약속들에 대해 여전히 신실했다고 주장했다. 이런 연속성에 대한 강한 의식은 메시아 예수를 믿는 자들의 모임들을 지칭하기 위해 바울이 사용한 에클레시아의 용례로 강조된다. 곧 야웨의 카할로서의 그리스도인들의 모임이다. 그러나 바울이 로마서 12장에서 이스라엘과 그것의 미래라는 주제를 떠났을 때, 그는 그리스도인들의 모임을 위한 다른 이미지 또는 은유인 그리스도의 몸을 사용했다. 본서 6장에서 나는 바울을 위한 주된 정체성의 요소는 이스라엘 사람이라는 그의 신분이 아니라 그가 "그리스도 안에" 있음이라고 강조했다. 여기서 강조되어야 할 요점은 "그리스도 안"의 개별 신자에 대한 공동체의 등가물(equivalent), 곧 "그리스도 안에" 있음에 대한 집단적 등가물이 "그리스도의 **몸**"이라는 것이다. "우리는 모두 그리스도 안에서 한 몸이다"(롬 12:5). "몸은 하나인데 많은 지체가 있고…그리스도도 그러하니라"(고전 12:12). "너희[고린도인들]는 그리스도의 몸이요 지체의 각 부분이라"(12:27). "그리스도 안에" 있음은 "그리스도의 몸"의 지체가 되는 것이다. 왜 이 이미지인가?

한 몸, 많은 지체

이 이미지의 가장 개연성 있는 출처는 지체들의 **다양성**에도 불구하고 공동체의 **연합**을 나타내는 중요한 표현으로 사용된 몸이라는 은유의 용례다. 몸으로서의 도시나 국가의 이미지는 (우리는 아직도 "정치적 통일체"[the body politic]를 말할 때 이 이미지를 사용한다) 정치 철학에서 이미 친숙했다. 리비우스(Livy)와 에픽테토스(Epictetus)가 말하는 메네니우스 아그리파(Menenius Agrippa)의 유명한 우화는 가장 잘 알려진 예다.[21] 메네니우스 아그리파가 말하는 요점은 평민과 귀족은 서로 협력하기를 멈출 수 없다는 점이다. 협력을 멈추는 것은 몸의 장기들과 협력하기를 거부하는 몸의 지체들과 같은 것이며, 이는 몸에게 재앙과 같은 결과를 가져올 것이다. 고린도전서 12:14-26에서 바울의 자세한 설명은 그 우화의 관심사를 긴밀하게 반영한다. 곧 국가의 연합이나 안녕은 국가의 다양한 구성원, 직능 조합들과 국가적 집단들 간의 **상호 의존**에 달렸다. 이들은 서로의 유익을 위한 상호작용 속에서 완전히 인정받고 살아가며 서로 의존한다. 바울은 공동체에 관한 이 친숙한 은유를 약간 조정하여 그것으로부터 상호 인정과 협력을 위한 동일한 함의들을 끌어냈다. 그리스도인들의 모임은 몸이며, 정치적 통일체와 같다. 그것은 **오직** 조화로운 상호 의존 속에서 움직이는 상이한 지체들에 의해서**만** 통일체로서 기능한다. 그러나 그것은 정치적 통일체와는 다른데, 그 이유는 바로 그것의 독특하고 눈에 띄는 특징이 **그리스도의** 몸이기 때문이다.

이것의 중요성은 숙고되어야 한다. 왜냐하면 바울은 실제로 그리

---

21   Livy, *History*, 2.32; Epictetus, 2.10.4-5.

스도인 공동체의 이미지를 국가적(역사적 이스라엘)인 것에서 시민들의 회합으로 이동시키기 때문이다. 곧 바울은 그 이미지를 인종적이고 전통적인 경계 지표들로 식별되는 공동체로부터 다른 공동체, 곧 그 성원들이 상이한 국적들과 사회 계층 출신이며 공동체의 번영은 그들의 상호 협력과 조화로운 공조에 의존하는 공동체로 이동시킨다. 그러나 "몸"이라는 **그리스도인** 모임의 정체성은 지리적 장소 또는 정치적 충성이, 또는 인종이나 사회 계층이나 성별이 부여하는 것이 아니다. 그것은 그리스도에 대한 그들의 공통된 충성이 부여하는데, 이는 특히 그리스도의 이름으로 행해지는 세례와 그의 몸을 나누는 의식에서 시각적으로 표현된다. 이것의 함의는 분명하다. 오직 공통된 충성이 상호 관계 속에서 최고의 우선순위가 될 때에만 잠재적인 분파적 상이점들이 공동선을 위해 필요한 상호 협력으로 변화될 수 있다. **그리스도의 몸이라는 그리스도인들의 공동체적 특성을 결정하는 것은 그리스도에 대한 공통된 충성, "그리스도 안에" 있음이다.** 이 핵심적 사실을 약화시키거나 모호하게 하는 것은 모두 그리스도의 몸의 실체를 약화시키고 모호하게 한다. 그리고 만약 그리스도가 그의 몸으로 또 그의 몸을 통해 지구 위에 현존한다면, 그 핵심적 사실을 구체화하지 못하는 그리스도인들의 실패는 세상을 위한 그리스도의 현존과 사역을 실제로 지연시키고 방해한다. 이는 우리가 각성하여 끌어내야 하는 필연적 결과다. 바울에게 "유대인"이라는 단어는 할례에 의해 다시 정의되는 것이 아니라 하나님이 칭송하는 사람으로 새롭게 정의되어야 한다(롬 2:28-29). 그리고 "이스라엘"이라는 단어는 인종적이거나 국가적인 의미에서가 아니라 "하나님께 부름 받은"(롬 9:6-12) 자들로서 그 뜻이 새로워져야 한다. 따라서 그리스도인들 역시 그리스도의 몸의 정의(definition)가 정치적인 신분이나 전통적인 의례로 인해 혼동되지 않고 **우선적으로 항상 각 지체가 그리스도에게 붙어 있음으로 인해** 결정되도록 확실히 해야 한다.

사도적 교회

우리가 교회를 그리스도의 몸으로 보는 바울의 이해를 통해 사역들을 고찰할 때 가장 현저한 것은 사도의 사역이다. "하나님이 교회에 첫째로 사도들을 세우셨다"(고전 12:28). 이것은 자신의 역할을 사도로 이해하는 바울의 개념 안에서 우리가 사도적 교회에 대한 그의 이해에 연결되도록 해준다. 왜냐하면 바울의 사도적 선교의 근본적인 측면 중 하나가 교회를 세우는 (또는 심는) 일이었기 때문이다. 바울에게 사도는 **교회를 세우도록** 위임되고 파송되었다. 이것은 고린도전서 9:1-2에서 가장 분명하다. "내가 사도가 아니냐? 예수 우리 주를 보지 못하였느냐?…다른 사람들에게는 내가 사도가 아닐지라도 너희에게는 사도이니 나의 사도 됨을 주 안에서 인친 것이 너희라." 여기서 "사도"의 권위는 교회를 설립하는 사도의 역할에 많이 묶여 있다. 바울은 다른 사람들에게는 사도가 **아니었다.** 왜냐하면 바울은 그들을 회심시키지 않았고 그들의 교회를 세우지 않았기 때문이다. 그러나 그는 고린도 신자들에게는 **사도였다.** 왜냐하면 고린도 교회는 그의 전도를 통해 존재하게 되었기 때문이다. 고린도전후서의 다른 단락들에서 자신이 교회를 세우는 선교사로 위임받았다는 바울의 확신은 반복하여 표현된다.

- 고전 3:5-15 — "지혜로운 건축자와 같이" 그는 기초를 놓았다.
- 고전 15:10-11 — 그는 자신의 청중을 믿음으로 인도하기 위해

다른 사도들보다 더욱 열심히 일했다.

- 고후 5:20 — 그는 자신의 역할을 "그리스도의 대사"로 이해했다.

이것은 바울이 합의 당사자였던 예루살렘 교회와 의견 일치를 본 내용과 동일하다. 곧 바울(과 바나바)은 이방인들(이방인 신자들)과 이방인을 향한 선교를 책임진다는 합의다(갈 2:9). **바울은 그의 사도적 책무를 매우 일반적인 것, 곧 모든 신자를 향한 사도로 여기지 않았음을 주목하는 것이 중요하다.** 오히려 바울의 사도적 책무는 **이방인들**을 향했다는 점에서 구체적이었다. 따라서 그것은 제한된 범위 안에 있었다. 곧 그것은 바울이 책임을 맡은 교회들에 제한되었으며, 그는 그것이 제한적이라는 점을 받아들였던 것으로 보인다. 이는 다른 사람들이 자신의 영역에 침범했을 때 바울이 그렇게 분노한 이유이며, 자신이 맡은 책무의 한계를 넘어서는 것을 그렇게 주저한 이유다(고후 10:13-16).[22] 여기서 우리는 사도와 교회의 공생 관계를 주목해야 한다. 바울은 교회와 그런 관계 속에서 협동했다. 따라서 그가 "하나님이 교회에 첫째로 사도들을 세우셨다"(고전 12:28)라고 말할 때, 그는 필시 **우주적인** 교회와 우주적 권위를 지닌 사도들에 대해 생각하지 **않았다.**[23] 오히려 바울은 필시 고린도에서 신자들이 교회가 되기 위해 모였던 그런 의미에서 "교회"를 생각했다(11:18; 12:27). 12:28의 "사도들"은 **고린도인들을 신자들로 세운 사도들**이며, 고린도에서 그리스도의 몸이 되게 하려고 그들을 모은

---

22   내 다음 연구도 보라. *Beginning from Jerusalem*, #29.4b.

23   특히 다음도 보라. J. Hainz, *Ekklesia: Strukturen paulinischer Gemeinde-Theologie und Gemeinde-Ordnung* (Regensburg: Pustet, 1972), 252-55.

자들이다. 고린도 교회에 세워진 사도들은 첫째로 바울 자신과 아마도 아볼로였을 것이다(4:9). 우리는 아마도 안드로니고와 (그의 아내?) 유니아를 "사도들 중에서 뛰어나다"(롬 16:7)라고 말하는 바울의 묘사로부터 유사한 결론들을 내릴 수 있다. 여기서 우리는 안드로니고와 유니아가 로마의 그리스도인들과 관련하여 바울이 언급하는 유일한 사도들이라는 점에 주목해야 한다. 따라서 가장 그럴듯한 설명은 안드로니고와 유니아가 로마에서 (하나 또는 그 이상의) 가정 교회(들)를 세운 사도들이라는 것이다.[24] 우리는 로마 교회를 세운 사도 중 한 명이 여성이었다는 생각에 당혹스러워해야 하는가? 만약 그렇다면 그 이유는 무엇인가? 바울 자신이 유니아의 사도적 역할에 만족하는 것처럼 보이는데 말이다.

따라서 바울의 교회론이 지닌 두 번째 삼위일체적 특색은 교회를 그리스도의 몸으로 여기는 바울의 이해다. 세 번째 특색은 무엇인가?

성령의 교제

바울은 다른 두 단어를 교회에 대한 자신의 언급에 도입했다. 하나는 코이노니아(*koinōnia*)이고 다른 하나는 카리스마(*charisma*)였다. 이 단어들은 각각 우리의 주목을 요한다.

---

24 여성 이름으로서—따라서 안드로니고와 유니아는 아마도 고전 15:7의 "모든 사도" 가운데 유일한 부부였을 것이다—유니아에 관해서는 특히 다음을 보라. E. J. Epp, *Junia: The First Woman Apostle* (Minneapolis: Fortress, 2005). Epp의 책에 있는 폭넓은 참고 문헌도 보라. "사도들에게 잘 알려졌다"라기보다 "사도들 중에 뛰어난"을 의미하는 것으로서 *episēmoi en tois apostolois*라는 어구에 대해서는 Epp, 72-78과 Jewett, *Romans*, 963을 보라.

성령에 대한 공유된 경험

핵심 어구가 고린도후서의 고별 축도에 등장한다. "주 예수 그리스도의 은혜와 하나님의 사랑과 성령의 코이노니아(*koinōnia*)가 너희 모두와 함께 있을지어다"(고후 13:13). 이 어구는 대개 "성령의 교제"(개역개정: 성령의 교통하심)로 번역된다. 이것은 오해의 소지가 있다. 왜냐하면 그것은, 교회 안의 조직인 "여성들의 교제"(The Women's Fellowship)의 경우와 같이, 보통 성령이 형성시키고 창조한 공동체를 지칭하는 것으로 간주되기 때문이다. 그러나 반복된 연구들을 통해 그것의 기본 의미는 "성령에의 **참여**"(participation in the Spirit)와[25] 같은 번역에서 더욱 잘 드러난다는 점이 분명해졌다. 다시 말해 고려된 것은 회중과 같은 물리적 존재가 아니라 성령에 대한 **주관적 경험**, 공유되고 서로 참여하는 어떤 것으로서의 경험이다. 그렇다면 요점은 **바울에게 신자들을 끌어들이고 유지하는 것**은 단순히 회중의 공통된 회원 자격이 아니라 **성령에 대한 공통의 경험**이었다. 그것은 다른 사람들도 이미 공유한 성령에 대한 신자들의 경험이 상호 이해와 공감이라는 유대를 제공한다는 그들의 자각이었다.

우리가 앞서 살펴보았듯이 이방인 신자들이 할례를 받지 않고 교회의 정회원으로 받아들여지리라고 확증하는 것은 바로 다음과 같은 인식이었다. 곧 할례 받지 않은 이방인들이, 오순절에 그들이 성령을 경험

---

25 J. Y. Campbell, "*KOINŌNIA and Its Cognates in the New Testament*," *JBL* 51 (1932), reprinted in *Three New Testament Studies* (Leiden: Brill, 1965), 1-28 (특히 25-27); F. Hauck, *TDNT*, 3.804-8; J. Hainz, *EDNT*, 2:203-5. Hainz는 자신의 다음 연구에 의지한다. *KOINŌNIA: 'Kirche' als Gemeinschaft bei Paulus* (BU 16; Regensburg: Pustet, 1982).

했던 것과 마찬가지로, 동일한 하나님의 성령을 경험하고 성령으로 세례를 받는 같은 경험을 공유한다는 인식이었다(행 10:47; 11:15-17; 15:8). 연합은 성령의 코이노니아, 곧 성령에 대한 공유된 경험의 직접적인 결과였다. 바울은 고린도전서 12:13에서 동일한 사항을 강조했다. 그들을 **한** 몸으로 만드는 것은 **한** 성령으로 세례를 받은 그들의 공통된 경험이었다. 그것은 **한** 성령 안에 흠뻑 적셔진 공통된 경험이었고 국적과 사회적 신분의 차이점들을 무관한 것으로 만들었다. 그리고 에베소서 4:3-4에서 같은 요점이 강화된다. 교회의 연합은 성령의 연합의 직접적인 결과로 이해된다. 동사의 선택은 교훈적이다. "평안의 매는 줄로 성령이 하나 되게 하신 것을 힘써 지키라(*tērein*)." 성령의 연합은 연합의 기초로서 주어진 것으로 신자들이 창조하거나 고안할 수 있는 것이 아니었다. 신자들이 성령에 대한 공유된 경험으로 묶여 할 수 있는 것은 그 연합을 보존하거나 파괴하는 것 중 하나였다.

카리스마 공동체

그리스도의 몸에 관한 바울의 이해에서 가장 뚜렷한 특색은 아마도 바울이 그리스도의 몸을 **카리스마** 공동체로 묘사하는 개념을 각각의 단락에서 자세히 해설한다는 데 있다.

> 우리가 한 몸에 많은 지체를 가졌으나 모든 지체가 같은 기능을 가진 것이 아니니 이와 같이 우리 많은 사람이 그리스도 안에서 한 몸이 되어 서로 지체가 되었느니라. 우리에게 주신 은혜대로 받은 은사가 각각 다르니…(롬 12:4-6).

은사는 여러 가지나 성령은 같고 직분은 여러 가지나 주는 같으며 또 사역은 여러 가지나 모든 것을 모든 사람 가운데서 이루시는 하나님은 같으니 [다시 한번 삼위일체적 교회론을 주목하라] 각 사람에게 성령을 나타내심은 유익하게 하려 하심이라.…이 모든 일은 같은 한 성령이 행하사 그의 뜻대로 각 사람에게 나누어 주시는 것이니라. 몸은 하나인데 많은 지체가 있고 몸의 지체가 많으나 한 몸임과 같이 그리스도도 그러하니라. 우리가 유대인이나 헬라인이나 종이나 자유인이나 다 한 성령으로 세례를 받아 한 몸이 되었고 또 다 한 성령을 마시게 하셨느니라. 몸은 한 지체뿐만 아니요 여럿이니(고전 12:4-7, 11-14).

우리 각 사람에게 그리스도의 선물의 분량대로 은혜를 주셨나니…"사람들에게 선물을 주셨다" 하였도다. 그가 어떤 사람은 사도로, 어떤 사람은 선지자로…(엡 4:7, 8, 11).

로마서와 고린도전서 단락들의 핵심 단어는 카리스마(*charisma*) 곧 "은사"(*charism*)다. 이 단어가 기독교 신학에서 차지하는 위치는 거의 전적으로 바울 덕분이다. 바울이 이 단어를 사용하기 전에 이 말은 거의 중요하지 않았다. 그리고 신약성서에서 바울의 저작 외에는 단 한 번 등장한다.[26] 분명히 카리스마는 카리스(*charis*)에서 왔으며, 간단히 말하면 은혜의 결과나 영향력 또는 표현으로 묘사될 수 있다. 바울에게 카리스마는 **은혜를 표현하고 구체적인 현실로 가져오는 것**이다. 여기서 또다

---

26 롬 1:11; 5:15, 16; 6:23; 11:29; 12:6; 고전 1:7; 7:7; 12:4, 9, 28, 30, 31; 고후 1:11; 딤전 4:14; 딤후 1:6; 벧전 4:10.

시 우리는 그것이 바울의 회심자들의 삶에서 매우 분명한 증거임을 상기해야 한다. 이 증거는 예루살렘 지도자들을 확신시켰다. 곧 단지 하나님이 바울을 통해 이방인들을 위해 일하신다는 사실뿐만 아니라 이방인 회심자들이 율법의 행위에 대한 요구 없이 하나님의 교회의 일원으로 온전하게 받아들여져야 한다는 사실을 확신시켰다. 따라서 바울에게 은사는, 로마서 12:6-8, 고린도전서 12:8-10, 베드로전서 4:11의 은사 목록들에서 분명하게 나타나듯이, **말이나 행동으로 영향을 끼치거나 표현되는 신적인 은혜다.**[27] 몸의 이미지를 의식하는 바울은 은사를 몸의 장기나 사지가 지닌 "기능"(*praxis*)으로 정의한다. 그리고 몸의 은유가 지닌 요점을 의식하는 바울은 은사가 개인적인 사용이나 유익을 위한 것이 아니라, 몸의 기능으로서 "공동선을 위한"(고전 12:7), 다른 사람의 유익을 위한, 전체의 유익을 위한 것이라고 재빨리 강조한다.

카리스마 공동체로서의 그리스도의 몸이라는 바울의 개념을 잘 파악하기 위해 우리는 얼마간 다른 사항들을 고찰할 필요가 있다.

첫째, 바울은 은사들의 풍부한 다양성을 마음에 품는다. 그가 방금 위에서 언급한 세 단락에서 제공하는 목록들은 포괄적이거나 완벽한 것으로 의도되지 않았다. 목록에 포함된 은사 중 몇몇이 오히려 모호하거나 중첩된다는 사실은 그것을 입증한다. 예를 들어 로마서의 목록에 있는 예언, 권면, 나눔, 돌봄 및 긍휼의 행동들이다. 고린도전서 12장의 목록은 분명히 고린도 회중의 특정한 경험들과 그들을 매혹한 것들, 특히 방언 말하기, 영감의 경험, 치유 및 기적들을 염두에 두었다. 요점은 바울에게 말이나 행동은 **그것이 은혜를 표현하는 때에는 언제나 은**

---

27 내 다음 연구도 보라. *Theology of Paul*, #20.5. 나는 아래에서 이 연구에 의존한다.

사였다는 점이다. 한 가지 귀결이 즉각적인 관심을 받을 만하다. 그것은 우리가 "은혜의 수단"이라는 개념을 의전이나 말씀의 선포에 국한시킨다는 것을 인식해야 한다는 점이다. 바울에게는 어느 것이든 다른 사람들의 유익을 위해 하나님의 은혜가 표현되는 경로가 되는 말과 행동은 은사 곧 은혜의 수단이다.

둘째, 바울은 그리스도의 몸 내부에 있는 몇 개의 특별한 지위로 은사들을 제한하지 않았다. 고린도전서 12장에 나오는 그리스도의 몸에 관한 좀 더 충분한 해설에서 바울은 몸의 기능이 개인의 은사들이나 사역으로 제한될 수 있다는 것을 강하게 거부한다. 실제로 바울은 그런 생각이 얼마나 우스꽝스러운지를 보여주기 위해 만화를 그린다. 바울은 말하자면 작은 머리에 작은 팔들과 작은 다리들을 가진 큰 눈을, 아니면 작은 머리에 작은 팔들과 작은 다리들을 가진 큰 귀를 그린다. 그것이 몸인가? 단 하나의 개별 지체, 하나의 사역이 온전한 몸으로 기능할 수 있는가? "만약 모든 사람이 단일한 지체라면, 몸은 어디에 있겠는가?"(고전 12:19). 실제로 어디인가? 역사적으로 사제직에 그렇게 의존하던 교회, 사제나 성직자에게 매우 의존하던 개별 회중은 지금껏 했던 것보다 바울의 질문을 더욱 진지하게 받아들여야 한다. 그리스도인은 전체적으로 "하나님의 백성 전체의 사역"이 수반하거나 요구하는 것을 제대로 살피기를 시작하지도 않았다. 사역이 몇 가지 은사로만 제한될 때, 그 결과는 몸의 기괴스러운 패러디다. 곧 몸의 80 내지 90퍼센트가 마비된, 단지 두어 개의 장기만 기능하는, 그리고 거의 효과가 없이 움직이는 기괴한 몸이다. 이는 몸의 유효성이 연합을 통해 기능하는 몸의 다양성에 달려 있기 때문이다.

셋째, 바울이 제공하는 은사의 목록들은 단지 눈길을 끄는 예언, 방언 또는 기적만을 포함하지 않는다. 은사에는 "돕는 행위들", "지도하기"(고전 12:28), 나눔 그리고 긍휼의 행동(롬 12:8)도 포함된다. 고린도전서 12:14-26의 좀 더 풍부한 해설에서 바울은 어떤 은사도, 그것이 얼마나 평범하거나 초라하게 보이든지 간에, 멸시되거나 불필요한 것으로 여겨져서는 안 된다고 강조한다. 다시 말하지만 하나님의 온 백성이 행하는 사역은 자주 제공되는 입에 발린 말 이상의 관심을 받아야 한다. 바울은 그리스도의 몸이라는 개념을 섬기는 자들과 섬김을 받는 자들로 나누지 않았다. 성령의 현시는 **각자**에게 주어졌다. 사역의 다양성, 은사 기능의 다양성은 **모든** 지체에게로 확대되었다.

넷째, 바울은 은사가 견제와 균형이라는 제도를 포함한다는 점을 강조하여 주목한다. 방언의 은사는 늘 견제되어야 하며, 어떤 의미에서는 방언을 통역하는 은사를 통해 관리되어야 한다(고전 14:13-19, 27-28). 예언의 은사는 언제나 평가되어야 하고(고전 14:29; 살전 5:20-22), "영들 분별함"의 은사로 견제되어야 한다(고전 12:10). 그리고 특히 모든 은사는 사랑의 표현보다는 덜 중요한 것으로 여겨져야 한다(고전 13장).

함께 모인 신자들을 그리스도의 몸으로, 카리스마 공동체로 보는 바울의 개념이 지닌 마지막 측면도 간과되지 말아야 한다. 이 측면은 우리가 회중 안에서 권위의 균형이라고 부를 만한 것에 대한 바울의 이해다. 물론 사도, 예언자, 교사의 권위적인 사역들이 존재했다. 그리고 바울은 필요하다고 판단되는 때에는 고린도전서 11:16과 14:37-38이 보여주듯이 자신의 권위를 행사하는 데 주저하지 않았다. 그러나 또한 그는 **회중 자체의 책임과 권위**도 인정했다. 몇몇 경우에서 바울은 다른 교회들의 **모든** 구성원에게 가르치고 경계하며 판단하고 위로하도록 권고했다.[28] 바울은 고린도 신자들을 권면하면서 공동 식사와 예배 모임에서 질서를 좀 더 잘 유지하도록 호소할 수 있는 인정된 지도자 그룹, 곧 감독 또는 장로들을 마음에 그리지 않는다. 오히려 바울이 희망하는 것은 그들이 교회로 함께 모였을 때 누군가가 그들을 이끌 수 있는 지혜의 말을 받는 것이었다(고전 6:5). 스데바나와 그의 집안이 궁핍한 성도들을 섬기기 위해 "스스로 나섰을" 때(고전 16:15), 바울은 아마도 다른 신자들도 말하거나 행동하라는 성령의 격려에 반응하기를 희망했을 것이다. 따라서 회중 역시 은사들이 나타났을 때(고전 16:18; 살전 5:12) 그것들을 알아볼 책임이 있었다. 단지 예언자들만이 특정한 예언을 판단할 책임이 있는 것이 아니라(고전 14:29), 회중 전체, 몸의 모든 지체가 "모든 것을 시험할" 책임이 있었다(살전 5:21).[29]

교회의 기능을 주로 또는 심지어 오직 성직에 의한 것으로, 교회의 위계질서에 의해서 생각하는 사람들에게 **바울은 그리스도의 몸이 카리스마적으로 기능한다고 생각했음**을 고려하는 것이 그들을 깨어나게 할 것이다. 즉 바울은 그리스도의 몸이 조화로운 상호작용을 통한 다양한 은사의 기능에 의해 기능한다고 생각했다. 그러나 이는 바울이 마음에 품었던 것으로 보이는데, 한편으로는 권위—사도, 예언자, 교사—와 다른 한편으로는 카리스마 공동체의 상호작용이다. "공식적인 권위나 책임 맡은 '장로들'이라는 편익 없이 영적인 은사들과 사역들의 생동하는

---

28   롬 15:14; 고전 5:4-5; 고후 2:7; 골 3:16; 살전 5:14.

29   내가 *Theology of Paul*, 594, 각주 144에 기록했듯이 이 지점에서 *Lumen Gentium*, #12는 주석적 오류다. 왜냐하면 살전 5:12-22은 분명하게 데살로니가의 회중 전체에게 말해진 반면, 살전 5:19-21은 책임을 "교회를 감독하는 자들"에게로 제한하기 때문이다.

상호작용을 통해 발전하는 자유로운 교제의 구조로서의 공동체 구조라는" 바울의 "비전"에 대한 한스 폰 캄펜하우젠(Hans von Campenhausen)의 축약적인 서술은 여전히 대부분의 다른 표현보다 바울의 편지에서 그려진 실체에 더욱 근접한 것으로 보인다.[30]

여기서 중요한 것은 바울의 삼위일체적 교회론의 세 번째 차원에 대한 충분한 인식이다. "우리는 성령을 믿는다"라는 말은 오직 성례전들을 통해서만 주어지는 성령, 성서 안에 갇힌 성령, 실제로는 위계질서에 종속되는 성령에 대한 믿음을 의미하지 않으며, 분명히 그것을 의미할 수 없다. 오순절의 성령 곧 하나님의 은혜를 유대인뿐만 아니라 이방인에게도 개방하기 위해 이스라엘을 둘러싼 경계들을 돌파했던 성령은 그렇게 묶여 있지 않으며 그렇게 묶여 있을 수도 없다. 한스 큉(Hans Küng)이 사십 년 전에 경고했듯이 "공동체의 모든 지체가 아니라 오직 교회의 성직자들만이 활동하는 교회나 공동체에는 성령이 영적인 은사들과 함께 희생되었는지 아닌지를 생각해야 할 중대한 이유가 있다."[31]

결론

요약하면 만약 그리스도인들이 바울의 삼위일체적 교회론의 완전한 범위를 다시 이해할 수 있다면, 그것은 그들의 전통적인 실패들 중 많은 것들로부터 그들을 구출해줄 것이다. **하나님의 교회**로서 교회는 야웨의

---

30 H. von Campenhausen, *Ecclesiastical Authority and Spiritual Power in the Church of the First Three Centuries* (1953; London: A & C Black, 1969), 70-71.

31 H. Küng, *The Church* (London: Burns and Oates, 1967), 187.

카할과 완전한 연속선상에 있다. 이것에 대한 인식은 기독교를 반유대주의라는 증오에 찬 전통으로부터 구할 수 있을지도 모른다. 따라서 하나님과 인류 사이, 유대인과 이방인 사이, 인종들과 문화들 사이의 화해가 발생하는 곳으로서의 교회도 지금껏 해왔던 것보다 한층 더 현실적일 수 있다. **그리스도의 몸**으로서 교회는 오늘날 세상에 아직도 존재하는 그리스도의 몸의 현존이다. 그러나 "그리스도 안에" 있는 **모두**가 그리스도의 **몸이라는** 점을 인식하지 못한 기독교의 실패는 분명히 너무 오랫동안 세상에서 그리스도의 몸의 현존을 무력하게 했고 불구로 만들었다. **성령의 교제**로서 교회는 카리스마 공동체로서 성령이 수여한 은혜를 통해 기능하는 몸으로서 작용해야 한다. 그러나 그리스도인들은 하나님의 성령으로부터 너무 오랫동안 도망했다. 그들은 성령으로부터 자신을 숨겼다. 그리고 역사가 가르쳐준 교훈을 배우지 않고 성령의 생명이 카리스마의 과잉 속에서 끓어오를 때 그들은 실제로 무엇을 해야 할지 모른다. 그러나 그리스도인들이 교회에 관한 바울의 삼위일체적 가르침을 온전히 회복하는 것이 한 가지 도움이 될 수 있을 것이다. 2천 년 전의 바울이 제기했던 도전은, 여기서의 다른 문제들처럼, 그리스도인들이 일반적으로 너무 오랫동안 무시했던 것이다!

참고문헌

이후의 독서를 위한 제안들

예수와 복음서

Bockmuehl, M., ed. *The Cambridge Companion to Jesus.* Cambridge: Cambridge University Press, 2001.

Brown, R. E. *An Introduction to the New Testament.* New York: Doubleday, 1997.

Burridge, R. A. *What Are the Gospels? A Comparison with Graeco-Roman Biography.* 2nd ed. Grand Rapids: Eerdmans, 2004.

_____. *Four Gospels, One Jesus: A Symbolic Reading.* 2nd ed. London: SPCK, 2005.

Dunn, J. D. G., and S. McKnight. *The Historical Jesus in Recent Research.* Sources for Biblical and Theological Study, vol. 10. Winona Lake, IN: Eisenbrauns, 2005.

Evans, C. A. *Fabricating Jesus: How Modern Scholars Distort the Gospels.* Downers Grove, IL: InterVarsity, 2006. 『만들어진 예수』(새물결플러스 역간).

Fortna, R. T., and T. Thatcher, eds. *Jesus in Johannine Tradition.* Louisville: Westminster John Knox, 2001.

Gerhardsson, B. *The Reliability of the Gospel Tradition.* Peabody, MA: Hendrickson, 2001.

Gooder, P. *Searching for Meaning: An Introduction to Interpreting the New Testament.* London: SPCK, 2008.

Hengel, M. *The Four Gospels and the One Gospel of Jesus Christ.* London: SCM, 2000.

Hengel, M., and A. M. Schwemer. *Jesus und das Judentum.* Tübingen: Mohr Siebeck, 2007.

Keener, C. S. *The Historical Jesus of the Gospels.* Grand Rapids: Eerdmans, 2009.

Kloppenborg, J. S. *Q, the Earliest Gospel: An Introduction to the Original Stories and Sayings of Jesus.* Louisville: Westminster John Knox, 2008.

Kysar, R. *Voyages with John: Charting the Fourth Gospel.* Waco, TX: Baylor University Press, 2005.

예수, 바울, 복음

Lachs, S. T. *A Rabbinic Commentary on the New Testament: The Gospels of Matthew, Mark, and Luke.* Hoboken, NJ: Ktav, 1987.

Powell, M. A. *Jesus as a Figure in History: How Modern Historians View the Man from Galilee.* Louisville: Westminster John Knox, 1998.

Riches, J., W. R. Telford, and C. M. Tuckett. *The Synoptic Gospels.* Sheffield: Sheffield Academic Press, 2001.

Sanders, E. P. *Jesus and Judaism.* London: SCM, 1985. 『예수와 유대교』(크리스천다이제스트 역간).

Sanders, E. P., and M. Davies. *Studying the Synoptic Gospels.* London: SCM, 1989.

Schnelle, U. *The History and Theology of the New Testament Writings.* London: SCM, 1998.

Smith, D. M. *John among the Gospels: The Relationship in Twentieth-Century Research.* Minneapolis: Fortress Press, 1992.

Stanton, G. *The Gospels and Jesus.* 2nd ed. Oxford: Oxford University Press, 2002.

Stuhlmacher, P., ed. *The Gospel and the Gospels.* Grand Rapids: Eerdmans, 1991.

Thatcher, T., ed. *Jesus, the Voice and the Text.* Waco, TX: Baylor University Press, 2008.

Theissen, G., and A. Merz. *The Historical Jesus: A Comprehensive Guide.* London: SCM, 1998.

Wansbrough, H., ed. *Jesus and the Oral Gospel Tradition.* JSNTS 64. Sheffield: Sheffield Academic Press, 1991.

바울

Becker, E.-M., and P. Pilhofer, eds. *Biographie und Persönlichkeit des Paulus.* WUNT 187. Tübingen: Mohr Siebeck, 2005.

Becker, J. *Paul: Apostle to the Gentiles.* Louisville: John Knox, 1993.

Ben-Chorin, S. *Paulus: Der Völkerapostel in jüdischer Sicht.* Munich: DTV, 1970.

Boyarin, D. A. *A Radical Jew: Paul and the Politics of Identity.* Berkeley: University of California Press, 1994.

Campbell, W. S. *Paul and the Creation of Christian Identity.* London: T. & T. Clark, 2008.

Das, A. A. *Paul and the Jews.* Peabody, MA: Hendrickson, 2003.

_____. "Paul: From the Jewish Point of View." Pages 678-730 in *Cambridge History of Judaism*, vol. 3, *The Early Roman Period.* Edited by W. Horbury et al. Cambridge: Cambridge University Press, 1999.

Donaldson, T. L. *Paul and the Gentiles: Remapping the Apostle's Convictional World.* Minneapolis: Fortress, 1997.

Dunn, J. D. G., ed. *The Cambridge Companion to St. Paul.* Cambridge: Cambridge University Press, 2003.

Engberg-Pedersen, T., ed. *Paul beyond the Judaism/Hellenism Divide.* Louisville: Westminster John Knox, 2001.

Haacker, K. *Der Werdegang eines Apostels.* SBS 171. Stuttgart: KBW, 1997.

Hengel, M., *The Pre-Christian Paul.* London: SCM, 1991. 『바울: 그리스도인 이전의 바울』(한들출판사 역간).

Hengel, M., and A. M. Schwemer, *Paul between Damascus and Antioch.* London: SCM, 1997.

Holzbrecher, F. *Paulus und der historische Jesus: Darstellung und Analyse der bisherigen Forschungsgeschichte.* Tübingen: Francke, 2007.

Lohse, E. *Paulus: Eine Biographie.* Munich: C. H. Beck, 1996.

Longenecker, B. W. *Remember the Poor: Paul, Poverty, and the Greco-Roman World.* Grand Rapids: Eerdmans, 2010.

Longenecker, R. N., ed. *The Road from Damascus: The Impact of Paul's Conversion on His Life, Thought, and Ministry.* Grand Rapids: Eerdmans, 1997.

Murphy-O'Connor, J. *Paul: A Critical Life.* Oxford: Clarendon, 1996.

Niebuhr, K.-W. *Heidenapostel aus Israel.* WUNT 62. Tübingen: Mohr Siebeck, 1992.

Peerbolte, L. J. L. *Paul the Missionary.* Leuven: Peeters, 2003.

Riesner, R. *Paul's Early Period: Chronology, Mission Strategy, Theology.* Grand Rapids: Eerdmans, 1998.

Roetzel, C. *Paul: The Man and the Myth.* Edinburgh: T. & T. Clark, 1999.

Sanders, E. P. *Paul and Palestinian Judaism.* London: SCM, 1977. 『바울과 팔레스타인 유대교』(알맹e 역간).

Sandmel, S. *The Genius of Paul: A Study in History.* Philadelphia: Fortress, 1958.

Schnelle, U. *Paul: His Life and Theology.* 2003. Reprint, Grand Rapids: Baker Academic, 2005.

Segal, A. F. *Paul the Convert: The Apostolate and Apostasy of Saul the Pharisee.* New Haven: Yale University Press, 1990.

Stendahl, K. *Paul among Jews and Gentiles.* Philadelphia: Fortress, 1977.

Tomson, P. J. *Paul and the Jewish Law: Halakha in the Letters of the Apostle to the Gentiles.* Assen: Van Gorcum, 1990.

Westerholm, S. *Perspectives Old and New on Paul: The "Lutheran" Paul and His Critics.* Grand Rapids: Eerdmans, 2004.

Yinger, K. L. *The New Perspective on Paul: An Introduction.* Eugene, OR: Cascade, 2011.

제임스 D. G. 던의 관련 출판물들

Unity and Diversity in the New Testament: An Inquiry into the Character of Earliest Christianity. London: SCM; Philadelphia: Westminster, 1977; 2nd/rev. ed. 1990; 3rd ed. 2006.

Christology in the Making: An Inquiry into the Origins of the Doctrine of the Incarnation. London: SCM, 1980; 2nd/rev. ed. 1989; Grand Rapids: Eerdmans, 1996.

Romans. 2 vols. WBC 38. Dallas: Word, 1988. WBC 성경주석 『로마서』(솔로몬 역간).

Jesus, Paul, and the Law: Studies in Mark Galatians. London: SPCK; Louisville: Westminster, 1990.

The Partings of the Ways between Christianity and Judaism and Their Significance for the Character of Christianity. London: SCM; Philadelphia: TPI, 1991; 2nd ed. 2006.

Editor of *Jews and Christians: The Parting of the Ways, AD 70 to 135.* Tübingen: Mohr Siebeck, 1992; Grand Rapids: Eerdmans, 1999.

A Commentary on the Epistle to the Galatians. BNTC. London: A. & C. Black, 1993.

New Testament Guides: 1 Corinthians. Sheffield: Sheffield Academic Press, 1995.

Epistle to the Colossians and to Philemon. NIGTC. Grand Rapids: Eerdmans; Carlisle, UK: Paternoster, 1996.

The Acts of the Apostles. Epworth Commentaries. London: Epworth; Valley Forge, PA: TPI, 1996.

Editor of *Paul and the Mosaic Law: The Third Durham-Tübingen Research Symposium on Earliest Christianity and Judaism.* WUNT 89. Tübingen: J. C. B. Mohr, 1996; Grand Rapids: Eerdmans, 2001.

The Theology of Paul the Apostle. Grand Rapids: Eerdmans; Edinburgh: T. & T. Clark, 1998. 『바울 신학』(CH북스 역간).

Christianity in the Making. Vol. 1, *Jesus Remembered.* Grand Rapids: Eerdmans, 2003. 『예수와 기독교의 기원』(새물결플러스 역간).

Editor, *The Cambridge Companion to St. Paul.* Cambridge: Cambridge University Press, 2003.

General Editor, *Eerdmans Commentary on the Bible.* Grand Rapids: Eerdmans, 2003.

A New Perspective on Jesus: What the Quest for the Historical Jesus Missed. Grand Rapids: Baker Academic, 2005. 『예수님에 관한 새 관점』(CLC 역간).

The New Perspective on Paul: Collected Essays. Tübingen: Mohr Siebeck, 2005; 2nd ed. Grand Rapids: Eerdmans, 2008. 『바울에 관한 새 관점』(에클레시아북스 역간).

Christianity in the Making. Vol. 2, *Beginning from Jerusalem.* Grand Rapids: Eerdmans, 2009. 『초기 교회의 기원』(새물결플러스 근간).

New Testament Theology: An Introduction. Nashville: Abingdon, 2009.

예수, 바울, 복음
예수의 선포로부터 바울의 복음까지

Copyright © 새물결플러스 **2019**

1쇄 발행	2019년 6월 7일
3쇄 발행	2023년 3월 2일

지은이	제임스 D. G. 던
옮긴이	이상목
펴낸이	김요한
펴낸곳	새물결플러스

편 집	왕희광 정인철 노재현 이형일 나유영 노동래
디자인	황진주 김은경
마케팅	박성민 이원혁
총 무	김명화 이성순
영 상	최정호 곽상원
아카데미	차상희

홈페이지	www.holywaveplus.com
이메일	hwpbooks@hwpbooks.com
출판등록	2008년 8월 21일 제2008-24호
주 소	(우) 04118 서울특별시 마포구 마포대로19길 33
전 화	02) 2652-3161
팩 스	02) 2652-3191

ISBN 979-11-6129-111-6 93230

책값은 뒤표지에 있습니다.